ÉMILE ZOLA

LE NATURALISME AU THÉATRE

LES THÉORIES ET LES EXEMPLES

PARIS
BIBLIOTHÈQUE-CHARPENTIER
G. CHARPENTIER ET E. FASQUELLE, ÉDITEURS
11, RUE DE GRENELLE, 11

1895
Tous droits réservés.

LE
NATURALISME
AU THÉATRE

G. CHARPENTIER et E. FASQUELLE, Éditeurs
11, RUE DE GRENELLE, 11

OUVRAGES DU MÊME AUTEUR
DANS LA *BIBLIOTHÈQUE-CHARPENTIER*
à 3 fr. 50 le volume.

LES ROUGON-MACQUART
HISTOIRE NATURELLE ET SOCIALE D'UNE FAMILLE SOUS LE SECOND EMPIRE

LA FORTUNE DES ROUGON...............	31⁰ mille.	1 vol.
LA CURÉE................................	40⁰ mille.	1 vol.
LE VENTRE DE PARIS.....................	37⁰ mille.	1 vol.
LA CONQUÊTE DE PLASSANS..............	37⁰ mille.	1 vol.
LA FAUTE DE L'ABBÉ MOURET............	49⁰ mille.	1 vol.
SON EXCELLENCE EUGÈNE ROUGON.......	30⁰ mille.	1 vol.
L'ASSOMMOIR............................	132⁰ mille.	1 vol.
UNE PAGE D'AMOUR......................	86⁰ mille.	1 vol.
NANA....................................	176⁰ mille.	1 vol.
POT-BOUILLE............................	85⁰ mille.	1 vol.
AU BONHEUR DES DAMES.................	66⁰ mille.	1 vol.
LA JOIE DE VIVRE........................	48⁰ mille.	1 vol.
GERMINAL...............................	94⁰ mille.	1 vol.
L'ŒUVRE................................	55⁰ mille.	1 vol.
LA TERRE...............................	113⁰ mille.	1 vol.
LE RÊVE................................	94⁰ mille.	1 vol.
LA BÊTE HUMAINE.......................	88⁰ mille.	1 vol.
L'ARGENT...............................	83⁰ mille.	1 vol.
LA DÉBACLE.............................	187⁰ mille.	1 vol.
LE DOCTEUR PASCAL.....................	88⁰ mille.	1 vol.

LES TROIS VILLES

LOURDES................................	138⁰ mille.	1 vol.

ROMANS ET NOUVELLES

THÉRÈSE RAQUIN. Nouvelle édition.............	1 vol.
MADELEINE FÉRAT. Nouvelle édition............	1 vol.
LA CONFESSION DE CLAUDE. Nouvelle édition...	1 vol.
CONTES A NINON. Nouvelle édition..............	1 vol.
NOUVEAUX CONTES A NINON. Nouvelle édition...	1 vol.
LE CAPITAINE BURLE. Nouvelle édition..........	1 vol.
NAIS MICOULIN. Nouvelle édition...............	1 vol.
LES MYSTÈRES DE MARSEILLE. Nouvelle édition..	1 vol.
LE VŒU D'UNE MORTE. Nouvelle édition.........	1 vol.
LES SOIRÉES DE MÉDAN (*en collaboration*)......	1 vol.

THÉÂTRE

THÉRÈSE RAQUIN. — LES HÉRITIERS RABOURDIN. — LE BOUTON DE ROSE (3⁰ mille.)................	1 vol.

ŒUVRES CRITIQUES

MES HAINES...............................	1 vol.
LE ROMAN EXPÉRIMENTAL...................	1 vol.
LES ROMANCIERS NATURALISTES............	1 vol.
LE NATURALISME AU THÉÂTRE..............	1 vol.
NOS AUTEURS DRAMATIQUES................	1 vol.
DOCUMENTS LITTÉRAIRES..................	1 vol.
UNE CAMPAGNE, 1880-1881.................	1 vol.

Durant quatre années, j'ai été chargé de la critique dramatique, d'abord au *Bien public*, ensuite au *Voltaire*. Sur ce nouveau terrain du théâtre, je ne pouvais que continuer ma campagne, commencée autrefois dans le domaine du livre et de l'œuvre d'art.

Cependant, mon attitude d'homme de méthode et d'analyse a surpris et scandalisé mes confrères. Ils ont prétendu que j'obéissais à de basses rancunes, que je salissais nos gloires pour me venger de mes chutes, parlant de tout, de mes œuvres particulièrement, à l'exception des pièces jouées.

Je n'ai qu'une façon de répondre : réunir mes articles et les publier. C'est ce que je fais. On verra, je l'espère, qu'ils se tiennent et qu'ils s'expliquent, qu'ils sont à la fois une logique et une doctrine. Avec ces fragments, bâclés à la hâte et sous le coup de l'actualité, mon ambition serait d'avoir écrit un livre. En tout cas, telles sont mes idées sur notre théâtre, j'en accepte hautement la responsabilité.

Comme mes articles étaient nombreux, j'ai dû les répartir en deux volumes. *Le naturalisme au théâtre* n'est donc qu'une première série. La seconde : *Nos auteurs dramatiques*, paraîtra prochainement.

E. Z.

LES THÉORIES

LE NATURALISME

I

Chaque hiver, à l'ouverture de la saison théâtrale, je suis pris des mêmes pensées. Un espoir pousse en moi, et je me dis que les premières chaleurs de l'été ne videront peut-être pas les salles, sans qu'un auteur dramatique de génie se soit révélé. Notre théâtre aurait tant besoin d'un homme nouveau, qui balayât les planches encanaillées, et qui opérât une renaissance, dans un art que les faiseurs ont abaissé aux simples besoins de la foule! Oui, il faudrait un tempérament puissant dont le cerveau novateur vînt révolutionner les conventions admises et planter enfin le véritable drame humain à la place des mensonges ridicules qui s'étalent aujourd'hui. Je m'imagine ce créateur enjambant les ficelles des habiles, crevant les cadres imposés, élargissant la scène jusqu'à la mettre de plain-pied avec la salle, donnant un frisson de vie aux arbres peints des coulisses, amenant par la toile de fond le grand air libre de la vie réelle.

Malheureusement, ce rêve, que je fais chaque année au mois d'octobre, ne s'est pas encore réalisé et ne se réalisera peut-être pas de sitôt. J'ai beau attendre, je vais de chute en chute. Est-ce donc un simple souhait de poète? Nous a-t-on muré dans cet art dramatique actuel, si étroit, pareil à un caveau où manquent l'air et la lumière? Certes, si la nature de l'art dramatique interdisait cet envolement dans des formules plus larges, il serait quand même beau de s'illusionner et de se promettre à toute heure une renaissance. Mais, malgré les affirmations entêtées de certains critiques qui n'aiment pas à être dérangés dans leur criterium, il est évident que l'art dramatique, comme tous les arts, a devant lui un domaine illimité, sans barrière d'aucune sorte, ni à gauche ni à droite. L'infirmité, l'impuissance humaine seule est la borne d'un art.

Pour bien comprendre là nécessité d'une révolution au théâtre, il faut établir nettement où nous en sommes aujourd'hui. Pendant toute notre période classique, la tragédie a régné en maîtresse absolue. Elle était rigide et intolérante, ne souffrant pas une velléité de liberté, pliant les esprits les plus grands à ses inexorables lois. Lorsqu'un auteur tentait de s'y soustraire, on le condamnait comme un esprit mal fait, incohérent et bizarre, on le regardait presque comme un homme dangereux. Pourtant, dans cette formule si étroite, le génie bâtissait quand même son monument de marbre et d'airain. La formule était née dans la renaissance grecque et latine, les créateurs qui se l'appropriaient y trouvaient le cadre suffisant à de grandes œuvres. Plus tard seulement, lorsqu'arrivèrent les imitateurs, la queue de plus en plus grêle et débile des disciples, les défauts de la formule apparurent, on en vit les ridicules et les invraisemblances, l'uniformité menteuse, la déclamation continuelle et insupportable. D'ailleurs, l'autorité de la tragédie était telle, qu'il fallut deux cents ans pour la démoder. Peu à peu, elle avait tâché de s'assouplir, sans y arriver, car les principes autoritaires dont elle découlait, lui interdisaient formellement, sous peine de mort, toute concession à l'esprit nouveau. Ce fut lorsqu'elle tenta de s'élargir qu'elle fut renversée, après un long règne de gloire.

Depuis le dix-huitième siècle, le drame romantique s'agitait donc dans la tragédie. Les trois unités étaient parfois violées, on donnait plus d'importance à la décoration et à la figuration, on mettait en scène les péripéties violentes que la tragédie reléguait dans des récits, comme pour ne pas troubler par l'action la tranquillité majestueuse de l'analyse psychologique. D'autre part, la passion de la grande époque était remplacée par de simples procédés, une pluie grise de médiocrité et d'ennui tombait sur les planches. On croit voir la tragédie, vers le commencement de ce siècle, pareille à une haute figure pâle et maigrie, n'ayant plus sous sa peau blanche une goutte de sang, traînant ses draperies en lambeaux dans les ténèbres d'une scène, dont la rampe s'est éteinte d'elle-même. Une renaissance de l'art dramatique sous une nouvelle formule était fatale, et c'est alors que le drame romantique planta bruyamment son étendard devant le trou du souffleur. L'heure se trouvait marquée, un lent travail avait eu lieu, l'insurrection s'avançait sur un terrain préparé pour la victoire. Et jamais le mot insurrection n'a été plus juste, car le drame saisit corps à corps la tragédie, et par haine de cette reine devenue impotente, il voulut briser tout ce qui rappelait son règne. Elle n'agissait pas, elle gardait une majesté froide sur son trône, procédant par des discours et des récits ; lui, prit pour règle l'action, l'action outrée, sautant aux quatre coins de la scène, frappant à droite et à gauche, ne raisonnant et n'analysant plus, étalant sous les yeux du public l'horreur sanglante des dénouements. Elle avait choisi pour cadre l'antiquité, les éternels Grecs et les éternels Romains, immobilisant l'action dans une salle, dans un pérystile de temple ; lui, choisit le moyen âge, fit défiler les preux et les châtelaines, multiplia les décors étranges, des châteaux plantés à pic sur des fleuves, des salles d'armes emplies d'armures, des cachots souterrains trempés d'humidité, des clairs de lune dans des forêts centenaires. Et l'antagonisme se retrouve ainsi partout ; le drame romantique, brutalement, se fait l'adversaire armé de la tragédie et la combat par tout ce qu'il peut ramasser de contraire à sa formule.

Il faut insister sur cette rage d'hostilité, dans le beau temps du drame romantique, car il y a là une indication précieuse. Sans doute, les poètes qui ont dirigé le mouvement, parlaient de mettre à la scène la vérité des passions et réclamaient un cadre plus vaste pour y faire tenir la vie humaine tout entière, avec ses oppositions et ses inconséquences ; ainsi, on se rappelle que le drame romantique a surtout batraillé pour mêler le rire aux larmes dans une même pièce, en s'appuyant sur cet argument que la gaieté et la douleur marchent côte à côte ici-bas. Mais, en somme, la vérité, la réalité importait peu, déplaisait même aux novateurs. Ils n'avaient qu'une passion, jeter par terre la formule tragique qui les gênait, la foudroyer à grand bruit, dans une débandade de toutes les audaces. Ils voulaient, non pas que leurs héros du moyen âge fussent plus réels que les héros antiques des tragédies, mais qu'ils se montrassent aussi passionnés et sublimes que ceux-ci se montraient froids et corrects. Une simple guerre de costumes et de rhétoriques, rien de plus. On se jetait ses pantins à la tête. Il s'agissait de déchirer les peplums en l'honneur des pourpoints et de faire que l'amante qui parlait à son amant, au lieu de l'appeler : Mon seigneur, l'appelât : Mon lion. D'un côté comme de l'autre, on restait dans la fiction, on décrochait les étoiles.

Certes, je ne suis pas injuste envers le mouvement romantique. Il a eu une importance capitale et définitive, il nous a faits ce que nous sommes, c'est-à-dire des artistes libres. Il était, je le répète, une révolution nécessaire, une violente émeute qui s'est produite à son heure pour balayer le règne de la tragédie tombée en enfance. Seulement, il serait ridicule de vouloir borner au drame romantique l'évolution de l'art dramatique. Aujourd'hui surtout, on reste stupéfait quand on lit certaines préfaces, où le mouvement de 1830 est donné comme une entrée triomphale dans la vérité humaine. Notre recul d'une quarantaine d'années suffit déjà pour nous faire clairement voir que la prétendue vérité des romantiques est une continuelle et monstrueuse exagération du réel, une fantaisie lâchée dans l'outrance. A coup sûr, si la tragédie est d'une autre fausseté, elle n'est pas plus fausse. Entre les personnages en peplum qui se promènent avec des confidents et discutent sans fin leurs passions, et les personnages en pourpoint qui font les grands bras et qui s'agitent comme des hannetons grisés de soleil, il n'y a pas de choix à faire, les uns et les autres sont aussi parfaitement inacceptables. Jamais ces gens-là n'ont existé. Les héros romantiques ne sont que les héros tragiques, piqués un mardi gras par la tarentule du carnaval, affublés de faux nez et dansant le cancan dramatique après boire. A une rhétorique lymphatique, le mouvement de 1830 a substitué une rhétorique nerveuse et sanguine, voilà tout.

Sans croire au progrès dans l'art, on peut dire que l'art est continuellement en mouvement, au milieu des civilisations, et que les phases de l'esprit humain se reflètent en lui. Le génie se manifeste dans toutes les formules, même dans les plus primitives et les plus naïves; seulement, les formules se transforment et suivent l'élargissement des civilisations, cela est incontestable. Si Eschyle a été grand, Shakespeare et Molière se sont montrés également grands, tous les trois dans des civilisations et des formules différentes. Je veux déclarer par là que je mets à part le génie créateur qui sait toujours se contenter de la formule de son époque. Il n'y a pas progrès dans la création humaine, mais il y a une succession logique de formules, de façons de penser et d'exprimer. C'est ainsi que l'art marche avec l'humanité, en est le langage même, va où elle va, tend comme elle à la lumière et à la vérité, sans pour cela que l'effort du créateur puisse être jugé plus ou moins grand, soit qu'il se produise au début soit qu'il se produise à la fin d'une littérature.

D'après cette façon de voir, il est certain que, si l'on part de la tragédie, le drame romantique est un premier pas vers le drame naturaliste auquel nous marchons. Le drame romantique a déblayé le terrain, proclamé la liberté de l'art. Son amour de l'action, son mélange du rire et des larmes, sa recherche du costume et du décor exacts, indiquent le mouvement en avant vers la vie réelle. Dans toute révolution contre un régime séculaire, n'est-ce pas ainsi que les choses se passent? On commence par casser les vitres, on chante et on crie, on démolit à coups de marteau les armoiries du dernier règne. Il y a une première exubérance, une griserie des horizons nouveaux vaguement entrevus, des excès de toutes sortes qui dépassent le but et qui tombent dans l'arbitraire du système abhorré dont on vient de combattre les abus. Au milieu de la bataille, les vérités du lendemain disparaissent. Et il faut que tout soit calmé, que la fièvre ait disparu, pour qu'on regrette les vitres cassées et pour qu'on s'aperçoive de la besogne mauvaise, des lois trop hâtivement bâclées, qui valent à peine les lois contre lesquelles on s'est révolté. Eh bien, toute l'histoire du drame romantique est là. Il a pu être la formule nécessaire d'un moment, il a pu avoir l'intuition de la vérité, il a pu être le cadre à jamais illustre dont un grand poète s'est servi pour réaliser des chefs-d'œuvre; à l'heure actuelle, il n'en est pas moins une formule ridicule et démodée, dont la rhétorique nous choque. Nous nous demandons pourquoi enfoncer ainsi les fenêtres, traîner des rapières, rugir continuellement, être d'une gamme trop haut dans les sentiments et les mots; et cela nous glace, cela nous ennuie et nous fâche. Notre condamnation de la formule romantique se résume dans cette parole sévère : pour détruire une rhétorique, il ne fallait pas en inventer une autre.

Aujourd'hui donc, tragédie et drame romantique sont également vieux et usés. Et cela n'est guère en l'honneur du drame, il faut le dire, car en moins d'un demi-siècle il est tombé dans le même état de vétusté que la tragédie, qui a mis deux siècles à vieillir. Le voilà par terre à son tour, culbuté par la passion même qu'il a montrée dans la lutte. Plus rien n'existe. Il est simplement permis de deviner ce qui va se produire. Logiquement, sur le terrain libre conquis en 1830, il ne peut pousser qu'une formule naturaliste.

II

Il semble impossible que le mouvement d'enquête et d'analyse, qui est le mouvement même du dix-neuvième siècle, ait révolutionné toutes les sciences et tous les arts, en laissant à part et comme isolé l'art dramatique. Les sciences naturelles datent de la fin du siècle dernier ; la chimie, la physique n'ont pas cent ans ; l'histoire et la critique ont été renouvelées, créées en quelque sorte après la Révolution ; tout un monde est sorti de terre, on en est revenu à l'étude des documents, à l'expérience, comprenant que pour fonder à nouveau, il fallait reprendre les choses au commencement, connaître l'homme et la nature, constater ce qui est. De là, la grande école naturaliste, qui s'est propagée sourdement, fatalement, cheminant souvent dans l'ombre, mais avançant quand même, pour triompher enfin au grand jour. Faire l'histoire de ce mouvement, avec les malentendus qui ont pu paraître l'arrêter, les causes multiples qui l'ont précipité ou ralenti, ce serait faire l'histoire du siècle lui-même. Un courant irrésistible emporte notre société à l'étude du vrai. Dans le roman, Balzac a été le hardi et puissant novateur qui a mis l'observation du savant à la place de l'imagination du poète. Mais, au théâtre, l'évolution semble plus lente. Aucun écrivain illustre n'a encore formulé l'idée nouvelle avec netteté.

Certes, je ne dis point qu'il ne se soit pas produit des œuvres excellentes, où l'on trouve des caractères savamment étudiés, des vérités hardies portées à la scène. Par exemple, je citerai certaines pièces de M. Dumas fils, dont je n'aime guère le talent, et de M. Émile Augier, qui est plus humain et plus puissant. Seulement, ce sont là des nains à côté de Balzac ; le génie leur a manqué pour fixer la formule. Ce qu'il faut dire, c'est qu'on ne sait jamais au juste où un mouvement commence, parce que ce mouvement vient d'ordinaire de fort loin, et qu'il se confond avec le mouvement précédent, dont il est sorti. Le courant naturaliste a existé de tout temps, si l'on veut. Il n'apporte rien d'absolument neuf. Mais il est enfin entré dans une époque qui lui est favorable, il triomphe et s'élargit, parce que l'esprit humain est arrivé au point de maturité nécessaire. Je ne nie donc pas le passé, je constate le présent. La force du naturalisme est justement d'avoir des racines profondes dans notre littérature nationale, qui est faite de beaucoup de bon sens. Il vient des entrailles mêmes de l'humanité, il est d'autant plus fort qu'il a mis plus longtemps à grandir et qu'il se retrouve dans un plus grand nombre de nos chefs-d'œuvre.

Des faits se produisent, et je les signale. Croit-on qu'on aurait applaudi l'*Ami Fritz* à la Comédie-Française, il y a vingt ans? Non, certes! Cette pièce où l'on mange tout le temps, où l'amoureux parle un langage si familier, aurait révolté à la fois les classiques et les romantiques. Pour expliquer le succès, il faut convenir que les années ont marché, qu'un travail secret s'est fait dans le public. Les peintures exactes qui répugnaient, séduisent aujourd'hui. La foule est gagnée et la scène se trouve libre à toutes les tentatives. Telle est la seule conclusion à tirer.

Ainsi donc, voilà où nous en sommes. Pour mieux me faire entendre, j'insiste, je ne crains pas de me répéter, je résume ce que j'ai dit. Lorsqu'on examine de près l'histoire de notre littérature dramatique, on y distingue plusieurs époques nettement déterminées. D'abord, il y a l'enfance de l'art, les farces et les mystères du moyen âge, de simples récitatifs dialogués, qui se développaient au milieu d'une convention naïve, avec une mise en scène et des décors primitifs. Peu à peu, les pièces se compliquent, mais d'une façon barbare, et lorsque Corneille apparaît, il est surtout acclamé parce qu'il se présente en novateur, qu'il épure la formule dramatique du temps et qu'il la consacre par son génie. Il serait très intéressant d'étudier, sur des documents, comment la formule classique s'est créée chez nous. Elle répondait à l'esprit social de l'époque. Rien n'est solide en dehors de ce qui n'est pas bâti sur des nécessités. La tragédie a régné pendant deux siècles parce qu'elle satisfaisait exactement les besoins de ces siècles.

Des génies de tempéraments différents l'avaient appuyée de leurs chefs-d'œuvre. Aussi, la voyons-nous s'imposer longtemps encore, même lorsque des talents de second ordre ne produisent plus que des œuvres inférieures. Elle avait la force acquise, elle continuait d'ailleurs à être l'expression littéraire de la société du temps, et rien n'aurait pu la renverser, si la société elle-même n'avait pas disparu. Après la Révolution, après cette perturbation profonde qui allait tout transformer et accoucher d'un monde nouveau, la tragédie agonise pendant quelques années encore. Puis, la formule craque et le Romantisme triomphe, une nouvelle formule s'affirme. Il faut se reporter à la première moitié du siècle, pour avoir le sens exact de ce cri de liberté. La jeune société était dans le frisson de son enfantement. Les esprits surexcités, dépaysés, élargis violemment, restaient secoués d'une fièvre dangereuse et le premier usage de la liberté conquise était de se lamenter, de rêver les aventures prodigieuses, les amours surhumains. On bâillait aux étoiles, l'on se suicidait, réaction très curieuse contre l'affranchissement social qui venait d'être proclamé au prix de tant de sang. Je m'en tiens à la littérature dramatique, je constate que le romantisme fut au théâtre une simple émeute, l'invasion d'une bande victorieuse, qui entrait violemment sur la scène, tambours battants et drapeau déployé. Dans cette première heure, les combattants songèrent surtout à frapper les esprits par une forme neuve; ils opposèrent une rhétorique à une rhétorique, le moyen âge à l'antiquité, l'exaltation de la passion à l'exaltation du devoir. Et ce fut tout, car les conventions scéniques ne firent que se déplacer, les personnages restèrent des marionnettes autrement habillées, rien ne fut modifié que l'aspect extérieur et le langage. D'ailleurs, cela suffisait pour l'époque. Il fallait prendre possession du théâtre au nom de la liberté littéraire, et le romantisme s'acquitta de ce rôle insurrectionnel avec un éclat incomparable. Mais qui ne comprend aujourd'hui que son rôle devait se borner à cela. Est-ce que le romantisme exprime notre société d'une façon quelconque, est-ce qu'il répond à un de nos besoins? Evidemment, non. Aussi est-il déjà démodé, comme un jargon que nous n'entendons plus. La littérature classique qu'il se flattait de remplacer, a vécu deux siècles, parce qu'elle était basée sur l'état social; mais lui, qui ne se basait sur rien, sinon sur la fantaisie de quelques poètes, ou si l'on veut sur une maladie passagère des esprits surmenés par les événements historiques, devait fatalement disparaître avec cette maladie. Il a été l'occasion d'un magnifique épanouissement lyrique; ce sera son éternelle gloire. Seulement, aujourd'hui que l'évolution s'accomplit tout entière, il est bien visible que le romantisme n'a été que le chaînon nécessaire qui devait attacher la littérature classique à la littérature naturaliste. L'émeute est terminée, il s'agit de fonder un État solide. Le naturalisme découle de l'art classique, comme la société actuelle est basée sur les débris de la société ancienne. Lui seul répond à notre état social, lui seul a des racines profondes dans l'esprit de l'époque; et il fournira la seule formule d'art durable et vivante, parce que cette formule exprimera la façon d'être de l'intelligence contemporaine. En dehors de lui, il ne saurait y avoir pour longtemps que modes et fantaisies passagères. Il est, je le dis encore, l'expression du siècle, et pour qu'il périsse, il faudrait qu'un nouveau bouleversement transformât notre monde démocratique.

Maintenant, il reste à souhaiter une chose : la venue d'hommes de génie qui consacrent la formule naturaliste. Balzac s'est produit dans le roman, et le roman est fondé. Quand viendront les Corneille, les Molière, les Racine, pour fonder chez nous un nouveau théâtre? Il faut espérer et attendre.

III

Le temps semble déjà loin où le drame régnait en maître. Il comptait à Paris cinq ou six théâtres prospères. La démolition des anciennes salles du boulevard du Temple a été pour lui une première catastrophe. Les théâtres ont dû se disséminer, le public a changé, d'autres modes sont venues. Mais le discrédit où le drame est tombé provient surtout de l'épuisement du genre, des pièces ridicules et ennuyeuses qui ont peu à peu succédé aux œuvres puissantes de 1830.

Il faut ajouter le manque absolu d'acteurs nouveaux comprenant et interprétant ces sortes de pièces, car chaque formule dramatique qui disparaît emporte avec elle ses interprètes. Aujourd'hui, le drame, chassé de scène en scène, n'a plus réellement à lui que l'Ambigu et le Théâtre-Historique. A la Porte-Saint-Martin elle-même, c'est à peine si on lui fait une petite place, entre deux pièces à grand spectacle.

Certes, un succès de loin en loin ranime les courages.

Mais la pente est fatale, le drame glisse à l'oubli ; et, s'il paraît vouloir parfois s'arrêter dans sa chute, c'est pour rouler ensuite plus bas. Naturellement, les plaintes sont grandes. La queue romantique, surtout, est dans la désolation ; elle jure bien haut qu'en dehors du drame, de son drame à elle, il n'y a pas de salut pour notre littérature dramatique. Je crois au contraire qu'il faut trouver une formule nouvelle, transformer le drame, comme les écrivains de la première moitié du siècle ont transformé la tragédie. Toute la question est là. La bataille doit être aujourd'hui entre le drame romantique et le drame naturaliste.

Je désigne par drame romantique toute pièce qui se moque de la vérité des faits et des personnages, qui promène sur les planches des pantins au ventre bourré de son, qui, sous le prétexte de je ne sais quel idéal, patauge dans le pastiche de Shakespeare et d'Hugo. Chaque époque a sa formule, et notre formule n'est certainement pas celle de 1830. Nous sommes à un âge de méthode, de science expérimentale, nous avons avant tout le besoin de l'analyse exacte. Ce serait bien peu comprendre la liberté conquise que de vouloir nous enfermer dans une nouvelle tradition. Le terrain est libre, nous pouvons revenir à l'homme et à la nature.

Dernièrement, on faisait de grands efforts pour ressusciter le drame historique. Rien de mieux. Un critique ne peut condamner d'un mot le choix des sujets historiques, malgré toutes ses préférences personnelles pour les sujets modernes. Je suis simplement plein de méfiance. Le patron sur lequel on taille chez nous ces sortes de pièces me fait peur à l'avance. Il faut voir comme on y traite l'histoire, quels singuliers personnages on y présente sous des noms de rois, de grands capitaines ou de grands artistes, enfin à quelle effroyable sauce on y accommode nos annales. Dès que les auteurs de ces machines-là sont dans le passé, ils se croient tout permis, les invraisemblances, les poupées de carton, les sottises énormes, les barbouillages criards d'une fausse couleur locale. Et quelle étrange langue, François I*er* parlant comme un mercier de la rue Saint-Denis, Richelieu ayant des mots de traître du boulevard du Crime, Charlotte Corday pleurant avec des sentimentalités de petite ouvrière !

Ce qui me stupéfie, c'est que nos auteurs dramatiques ne paraissent pas se douter un instant que le genre historique est forcément le plus ingrat, celui où les recherches, la conscience, le talent profond d'intuition et de résurrection sont le plus nécessaires. Je comprends ce drame, lorsqu'il est traité par des poètes de génie ou par des hommes d'une science immense, capables de mettre devant les spectateurs toute une époque debout, avec son air particulier, ses mœurs, sa civilisation; c'est là alors une œuvre de divination ou de critique d'un intérêt profond.

Mais je sais malheureusement ce que les partisans du drame historique veulent ressusciter : c'est uniquement le drame à panaches et à ferraille, la pièce à grand spectacle et à grands mots, la pièce menteuse faisant la parade devant la foule, une parade grossière qui attriste les esprits justes. Et je me méfie. Je crois que toute cette antiquaille est bonne à laisser dans notre musée dramatique, sous une pieuse couche de poussière.

Sans doute, il y a de grands obstacles aux tentatives originales. On se heurte contre les hypocrisies de la critique et contre la longue éducation de sottise faite à la foule. Cette foule, qui commence à rire des enfantillages de certains mélodrames, se laisse toujours prendre aux tirades sur les beaux sentiments. Mais les publics changent; le public de Shakespeare, le public de Molière ne sont plus les nôtres. Il faut compter sur le mouvement des esprits, sur le besoin de réalité qui grandit partout. Les derniers romantiques ont beau répéter que le public veut ceci, que le public ne veut pas cela : il viendra un jour où le public voudra la vérité.

IV

Toutes les formules anciennes, la formule classique, la formule romantique, sont basées sur l'arrangement et sur l'amputation systématiques du vrai. On a posé en principe que le vrai est indigne; et on essaye d'en tirer une essence, une poésie, sous le prétexte qu'il faut expurger et agrandir la nature. Jusqu'à présent, les différentes écoles littéraires ne se sont battues que sur la question de savoir de quel déguisement on devait habiller la vérité, pour qu'elle n'eût pas l'air d'une dévergondée en public. Les classiques avaient adopté le peplum, les romantiques ont fait une révolution pour imposer la cotte de maille et le pourpoint. Au fond, ce changement de toilette importe peu, le carnaval de la nature continue. Mais, aujourd'hui, les naturalistes arrivent et déclarent que le vrai n'a pas besoin de draperies; il doit marcher dans sa nudité. Là, je le répète, est la querelle.

Certes, les écrivains de quelque jugement comprennent parfaitement que la tragédie et le drame romantique sont morts. Seulement, le plus grand nombre sont très troublés en songeant à la formule encore vague de demain. Est-ce que sérieusement la vérité leur demande de faire le sacrifice de la grandeur, de la poésie, du souffle épique qu'ils ont l'ambition de mettre dans leurs pièces? Est-ce que le naturalisme exige d'eux qu'ils rapetissent de toutes parts leur horizon et qu'ils ne risquent plus un seul coup d'aile dans le ciel de la fantaisie?

Je vais tâcher de répondre. Mais, auparavant, il faut déterminer les procédés que les idéalistes emploient pour hausser leurs œuvres à la poésie. Ils commencent par reculer au fond des âges le sujet qu'ils ont choisi. Cela leur fournit des costumes et rend le cadre assez vague pour leur permettre tous les mensonges. Ensuite, ils généralisent au lieu d'individualiser; leurs personnages ne sont plus des êtres vivants, mais des sentiments, des arguments, des passions déduites et raisonnées. Le cadre faux veut des héros de marbre ou de carton. Un homme en chair et en os, avec son originalité propre, détonnerait d'une façon criarde au milieu d'une époque légendaire. Aussi voit-on les personnages d'une tragédie ou d'un drame romantique se promener, raidis dans une attitude, l'un représentant le devoir, l'autre le patriotisme, un troisième la superstition, un quatrième l'amour maternel; et ainsi de suite, toutes les idées abstraites y passent à la file. Jamais l'analyse complète d'un organisme, jamais un personnage dont les muscles et le cerveau travaillent comme dans la nature.

Ce sont donc là les procédés auxquels les écrivains tournés vers l'épopée ne veulent pas renoncer. Toute la poésie, pour eux, est dans le passé et dans l'abstraction, dans l'idéalisation des faits et des personnages. Dès qu'on les met en face de la vie quotidienne, dès qu'ils ont devant eux le peuple qui emplit nos rues, ils battent des paupières, ils balbutient, effarés, ne voyant plus clair, trouvant tout très laid et indigne de l'art. A les entendre, il faut que les sujets entrent dans les mensonges de la légende, il faut que les hommes se pétrifient et tournent à l'état de statue, pour que l'artiste puisse enfin les accepter et les accommoder à sa guise.

Or, c'est à ce moment que les naturalistes arrivent et disent très carrément que la poésie est partout, en tout, plus encore dans le présent et le réel que dans le passé et l'abstraction. Chaque fait, à chaque heure, a son côté poétique et superbe. Nous coudoyons des héros autrement grands et puissants que les marionnettes des faiseurs d'épopée. Pas un dramaturge, dans ce siècle, n'a mis debout des figures aussi hautes que le baron Hulot, le vieux Grandet, César Birotteau, et tous les autres personnages de Balzac, si individuels et si vivants. Auprès de ces créations géantes et vraies, les héros grecs ou romains grelottent, les héros du moyen âge tombent sur le nez comme des soldats de plomb.

Certes, à cette heure, devant les œuvres supérieures produites par l'école naturaliste, des œuvres de haut vol, toutes vibrantes de vie, il est ridicule et faux de parquer la poésie dans je ne sais quel temple d'antiquailles, parmi les toiles d'araignée. La poésie coule à plein bord dans tout ce qui existe, d'autant plus large qu'elle est plus vivante. Et j'entends donner à ce mot de poésie toute sa valeur, ne pas en enfermer le sens entre la cadence de deux rimes, ni au fond d'une chapelle étroite de rêveurs, lui restituer son vrai sens humain, qui est de signifier l'agrandissement et l'épanouissement de toutes les vérités.

Prenez donc le milieu contemporain, et tâchez d'y faire vivre des hommes : vous écrirez de belles œuvres. Sans doute, il faut un effort, il faut dégager du pêle-mêle de la vie la formule simple du naturalisme. Là est la difficulté, faire grand avec des sujets et des personnages que nos yeux, accoutumés au spectacle de chaque jour, ont fini par voir petits. Il est plus commode, je le sais, de présenter une marionnette au public, d'appeler la marionnette Charlemagne et de la gonfler à un tel point de tirades, que le public s'imagine avoir vu un colosse ; cela est plus commode que de prendre un bourgeois de notre époque, un homme grotesque et mal mis et d'en tirer une poésie sublime, d'en faire, par exemple, le père Goriot, le père qui donne ses entrailles à ses filles, une figure si énorme de vérité et d'amour, qu'aucune littérature ne peut en offrir une pareille.

Rien n'est aisé comme de travailler sur des patrons, avec des formules connues ; et les héros, dans le goût classique ou romantique, coûtent si peu de besogne, qu'on les fabrique à la douzaine. C'est un article courant dont notre littérature est encombrée. Au contraire, l'effort devient très dur, lorsqu'on veut un héros réel, savamment analysé, debout et agissant. Voilà sans doute pourquoi le naturalisme terrifie les auteurs habitués à pêcher des grands hommes dans l'eau trouble de l'histoire. Il leur faudrait fouiller l'humanité trop profondément, apprendre la vie, aller droit à la grandeur réelle et la mettre en œuvre d'une main puissante. Et qu'on ne nie pas cette poésie vraie de l'humanité; elle a été dégagée dans le roman, elle peut l'être au théâtre; il n'y a là qu'une adaptation à trouver.

Je suis tourmenté par une comparaison qui me poursuit et dont je me débarrasserai ici. On vient de jouer pendant de longs mois, à l'Odéon, *les Danicheff*, une pièce dont l'action se passe en Russie; elle a eu chez nous un très vif succès, seulement elle est si mensongère, paraît-il, si pleine de grossières invraisemblances, que l'auteur, qui est Russe, n'a pas même osé la faire représenter dans son pays. Que pensez-vous de cette œuvre qu'on applaudit à Paris et qui serait sifflée à Saint-Pétersbourg? Eh bien! imaginez un instant que les Romains puissent ressusciter et qu'on représente devant eux *Rome vaincue*. Entendez-vous leurs éclats de rire? croyez-vous que la pièce irait jusqu'au bout? Elle leur semblerait un véritable carnaval, elle sombrerait sous un immense ridicule. Et il en est ainsi de toutes les pièces historiques, aucune ne pourrait être jouée devant les sociétés qu'elles ont la prétention de peindre. Etrange théâtre, alors, qui n'est possible que chez des étrangers, qui est basé sur la disparition des générations dont il s'occupe, qui vit d'erreurs au point d'être seulement bon pour des ignorants!

L'avenir est au naturalisme. On trouvera la formule, on arrivera à prouver qu'il y a plus de poésie dans le petit appartement d'un bourgeois que dans tous les palais vides et vermoulus de l'histoire ; on finira même par voir que tout se rencontre dans le réel, les fantaisies adorables, échappées du caprice et de l'imprévu, et les idylles, et les comédies, et les drames. Quand le champ sera retourné, ce qui semble inquiétant et irréalisable aujourd'hui, deviendra une besogne facile.

Certes, je ne puis me prononcer sur la forme que prendra le drame de demain ; c'est au génie qu'il faut laisser le soin de parler. Mais je me permettrai pourtant d'indiquer la voie dans laquelle j'estime que notre théâtre s'engagera.

Il s'agit d'abord de laisser là le drame romantique. Il serait désastreux de lui prendre ses procédés d'outrance, sa rhétorique, sa théorie de l'action quand même, aux dépens de l'analyse des caractères. Les plus beaux modèles du genre ne sont, comme on l'a dit, que des opéras à grand spectacle. Je crois donc qu'on doit remonter jusqu'à la tragédie, non pas, grand Dieu ! pour lui emprunter davantage sa rhétorique, son système de confidents, de déclamation, de récits interminables ; mais pour revenir à la simplicité de l'action et à l'unique étude psychologique et physiologique des personnages. Le cadre tragique ainsi entendu est excellent : un fait se déroulant dans sa réalité et soulevant chez les personnages des passions et des sentiments, dont l'analyse exacte serait le seul intérêt de la pièce. Et cela dans le milieu contemporain, avec le peuple qui nous entoure.

Mon continuel souci, mon attente pleine d'angoisse est donc de m'interroger, de me demander lequel de nous va avoir la force de se lever tout debout et d'être un homme de génie. Si le drame naturaliste doit être, un homme de génie seul peut l'enfanter. Corneille et Racine ont fait la tragédie. Victor Hugo a fait le drame romantique. Où donc est l'auteur encore inconnu qui doit faire le drame naturaliste! Depuis quelques années, les tentatives n'ont pas manqué. Mais, soit que le public ne fût pas mûr, soit plutôt qu'aucun des débutants n'eût le large souffle nécessaire, pas une de ces tentatives n'a eu encore de résultat décisif.

En ces sortes de combats, les petites victoires ne signifient rien; il faut des triomphes, accablant les adversaires, gagnant la foule à la cause. Devant un homme vraiment fort, les spectateurs plieraient les épaules. Puis, cet homme apporterait le mot attendu, la solution du problème, la formule de la vie réelle sur la scène, en la combinant avec la loi d'optique nécessaire au théâtre. Il réaliserait enfin ce que les nouveaux venus n'ont pu trouver encore : être assez habile ou assez puissant pour s'imposer, rester assez vrai pour que l'habileté ne le conduisît pas au mensonge.

Et quelle place immense ce novateur prendrait dans notre littérature dramatique! Il serait au sommet. Il bâtirait son monument au milieu du désert de médiocrité que nous traversons, parmi les bicoques de boue et de crachat dont on sème au jour le jour nos scènes les plus illustres. Il devrait tout remettre en question et tout refaire, balayer les planches, créer un monde, dont il prendrait les éléments dans la vie, en dehors des traditions. Parmi les rêves d'ambition que peut faire un écrivain à notre époque, il n'en est certainement pas de plus vaste. Le domaine du roman est encombré; le domaine du théâtre est libre. A cette heure, en France, une gloire impérissable attend l'homme de génie qui, reprenant l'œuvre de Molière, trouvera en plein dans la réalité la comédie vivante, le drame vrai de la société moderne.

LE DON

Je parlerai de ce fameux don du théâtre, dont il est si souvent question.

On connaît la théorie. L'auteur dramatique est un homme prédestiné qui naît avec une étoile au front. Il parle, les foules le reconnaissent et s'inclinent. Dieu l'a pétri d'une matière rare et particulière. Son cerveau a des cases en plus. Il est le dompteur qui apporte une électricité dans le regard. Et ce don, cette flamme divine est d'une qualité si précieuse, qu'elle ne descend et ne brûle que sur quelques têtes choisies, une douzaine au plus par génération.

Cela fait sourire. Voyez-vous l'auteur dramatique transformé en oint du Seigneur! J'ignore pourquoi, par décret, on n'autoriserait pas nos vaudevillistes et nos dramaturges à porter un costume de pontifes pour les différencier de la foule. Comme ce monde du théâtre gratte et exaspère la vanité ! Il n'y a pas que les comédiens qui se haussent sur les planches et se donnent en continuel spectacle. Voilà les auteurs dramatiques gagnés par cette fièvre. Ils veulent être exceptionnels, ils ont des secrets comme les francs-maçons, ils lèvent les épaules de pitié quand un profane touche à leur art, ils déclarent modestement qu'ils ont un génie particulier; mon Dieu ! oui, eux-mêmes ne sauraient dire pourquoi ils ont ce talent, c'est comme cela, c'est le ciel qui l'a voulu. On peut chercher à leur dérober leur secret; peine inutile, le travail, qui mène à tout, ne mène pas à la science du théâtre. Et la critique moutonnière accrédite cette belle croyance-là, fait ce joli métier de décourager les travailleurs.

Voyons, il faudrait s'entendre. Dans tous les arts, le don est nécessaire. Le peintre qui n'est pas doué, ne fera jamais que des tableaux très médiocres; de même le sculpteur, de même le musicien. Parmi la grande famille des écrivains, il naît des philosophes, des historiens, des critiques, des poètes, des romanciers ; je veux dire des hommes que leurs aptitudes personnelles poussent plutôt vers la philosophie, l'histoire, la critique, la poésie, le roman. Il y a là une vocation, comme dans les métiers manuels. Au théâtre aussi il faut le don, mais il ne le faut pas davantage que dans le roman, par exemple. Remarquez que la critique, toujours inconséquente, n'exige pas le don chez le romancier. Le commissionnaire du coin ferait un roman, que cela n'étonnerait personne; il serait dans son droit. Mais, lorsque Balzac se risquait à écrire une pièce, c'était un soulèvement général ; il n'avait pas le droit de faire du théâtre, et la critique le traitait en véritable malfaiteur.

Avant d'expliquer cette stupéfiante situation faite aux auteurs dramatiques, je veux poser deux points avec netteté. La théorie du don du théâtre entraînerait deux conséquences : d'abord, il y aurait un absolu dans l'art dramatique; ensuite, quiconque serait doué deviendrait à peu près infaillible.

Le théâtre ! voilà l'argument de la critique. Le théâtre est ceci, le théâtre est cela. Eh ! bon Dieu ! je ne cesserai de le répéter, je vois bien des théâtres, je ne vois pas le théâtre. Il n'y a pas d'absolu, jamais ! dans aucun art ! S'il y a un théâtre, c'est qu'une mode l'a créé hier et qu'une mode l'emportera demain. On met en avant la théorie que le théâtre est une synthèse, que le parfait auteur dramatique doit dire en un mot ce que le romancier dit en une page. Soit ! notre formule dramatique actuelle donne raison à cette théorie. Mais que fera-t-on alors de la formule dramatique du dix-septième siècle, de la tragédie, ce développement purement oratoire ? Est-ce que les discours interminables que l'on trouve dans Racine et dans Corneille sont de la synthèse ? Est-ce que surtout le fameux récit de Théramène est de la synthèse ? On prétend qu'il ne faut pas de description au théâtre ; en voilà pourtant une, et d'une belle longueur, et dans un de nos chefs-d'œuvre.

Où est donc le théâtre ? Je demande à le voir, à savoir comment il est fait et quelle figure il a. Vous imaginez-vous nos tragiques et nos comiques d'il y a deux siècles en face de nos drames et de nos comédies d'aujourd'hui ? Ils n'y comprendraient absolument rien. Cette fièvre cabriolante, cette synthèse qui sautille en petites phrases nerveuses, tout cet art haché et poussif leur semblerait de la folie pure. De même que si un de nos auteurs s'avisait de reprendre l'ancienne formule, on le plaisanterait comme un homme qui monterait en coucou pour aller à Versailles. Chaque génération a son théâtre, voilà la vérité. J'aurais la partie trop belle, si je comparais maintenant les théâtres étrangers avec le nôtre. Admettez que Shakespeare donne aujourd'hui ses chefs-d'œuvre à la Comédie-Française ; il serait sifflé de la belle façon. Le théâtre russe est impossible chez nous, parce qu'il a trop de saveur originale. Jamais nous n'avons pu acclimater Schiller. Les Espagnols, les Italiens ont également leurs formules. Il n'y a que nous qui, depuis un demi-siècle, nous soyons mis à fabriquer des pièces d'exportation, qui peuvent être jouées partout, parce qu'elles n'ont justement pas d'accent et qu'elles ne sont que de jolies mécaniques bien construites.

Du moment où l'absolu n'existe pas dans un art, le don prend un caractère plus large et plus souple. Mais ce n'est pas tout : l'expérience de chaque jour nous prouve que les auteurs qui ont ce fameux don, n'en produisent pas moins, de temps à autre, des pièces très mal faites et qui tombent. Il paraît que le don sommeille par instants. Il est inutile de citer des exemples. Tout d'un coup, l'auteur le plus adroit, le plus vigoureux, le plus respecté du public, accouche d'une œuvre non seulement médiocre, mais qui ne se tient même pas debout. Voilà le dieu par terre. Et si l'on fréquente le monde des coulisses, c'est bien autre chose. Interrogez un directeur, un comédien, un auteur dramatique : ils vous répondront qu'ils n'entendent rien du tout au théâtre. On siffle les scènes sur lesquelles ils comptaient, on applaudit celles qu'ils voulaient couper la veille de la première représentation. Toujours, ils marchent dans l'inconnu, au petit bonheur. Leur vie est faite de hasards. Ce qui réussit là, échoue ailleurs; un soir, un mot porte, le lendemain il ne fait aucun effet. Pas une règle, pas une certitude, la nuit complète.

Que vient-on alors nous parler de don, et donner au don une importance décisive, lorsqu'il n'y a pas une formule stable et lorsque les mieux doués ne sont encore que des écoliers, qui ont du bonheur un jour et qui n'en ont plus le lendemain! Je sais bien qu'il y a un criterium commode pour la critique : une pièce réussit, l'auteur a le don; elle tombe, l'auteur n'a pas le don. Vraiment c'est là une façon de s'en tirer à bon compte. Musset n'avait certainement pas le don au degré où le possède M. Sardou ; qui hésiterait pourtant entre les deux répertoires ? Le don est une invention toute moderne. Il est né avec notre mécanique théâtrale. Quand on fait bon marché de la langue, de la vérité, des observations, de la création d'âmes originales, on en arrive fatalement à mettre au-dessus de tout l'art de l'arrangement, la pratique matérielle. Ce sont nos comédies d'intrigue, avec leurs complications scéniques, qui ont donné cette importance au métier. Mais, sans compter que la formule change selon les évolutions littéraires, est-ce que le génie de nos classiques, de Molière et de Corneille, est dans ce métier ? Non, mille fois non ! Ce qu'il faut dire, c'est que le théâtre est ouvert à toutes les tentatives, à la vaste production humaine. Ayez le don, mais ayez surtout du talent. *On ne badine pas avec l'amour* vivra, tandis que j'ai grand'peur pour les *Bourgeois de Pont-Arcy*.

Maintenant, voyons ce qui peut donner le change à la critique et la rendre si sévère pour les tentatives dramatiques qui échouent. Examinons d'abord ce qui se passe, lorsqu'un romancier publie un roman et lorsqu'un auteur dramatique fait jouer une pièce.

Voilà le volume en vente. J'admets que le romancier y ait fait une étude originale, dont l'âpreté doive blesser le public. Dans les premiers temps, le succès est médiocre. Chaque lecteur, chez lui, les pieds sur les chenets, se fâche plus ou moins. Mais s'il a le droit de brûler son exemplaire, il ne peut brûler l'édition. On ne tue pas un livre. Si le livre est fort, chaque jour il gagnera à l'auteur des sympathies. Ce sera un prosélytisme lent, mais invincible. Et, un beau matin, le roman dédaigné, le roman conspué, aura vaincu et prendra de lui-même la haute place à laquelle il a droit.

Au contraire, on joue la pièce. L'auteur dramatique y a risqué, comme le romancier, des nouveautés de forme et de fond. Les spectateurs se fâchent, parce que ces nouveautés les dérangent. Mais ils ne sont plus chez eux, isolés; ils sont en masse, quinze cents à deux mille; et du coup, sous les huées, sous les sifflets, ils tuent la pièce. Dès lors, il faudra des circonstances extraordinaires pour que cette pièce ressuscite et soit reprise devant un autre public, qui cassera le jugement du premier, s'il y a lieu. Au théâtre, il faut réussir sur-le-champ; on n'a pas à compter sur l'éducation des esprits, sur la conquête lente des sympathies. Ce qui blesse, ce qui a une saveur inconnue, reste sur le carreau, et pour longtemps, si ce n'est pour toujours.

Ce sont ces conditions différentes qui, aux yeux de la critique, ont grandi si démesurément l'importance du don au théâtre. Mon Dieu ! dans le roman, soyez ou ne soyez pas doué, faites mauvais si cela vous amuse, puisque vous ne courez pas le risque d'être étranglé. Mais, au théâtre, méfiez-vous, ayez un talisman, soyez sûr de prendre le public par des moyens connus ; autrement, vous êtes un maladroit, et c'est bien fait si vous restez par terre. De là, la nécessité du succès immédiat, cette nécessité qui rabaisse le théâtre, qui tourne l'art dramatique au procédé, à la recette, à la mécanique. Nous autres romanciers, nous demeurons souriants au milieu des clameurs que nous soulevons. Qu'importe! nous vivrons quand même, nous sommes supérieurs aux colères d'en bas. L'auteur dramatique frissonne ; il doit ménager chacun ; il coupe un mot ; remplace une phrase ; il masque ses intentions, cherche des expédients pour duper son monde, en somme, il pratique un art de ficelles, auquel les plus grands ne peuvent se soustraire.

Et le don arrive. Seigneur! avoir le don et ne pas être sifflé! On devient superstitieux, on a son étoile. Puis, l'insuccès ou le succès brutal de la première représentation déforme tout. Les spectateurs réagissent les uns sur les autres. On porte aux nues des œuvres médiocres, on jette au ruisseau des œuvres estimables. Mille circonstances modifient le jugement. Plus tard, on s'étonne, on ne comprend plus.

Il n'y a pas de verdict passionné où la justice soit plus rare.

C'est le théâtre. Et il paraît que, si défectueuse et si dangereuse que soit cette forme de l'art, elle a une puissance bien grande, puisqu'elle enrage tant d'écrivains. Ils y sont attirés par l'odeur de bataille, par le besoin de conquérir violemment le public. Le pis est que la critique se fâche. Vous n'avez pas le don, allez-vous-en. Et elle a dit certainement cela à Scribe, quand il a été sifflé, à ses débuts; elle l'a répété à M. Sardou, à l'époque de la *Taverne des étudiants;* elle jette ce cri dans les jambes de tout nouveau venu, qui arrive avec une personnalité. Ce fameux don est le passe-port des auteurs dramatiques. Avez-vous le don ? Non. Alors, passez au large, ou nous vous mettons une balle dans la tête.

J'avoue que je remplis d'une tout autre manière mon rôle de critique. Le don me laisse assez froid. Il faut qu'une figure ait un nez pour être une figure; il faut qu'un auteur dramatique sache faire une pièce pour être un auteur dramatique, cela va de soi. Mais que de marge ensuite! Puis, le succès ne signifie rien. *Phèdre* est tombée à la première représentation. Dès qu'un auteur apporte une nouvelle formule, il blesse le public, il y a bataille sur son œuvre. Dans dix ans, on l'applaudira.

Ah! si je pouvais ouvrir toutes grandes les portes des théâtres à la jeunesse, à l'audace, à ceux qui ne paraissent pas avoir le don aujourd'hui et qui l'auront peut-être demain, je leur dirais d'oser tout, de nous donner de la vérité et de la vie, de ce sang nouveau dont notre littérature dramatique a tant besoin!

Cela vaudrait mieux que de se planter devant nos théâtres, une férule de magister à la main, et de crier : « Au large ! » aux jeunes braves qui ne procèdent ni de Scribe ni de M. Sardou. Fichu métier, comme disent les gendarmes, quand ils ont une corvée à faire.

LES JEUNES

J'ai entendu dire un jour à un faiseur, ouvrier très adroit en mécanique théâtrale : « On nous parle toujours de l'originalité des jeunes ; mais quand un jeune fait une pièce, il n'y a pas de ficelle usée qu'il n'emploie, il entasse toutes les combinaisons démodées dont nous ne voulons plus nous-mêmes. » Et, il faut bien le confesser, cela est vrai. J'ai remarqué moi-même que les plus audacieux des débutants s'embourbaient profondément dans l'ornière commune.

D'où vient donc cet avortement à peu près général ? On a vingt ans, on part pour la conquête des planches, on se croit très hardi et très neuf ; et pas du tout, lorsqu'on a accouché d'un drame ou d'une comédie, il arrive presque toujours qu'on a pillé le répertoire de Scribe ou de M. d'Ennery. C'est tout au plus si, par maladresse, on a réussi à défigurer les situations qu'on leur a prises. Et j'insiste sur l'innocence parfaite de ces plagiats, on s'imagine de très bonne foi avoir tenté un effort considérable d'originalité.

Les critiques qui font du théâtre une science et qui proclament la nécessité absolue de la mécanique théâtrale, expliqueront le fait en disant qu'il faut être écolier avant d'être maître. Pour eux, il est fatal qu'on passe par Scribe et M. d'Ennery, si l'on veut un jour connaître toutes les finesses du métier. On étudie naturellement dans leurs œuvres le code des traditions. Même les critiques dont je parle croiront tirer de cette imitation inconsciente un argument décisif en faveur de leurs théories : ils diront que le théâtre est à un tel point une pure affaire de charpente, que les débutants, malgré eux, commencent presque toujours par ramasser les vieilles poutres abandonnées pour en faire une carcasse à leurs œuvres.

Quant à moi, je tire de l'aventure des réflexions tout autres. Je demande pardon si je me mets en scène ; mais j'estime que les meilleures observations sont celles que l'on fait sur soi. Pourquoi, lorsqu'à vingt ans je rêvais des plans de drames et de comédies, ne trouvais-je jamais que des coups de théâtre las de traîner partout? Pourquoi une idée de pièce se présentait-elle toujours à moi avec des combinaisons connues, une convention qui sentait le monde des planches? La réponse est simple : j'avais déjà l'esprit infecté par les pièces que j'avais vu jouer, je croyais déjà à mon insu que le théâtre est un coin à part, où les actions et les paroles prennent forcément une déviation réglée d'avance.

Je me souviens de ma jeunesse passée dans une petite ville. Le théâtre jouait trois fois par semaine, et j'en avais la passion. Je ne dînais pas pour être le premier à la porte, avant l'ouverture des bureaux. C'est là, dans cette salle étroite, que pendant cinq ou six ans j'ai vu défiler tout le répertoire du Gymnase et de la Porte-Saint-Martin. Education déplorable et dont je sens toujours en moi l'empreinte ineffaçable. Maudite petite salle ! j'y ai appris comment un personnage doit entrer et sortir ; j'y ai appris la symétrie des coups de scène, la nécessité des rôles sympathiques et moraux, tous les escamotages de la vérité, grâce à un geste ou à une tirade ; j'y ai appris ce code compliqué de la convention, cet arsenal des ficelles qui a fini par constituer chez nous ce que la critique appelle de ce mot absolu « le théâtre ». J'étais sans défense alors, et j'emmagasinais vraiment de jolies choses dans ma cervelle.

On ne saurait croire l'impression énorme que produit le théâtre sur une intelligence de collégien échappé. On est tout neuf, on se façonne là comme une cire molle. Et le travail sourd qui se fait en vous, ne tarde pas à vous imposer cet axiome : la vie est une chose, le théâtre en est une autre. De là, cette conclusion : quand on veut faire du théâtre, il s'agit d'oublier la vie et de manœuvrer ses personnages d'après une tactique particulière, dont on apprend les règles.

Allez donc vous étonner ensuite si les débutants ne lancent pas des pièces originales ! Ils sont déflorés par dix ans de représentations subies. Quand ils évoquent l'idée de théâtre, toute une longue suite de vaudevilles et de mélodrames défilent et les écrasent. Ils ont dans le sang la tradition. Pour se dégager de cette éducation abominable, il leur faut de longs efforts. Certes, je crois qu'un garçon qui n'aurait jamais mis les pieds dans une salle de spectacle, serait beaucoup plus près d'un chef-d'œuvre qu'un garçon dont l'intelligence a reçu l'empreinte de cent représentations successives.

Et l'on surprend très bien là comment la convention théâtrale se forme. C'est une autre langue que l'on apprend à parler. Dans les familles riches, on a une gouvernante anglaise ou allemande qui est chargée de parler sa langue aux enfants, pour que ceux-ci l'apprennent sans même s'en apercevoir. Eh bien, c'est de cette façon que se transmet la convention théâtrale. A notre insu, nous l'admettons comme une chose courante et naturelle. Elle nous prend tout jeunes et ne nous lâche plus. Cela nous semble nécessaire qu'on agisse autrement sur les planches que dans la vie de tous les jours. Nous en arrivons même à marquer certains faits comme appartenant spécialement au théâtre. « Ça, c'est du théâtre », disons-nous, tellement nous distinguons entre ce qui est et ce que nous avons accepté.

Le pis est que cette phrase : « Ça, c'est du théâtre », prouve à quel point de simple facture nous avons rabaissé notre scène nationale. Est-ce que du temps de Molière et de Racine, un critique aurait osé louer leurs chefs-d'œuvre, en disant : « C'est du théâtre » ? Aujourd'hui, quand on dit qu'une pièce est du théâtre, il n'y a plus qu'à tirer l'échelle. C'est, je le répète une fois encore, que l'intrigue et la charpente priment tout, dans notre littérature dramatique. Le code théâtral que le goût public impose n'a pas cent ans de date, et j'enrage lorsque j'entends qu'on le donne comme une loi révélée, à jamais immuable, qui a toujours été et qui sera toujours. Si l'on se contentait de voir dans ce prétendu code une formule passagère qu'une autre formule remplacera demain, rien ne serait plus juste, et il n'y aurait pas à se fâcher.

D'ailleurs, on peut bien accorder que la formule en question, celle qui agonise en ce moment, a été inventée par des hommes d'habileté et de goût. En voyant le succès européen qu'elle a eu, ils ont pu croire un instant qu'ils avaient découvert « le théâtre », le seul, l'unique. Toutes les nations voisines, depuis cinquante ans, ont pillé notre répertoire moderne et n'ont guère vécu que de nos miettes dramatiques. Cela vient de ce que la formule de nos dramaturges et de nos vaudevillistes convient aux foules, qu'elle les prend par la curiosité et l'intérêt purement physique. En outre, c'est là une littérature légère, d'une digestion facile, qui ne demande pas un grand effort pour être comprise. Le roman feuilleton a eu un pareil succès en Europe.

Certes, il ne faut pas être fier, selon moi, de l'engouement de la Russie et de l'Angleterre, par exemple, pour nos pièces actuelles. Ces pays nous empruntent aussi les modes de nos femmes, et l'on sait que ce ne sont pas nos meilleurs écrivains qui y sont applaudis. Est-ce que jamais les Russes et les Anglais ont eu l'idée de traduire notre répertoire classique? Non; mais ils raffolent de nos opérettes. Je le dis encore, le succès en Europe de nos pièces modernes vient justement de leurs qualités moyennes: un jeu de bascule heureux, un rébus qu'on donne à déchiffrer, un joujou à la mode d'un maniement facile pour toutes les intelligences et toutes les nationalités.

D'ailleurs, c'est chez les étrangers eux-mêmes que j'irai choisir aujourd'hui mon dernier argument contre cette idée fausse d'un absolu quelconque dans l'art dramatique. Il faut connaître le théâtre russe et le théâtre anglais. Rien d'aussi différent, rien d'aussi contraire à l'idée balancée et rythmique que nous nous faisons en France d'une pièce. La littérature russe compte quelques drames superbes, qui se développent avec une originalité d'allures des plus caractéristiques; et je n'ai pas à dire quelle violence, quel génie libre règne dans le théâtre anglais. Il est vrai, nous avons infecté ces peuples de notre joli joujou à la Scribe, mais leurs théâtres nationaux n'en sont pas moins là pour nous montrer ce qu'on peut oser.

En tout cas, les chefs-d'œuvre dramatiques des autres nations prouvent que notre théâtre contemporain, loin d'être une formule absolue, n'est qu'un enfant bâtard et bien peigné. Il est l'expression d'une décadence, il a perdu toutes les rudesses du génie et ne se sauve que par les grâces d'une facture adroite. Aussi est-il grand temps de le retremper aux sources de l'art, dans l'étude de l'homme et dans le respect de la réalité.

Un de mes bons amis me faisait des confidences dernièrement. Il a écrit plus de dix romans, il marche librement dans un livre, et il me disait que le théâtre le faisait trembler, lui qui pourtant n'est pas un timide. C'est que son éducation dramatique le gêne et le trouble, dès qu'il veut aborder une pièce. Il voit les coups de scène connus, il entend les répliques d'usage, il a la cervelle tellement pleine de ce monde de carton, qu'il n'ose faire un effort pour se débarrasser et être lui. Tout ce public qu'il évoque en imagination, les yeux braqués sur la scène, le jour où l'on jouera son œuvre, l'effare au point qu'il devient imbécile et qu'il se sent glisser aux banalités applaudies. Il lui faudrait tout oublier.

LES DEUX MORALES

La morale qui se dégage de notre théâtre contemporain, me cause toujours une bien grande surprise. Rien n'est singulier comme la formation de ces deux mondes si tranchés, le monde littéraire et le monde vivant ; on dirait deux pays où les lois, les mœurs, les sentiments, la langue elle-même, offrent de radicales différences. Et la tradition est telle que cela ne choque personne ; au contraire, on s'effare, on crie au mensonge et au scandale, quand un homme ose s'apercevoir de cette anomalie et affiche la prétention de vouloir qu'une même philosophie sorte du mouvement social et du mouvement littéraire.

Je prendrai un exemple, pour établir nettement l'état des choses. Nous sommes au théâtre ou dans un roman. Un jeune homme pauvre a rencontré une jeune fille riche; tous les deux s'adorent et sont parfaitement honnêtes; le jeune homme refuse d'épouser la jeune fille par délicatesse ; mais voilà qu'elle devient pauvre, et tout de suite il accepte sa main, au milieu de l'allégresse générale. Ou bien c'est la situation contraire : la jeune fille est pauvre, le jeune homme est riche ; même combat de délicatesse, un peu plus ridicule; seulement, on ajoute alors un raffinement final, un refus absolu du jeune homme d'épouser celle qu'il aime quand il est ruiné, parce qu'il ne peut plus la combler de bien-être.

Étudions la vie maintenant, la vie quotidienne, celle qui se passe couramment sous nos yeux. Est-ce que tous les jours les garçons les plus dignes, les plus loyaux, n'épousent pas des femmes plus riches qu'eux, sans perdre pour cela la moindre parcelle de leur honnêteté? Est-ce que, dans notre société, un pareil mariage entraîne, à moins de complications odieuses, une idée infamante, même un blâme quelconque? Mais il y a mieux, lorsque la fortune vient de l'homme, ne sommes-nous pas touchés de ce qu'on appelle un mariage d'amour, et la jeune fille qui ferait des mines dégoûtées pour se laisser enrichir par l'homme qu'elle adore, ne serait-elle pas regardée comme la plus désagréable des péronnelles? Ainsi donc, le mariage avec la disproportion des fortunes est parfaitement admis dans nos mœurs ; il ne choque personne, il ne fait pas question ; enfin il n'est immoral qu'au théâtre, où il reste à l'état d'instrument scénique.

Prenons un second exemple. Voici un fils très noble, très grand, qui a le malheur d'avoir pour père un gredin. Au théâtre, ce fils sanglote; il se dit le rebut de la société, il parle de s'enterrer dans sa honte, et les spectateurs trouvent ça tout naturel. C'est ainsi qu'un père qui ne s'est pas bien conduit, devient immédiatement pour ses enfants un boulet de bagne. Des pièces entières roulent là-dessus, avec un luxe incroyable de beaux sentiments, d'amertume et d'abnégations sublimes.

Transportons la situation dans la vie. Est-ce que, chez nous, un galant homme est déshonoré pour être le fils d'un père peu scrupuleux ? Regardez autour de vous, le cas est bien fréquent, personne ne refusera la main à un honnête garçon qui compte dans sa famille un brasseur d'affaires équivoques ou quelque personnage de moralité douteuse. Le mot s'entend tous les jours : « Ah ! le père X..., quel gredin ! Mais le fils est un si honnête garçon ! » Je ne parle pas des pères qui ont des démêlés avec la justice, mais de cette masse considérable de chefs de famille dont la fortune garde une étrange odeur de trafics inavouables. On hérite pourtant de ces pères-là sans se croire déshonoré et sans être traité de malhonnête homme. Je ne juge pas, je dis comment va la vie, j'expose notre société dans son travail, dans son fonctionnement réel.

Remarquez qu'il ne s'agit pas du théâtre de fabrication. Ce sont nos auteurs contemporains les plus applaudis et les plus dignes de l'être qui dissertent de la sorte à l'infini sur les façons délicates d'avoir de l'honneur. Presque toutes les comédies de M. Augier, de M. Feuillet, de M. Sardou reposent sur une donnée semblable : un fils qui rêve la rédemption de son père, ou deux amoureux qui font leur malheur en se querellant à qui sera le plus pauvre. C'est un cliché accepté dans les vaudevilles comme dans les pièces très littéraires. J'en pourrais dire autant du roman. Les écrivains de talent pataugent dans ce poncif comme les derniers des feuilletonistes.

Il y a donc là, quand on étudie de près la mécanique théâtrale, un simple rouage accepté de tous, dont l'emploi est fixé par des règles, et qui produit toujours le même effet sur le public. La formule veut que la question d'argent désespère les amoureux délicats ; et dès que deux amoureux, dans les conditions requises, sont mis à la scène, l'auteur dramatique emploie tout de suite la formule, comme il placerait une pièce découpée dans un jeu de patience. Cela s'emboîte, le public retrouve l'idée toute faite, on s'entend à demi mots, rien de plus commode ; car on est dispensé d'une étude sérieuse des réalités, on échappe à toutes recherches et à toutes façons de voir originales. De même pour le fils qui meurt de la honte de son père ; il fait partie de la collection de pantins que les théâtres ont dans leurs magasins des accessoires. On le revoit toujours avec plaisir, ce type du fils vengeur, en bois ou en carton. La comédie italienne avait Arlequin, Pierrot, Polichinelle, Colombine, ces types de la grâce et de la coquinerie humaines, si observés et si vrais dans la fantaisie ; nous autres, nous avons la collection la plus triste, la plus laide, la plus faussement noble qu'on puisse voir, des bonshommes blêmes, l'amant qui crache sur l'argent, le fils qui porte le deuil des farces du père, et tant d'autres faiseurs de sermons, abstracteurs de quintessence morale, professeurs de beaux sentiments. Qui donc écrira les *Précieuses ridicules* de ce protestantisme qui nous noie?

J'ai dit un jour que notre théâtre se mourait d'une indigestion de morale. Rien de plus juste. Nos pièces sont petites, parce qu'au lieu d'être humaines, elles ont la prétention d'être honnêtes. Mettez donc la largeur philosophique de Shakespeare à côté du catéchisme d'honnêteté que nos auteurs dramatiques les plus célèbres se piquent d'enseigner à la foule. Comme c'est étroit, ces luttes d'un honneur faux sur des points qui devraient disparaître dans le grand cri douloureux de l'humanité souffrante! Ce n'est pas vrai et ce n'est pas grand. Est-ce que nos énergies sont là? est-ce que le labeur de notre grand siècle se trouve dans ces puérilités du cœur? On appelle cela la morale; non, ce n'est pas la morale, c'est un affadissement de toutes nos virilités, c'est un temps précieux perdu à des jeux de marionnettes.

La morale, je vais vous la dire. Toi, tu aimes cette jeune fille, qui est riche; épouse-la si elle t'aime, et tire quelque grande chose de cette fortune. Toi, tu aimes ce jeune homme, qui est riche; laisse-toi épouser, fais du bonheur. Toi, tu as un père qui a volé; apprends l'existence, impose-toi au respect. Et tous, jetez-vous dans l'action, acceptez et décuplez la vie. Vivre, la morale est là uniquement, dans sa nécessité, dans sa grandeur. En dehors de la vie, du labeur continu de l'humanité, il n'y a que folies métaphysiques, que duperies et que misères. Refuser ce qui est, sous le prétexte que les réalités ne sont pas assez nobles, c'est se jeter dans la monstruosité de parti pris. Tout notre théâtre est monstrueux, parce qu'il est bâti en l'air.

Dernièrement, un auteur dramatique mettait cinquante pages à me prouver triomphalement que le public entassé dans une salle de spectacle avait des idées particulières et arrêtées sur toutes choses. Hélas ! je le sais, puisque c'est contre cet étrange phénomène que je combats. Quelle intéressante étude on pourrait faire sur la transformation qui s'opère chez un homme, dès qu'il est entré dans une salle de spectacle ! Le voilà sur le trottoir : il traitera de sot tout ami qui viendra lui raconter la rupture de son mariage avec une demoiselle riche, en lui soumettant les scrupules de sa conscience ; il serrera avec affection la main d'un charmant garçon, dont le père s'est enrichi en nourrissant nos soldats de vivres avariés. Puis, il entre dans le théâtre, et il écoute pendant trois heures avec attendrissement le duo désolé de deux amants que la fortune sépare, où il partage l'indignation et le désespoir d'un fils forcé d'hériter à la mort d'un père trop millionnaire. Que s'est-il donc passé? Une chose bien simple : ce spectateur, sorti de la vie, est tombé dans la convention.

On dit que cela est bon et que d'ailleurs cela est fatal. Non cela ne saurait être bon, car tout mensonge, même noble, ne peut que pervertir. Il n'est pas bon de désespérer les cœurs par la peinture de sentiments trop raffinés, radicalement faux d'ailleurs dans leur exagération presque maladive. Cela devient une religion, avec ses détraquements, ses abus de ferveur dévote. Le mysticisme de l'honneur peut faire des victimes, comme toute crise purement cérébrale. Et il n'est pas vrai davantage que cela soit fatal. Je vois bien la convention exister, mais rien ne dit qu'elle est immuable, tout démontre au contraire qu'elle cède un peu chaque jour sous les coups de la vérité. Ce spectateur dont je parle plus haut, n'a pas inventé les idées auxquelles il obéit ; il les a au contraire reçues et il les transmettra plus ou moins changées, si on les transforme en lui. Je veux dire que la convention est faite par les auteurs et que dès lors les auteurs peuvent la défaire. Sans doute il ne s'agit pas de mettre brusquement toutes les vérités à la scène, car elles dérangeraient trop les habitudes séculaires du public ; mais, insensiblement, et par une force supérieure, les vérités s'imposeront. C'est un travail lent qui a lieu devant nous et dont les aveugles seuls peuvent nier les progrès quotidiens.

Je reviens aux deux morales, qui se résument en somme dans la question double de la vérité et de la convention. Quand nous écrivons un roman où nous tâchons d'être des analystes exacts, des protestations furieuses s'élèvent, on prétend que nous ramassons des monstres dans le ruisseau, que nous nous plaisons de parti pris dans le difforme et l'exceptionnel. Or, nos monstres sont tout simplement des hommes, et des hommes fort ordinaires, comme nous en coudoyons partout dans la vie, sans tant nous offenser. Voyez un salon, je parle du plus honnête : si vous écriviez les confessions sincères des invités, vous laisseriez un document qui scandaliserait les voleurs et les assassins. Dans nos livres, nous avons conscience souvent d'avoir pris la moyenne, de peindre des personnages que tout le monde reçoit, et nous restons un peu interloqués, lorsqu'on nous accuse de ne fréquenter que les bouges ; même, au fond de ces bouges, il y a une honnêteté relative que nous indiquons scrupuleusement, mais que personne ne paraît retrouver sous notre plume. Toujours les deux morales. Il est admis que la vie est une chose et que la littérature en est une autre. Ce qui est accepté couramment dans la rue et chez soi, devient une simple ordure dès qu'on l'imprime. Si nous décoiffons une femme, c'est une fille; si nous nous permettons d'enlever la redingote d'un monsieur, c'est un gredin. La bonhomie de l'existence, les promiscuités tolérées, les libertés permises de langage et de sentiments, tout ce train-train qui fait la vie, prend immédiatement dans nos œuvres écrites l'apparence d'une diffamation. Les lecteurs ne sont pas accoutumés à se voir dans un miroir fidèle, et ils crient au mensonge et à la cruauté.

Les lecteurs et les spectateurs s'habitueront, voilà tout. Nous avons pour nous la force de l'éternelle moralité du vrai. La besogne du siècle est la nôtre. Peu à peu, le public sera avec nous, lorsqu'il sentira le vide de cette littérature alambiquée, qui vit de formules toutes faites. Il verra que la véritable grandeur n'est pas dans un étalage de dissertations morales, mais dans l'action même de la vie. Rêver ce qui pourrait être devient un jeu enfantin, quand on peut peindre ce qui est; et, je le dis encore, le réel ne saurait être ni vulgaire ni honteux, car c'est le réel qui a fait le monde. Derrière les rudesses de nos analyses, derrière nos peintures qui choquent et qui épouvantent aujourd'hui, on verra se lever la grande figure de l'Humanité, saignante et splendide, dans sa création incessante.

LA CRITIQUE ET LE PUBLIC

I

Il faut que je confesse un de mes gros étonnements. Quand j'assiste à une première représentation, j'entends souvent pendant les entr'actes des jugements sommaires, échappés à mes confrères les critiques. Il n'est pas besoin d'écouter, il suffit de passer dans un couloir; les voix se haussent, on attrape des mots, des phrases entières. Là, semble régner la sévérité la plus grande. On entend voler ces condamnations sans appel : « C'est infect! c'est idiot! ça ne fera pas le sou! »

Et remarquez que les critiques ne sont que justes. La pièce est généralement grotesque. Pourtant, cette belle franchise me touche toujours beaucoup, parce que je sais combien il est courageux de dire ce qu'on pense. Mes confrères ont l'air si indigné, si exaspéré par le supplice inutile auquel on les condamne, que les jours suivants j'ai parfois la curiosité de lire leurs articles pour voir comment leur bile s'est épanchée. Ah! le pauvre auteur, me dis-je en ouvrant les journaux, ils vont l'avoir joliment accommodé! C'est à peine si les lecteurs pourront en retrouver les morceaux.

Je lis, et je reste stupéfait. Je relis pour bien me prouver que je ne me trompe pas. Ce n'est plus le franc parler des couloirs, la vérité toute crue, la sévérité légitime d'hommes qu'on vient d'ennuyer et qui se soulagent. Certains articles sont tout à fait aimables, jettent, comme on dit, des matelas pour amortir la chute de la pièce, poussent même la politesse jusqu'à effeuiller quelques roses sur ces matelas. D'autres articles hasardent des objections, discutent avec l'auteur, finissent par lui promettre un bel avenir. Enfin les plus mauvais plaident les circonstances atténuantes.

Et remarquez que le fait se passe surtout quand la pièce est signée d'un nom connu, quand il s'agit de repêcher une célébrité qui se noie. Pour les débutants, les uns sont accueillis avec une bienveillance extrême, les autres sont écharpés sans pitié aucune. Cela tient à des considérations dont je parlerai tout à l'heure.

Certes, je ne fais pas un procès à mes confrères. Je parle en général, et j'admets à l'avance toutes les exceptions qu'on voudra. Mon seul désir est d'étudier dans quelles conditions fâcheuses la critique se trouve exercée, par suite des infirmités humaines et des fatalités du milieu où se meuvent les juges dramatiques.

Il y a donc, entre la représentation d'une pièce et l'heure où l'on prend la plume pour en parler, toute une opération d'esprit. La pièce est exaltée ou éreintée, parce qu'elle passe par les passions personnelles du critique. La bienveillance outrée a plusieurs causes, dont voici les principales : le respect des situations acquises, la camaraderie, née de relations entre confrères, enfin l'indifférence absolue, la longue expérience que la franchise ne sert à rien.

Le respect des situations acquises vient d'un sentiment conservateur. On plie l'échine devant un auteur arrivé, comme on la plie devant un ministre qui est au pouvoir; et même, s'il a une heure de bêtise, on la cache soigneusement, parce qu'il n'est pas prudent de déranger les idées de la foule et de lui faire entendre qu'un homme puissant, maître du succès, peut se tromper comme le dernier des pleutres. Cela affaiblirait le principe de l'autorité. On doit veiller au maintien du respect, si l'on ne veut pas être débordé par les révolutionnaires. Donc, on lance son coup de chapeau quand même, on pousse la foule sur le trottoir banal, en lui déguisant l'ennui de la promenade.

La camaraderie est bien forte, elle aussi. On a dîné la veille avec l'auteur dans une maison charmante ; on doit déjeuner le lendemain avec lui, chez un ancien ami de collège. Tout l'hiver, on le rencontre ; on ne peut entrer dans un salon sans le voir et sans lui serrer la main. Alors, comment voulez-vous qu'on lui dise brutalement que sa pièce est détestable ? Il verrait là une trahison, on mettrait dans l'embarras tous les braves gens qui vous reçoivent l'un et l'autre. Le pis est qu'il a murmuré à votre oreille :

— Je compte sur vous.

Et il peut y compter, en vérité, car jamais on n'a le courage de dire toute la vérité à cet homme. Les critiques qui restent francs quand même, passent pour des gens mal élevés.

L'indifférence absolue est un état où le critique arrive après quelques années de pontificat. D'abord, il s'est jeté dans la bataille, a mis ses idées en avant, a livré des combats sur le terrain de chaque pièce nouvelle. Puis, en voyant qu'il n'améliore rien, que la sottise demeure éternelle, il se calme et prend un bel égoïsme. Tout est bon, tout est mauvais, peu importe. Il suffit qu'on boive frais et qu'on ne se fasse pas d'ennemis. Il faut aussi ranger parmi ces beaux indifférents les poètes et les écrivains de grand style qui acceptent un feuilleton dramatique. Ceux-là se moquent parfaitement du théâtre. Ils trouvent toutes les pièces abominables, odieuses. Et ils affectent un sourire de bons princes, ils louent jusqu'aux vaudevilles ineptes, ils n'ont que le souci de pomponner leurs phrases pour se faire à eux mêmes un joli succès.

Quant à l'éreintement, il est presque toujours l'effet de la passion. On éreinte une pièce, parce qu'on est romantique, parce qu'on est royaliste, parce qu'on a eu des pièces sifflées ou des romans vendus sur les quais. Je répète que j'admets toutes les exceptions. Si je citais des exemples, on m'entendrait mieux; mais je ne veux nommer personne. La critique, si débonnaire pour les auteurs arrivés, se montre tout d'un coup enragée contre certains débutants. Ceux-là, on les massacre; et le public, devant cette fureur, ne doit plus comprendre. C'est qu'il y a, par derrière, une situation dont il faudrait d'abord débrouiller les fils. Souvent, le débutant est un novateur, un garçon gênant, un ours vivant dans son trou, loin de toute camaraderie.

D'ailleurs, notre critique théâtrale contemporaine a des reproches plus graves à se faire. Ses sévérités et ses indulgences exagérées ne sont que les résultats de la débandade, du manque de méthode dans lequel elle vit. Elle est la seule critique existante, puisque les journaux dédaignent aujourd'hui de parler des livres, ou leur jettent l'aumône dérisoire d'un bout d'annonce griffonné par le rédacteur des Faits divers. Et j'estime qu'elle représente bien mal la sagacité et la finesse de l'esprit français. A l'étranger, on rit du tohu-bohu de ces jugements qui se démentent les uns les autres, et qui sont souvent rendus dans un style abominable. En Angleterre, en Russie, on dit très nettement que nous n'avons plus parmi nous un seul critique.

On doit accuser d'abord la fièvre du journalisme d'informations. Quand tous les critiques rendaient leur justice le lundi, ils avaient le temps de préparer et d'écrire leurs feuilletons. On choisissait pour cette besogne des écrivains, et si le plus souvent la méthode manquait, chaque article était au moins un morceau de style intéressant à lire. Mais on a changé cela, il faut maintenant que les lecteurs aient, le lendemain même, un compte rendu détaillé des pièces nouvelles. La représentation finit à minuit, on tire le journal à minuit et demi, et le critique est tenu de fournir immédiatement un article d'une colonne. Nécessairement, cet article est fait après la répétition générale, ou bien il est bâclé sur le coin d'une table de rédaction, les yeux appesantis de sommeil.

Je comprends que les lecteurs soient enchantés de connaître immédiatement la pièce nouvelle. Seulement, avec ce système, toute dignité littéraire est impossible, le critique n'est plus qu'un reporter ; autant le remplacer par un télégraphe qui irait plus vite. Peu à peu, les comptes rendus deviendront de simples bulletins. On flatte la seule curiosité du public, on l'excite et on la contente. Quant à son goût, il ne compte plus ; on a supprimé les virtuoses pour confier leur besogne à des journalistes qui acceptent volontiers de traiter le Théâtre comme ils traiteraient la Bourse ou les Tribunaux, en mauvais style. Nous marchons au mépris de toute littérature. Il y a deux ou trois journaux, sur le pavé de Paris, qui sont coupables d'avoir transformé les lettres en un marché honteux où l'on trafique sur les nouvelles. Quand la marée arrive, c'est à qui vendra la raie la plus fraîche. Et que de raies pourries on passe dans le tas !

Comme il faut être de son temps, j'accepterais encore cette rapidité de l'information qui est devenue un besoin. Mais, puisqu'on a mis les phrases à la porte, on devrait au moins rejeter les banalités, condenser en quelques lignes des jugements motivés, d'une rectitude absolue. Pour cela, il faudrait que la critique eût une méthode et sût où elle va. Sans doute, on doit tolérer les tempéraments, les façons diverses de voir, les écoles littéraires qui se combattent. Le corps des critiques dramatiques ne peut ressembler à un corps de troupe qui fait l'exercice. Même l'intérêt de la besogne est dans la passion. Si l'on ne se jetait pas ses préférences à la tête, où serait le plaisir, pour les juges et pour les lecteurs ? Seulement, la passion elle-même est absente, et le pêle-mêle des opinions vient uniquement du manque complet de vues d'ensemble.

Le public est regardé comme souverain, voilà la vérité. Les meilleurs de nos critiques se fient à lui, consultent presque toujours la salle avant de se prononcer. Ce respect du public procède de la routine, de la peur de se compromettre, du sentiment de crainte qu'inspire tout pouvoir despotique. Il est très rare qu'un critique casse l'arrêt d'une salle qui applaudit. La pièce a réussi, donc elle est bonne. On ajoute les phrases clichées qui ont traîné partout, on tire une morale à la portée de tout le monde, et l'article est fait.

Comme il est difficile de savoir qui commence à se tromper, du public ou de la critique; comme, d'autre part, la critique peut accuser le public de la pousser dans des complaisances fâcheuses, tandis que le public peut adresser à la critique le même reproche : il en résulte que le procès reste pendant et que le tohubohu s'en trouve augmenté. Des critiques disent avec un semblant de raison : « Les pièces sont faites pour les spectateurs, nous devons louer celles que les spectateurs applaudissent. » Le public, de son côté, s'excuse d'aimer les pièces sottes, en disant : « Mon journal trouve cette pièce bonne, je vais la voir et je l'applaudis. » Et la perversion devient ainsi universelle.

Mon opinion est que la critique doit constater et combattre. Il lui faut une méthode. Elle a un but, elle sait où elle va. Les succès et les chutes deviennent secondaires. Ce sont des accidents. On se bat pour une idée, on rapporte tout à cette idée, on n'est plus le flatteur juré de la foule ni l'écrivain indifférent qui gagne son argent avec des phrases.

Ah ! comme nous aurions besoin de ce réveil !

Notre théâtre agonise, depuis qu'on le traite comme les courses, et qu'il s'agit seulement, au lendemain d'une première représentation, de savoir si l'œuvre sera jouée cent fois, ou si elle ne le sera que dix. Les critiques n'obéiraient plus au bon plaisir du moment, ils n'empliraient plus leurs articles d'opinions contradictoires. Dans la lutte, ils seraient bien forcés de défendre un drapeau et de traiter la question de vie ou de mort de notre théâtre. Et l'on verrait ainsi la critique dramatique, des cancans quotidiens, de la préoccupation des coulisses, des phrases toutes faites, des ignorances et des sottises, monter à la largeur d'une étude littéraire, franche et puissante.

II

La théorie de la souveraineté du public est une des plus bouffonnes que je connaisse. Elle conduit droit à la condamnation de l'originalité et des qualités rares. Par exemple, n'arrive-t-il pas qu'une chanson ridicule passionne un public lettré ? Tout le monde la trouve odieuse ; seulement, mettez tout le monde dans une salle de spectacle, et l'on rira, et l'on applaudira. Le spectateur pris isolément est parfois un homme intelligent; mais les spectateurs pris en masse sont un troupeau que le génie ou même le simple talent doit conduire le fouet à la main. Rien n'est moins littéraire qu'une foule, voilà ce qu'il faut établir en principe. Une foule est une collectivité malléable dont une main puissante fait ce qu'elle veut.

Ce serait un bien curieux tableau, et très instructif, si l'on dressait la liste des erreurs de la foule. On montrerait, d'une part, tous les chefs-d'œuvre qu'elle a sifflés odieusement, de l'autre, toutes les inepties auxquelles elle a fait d'immenses succès. Et la liste serait caractéristique, car il en résulterait à coup sûr que le public est resté froid ou s'est fâché toutes les fois qu'un écrivain original s'est produit. Il y a très peu d'exceptions à cette règle.

Il est donc hors de doute que chaque personnalité de quelque puissance est obligée de s'imposer. Si la grande loi du théâtre était de satisfaire avant tout le public, il faudrait aller droit aux niaiseries sentimentales, aux sentiments faux, à toutes les conventions de la routine. Et je défie qu'on puisse alors marquer la ligne du médiocre où l'on s'arrêterait ; il y aurait toujours un pire auquel on serait bientôt forcé de descendre. Qu'un écrivain écoute la foule, elle lui criera sans cesse : « Plus bas ! plus bas ! » Lors même qu'il sera dans la boue des tréteaux, elle voudra qu'il s'enfonce davantage, qu'il y disparaisse, qu'il s'y noie.

Pour moi, les écrivains révoltés, les novateurs, sont nécessaires, précisément parce qu'ils refusent de descendre et qu'ils relèvent le niveau de l'art, que le goût perverti des spectateurs tend toujours à abaisser. Les exemples abondent. Après la venue de chaque maître, de chaque conquérant de l'art qui achète chèrement ses victoires, il y a un moment d'éclat. Le public est dompté et applaudit. Puis, lentement, quand les imitateurs du maître arrivent, les œuvres s'amollissent, l'intelligence de la foule décroît, une période de transition et de médiocrité s'établit. Si bien que, lorsque le besoin d'une révolution littéraire se fait sentir, il faut, de nouveau, un homme de génie pour secouer la foule et pour lui imposer une nouvelle formule.

Il est bon de consulter ainsi l'histoire littéraire, si l'on veut débrouiller ces questions. Or, jamais on n'y voit que les grands écrivains aient suivi le public ; ils ont toujours, au contraire, remorqué le public pour le conduire où ils voulaient. L'histoire est pleine de ces luttes, dans lesquelles la victoire reste infailliblement au génie. On a pu lapider un écrivain, siffler ses œuvres, son heure arrive, et la foule soumise obéit docilement à son impulsion. Etant donné la moyenne peu intelligente et surtout peu artistique du public, on doit ajouter que tout succès trop vif est inquiétant pour la durée d'une œuvre. Quand le public applaudit outre mesure, c'est que l'œuvre est médiocre et peu viable ; il est inutile de citer des exemples, que tout le monde a dans la mémoire. Les œuvres qui vivent sont celles qu'on a mis souvent des années à comprendre.

Alors, que nous veut-on avec la souveraineté du public au théâtre ! Sa seule souveraineté est de déclarer mauvaise une pièce que la postérité trouvera bonne. Sans doute, si l'on bat uniquement monnaie avec le théâtre, si l'on a besoin du succès immédiat, il est bon de consulter le goût actuel du public et de le contenter. Mais l'art dramatique n'a rien à démêler avec ce négoce. Il est supérieur à l'engouement et aux caprices. On dit aux auteurs : « Vous écrivez pour le public, il faut donc vous faire entendre de lui et lui plaire. » Cela est spécieux, car on peut parfaitement écrire pour le public, tout en lui déplaisant, de façon à lui donner un goût nouveau ;

ce qui s'est passé bien souvent. Toute la querelle est dans ces deux façons d'être : ceux qui songent uniquement au succès et qui l'atteignent en flattant une génération ; ceux qui songent uniquement à l'art et qui se haussent pour voir, par-dessus la génération présente, les générations à venir.

Plus je vais, et plus je suis persuadé d'une chose : c'est qu'au théâtre, comme dans tous les autres arts d'ailleurs, il n'existe pas de règles véritables en dehors des lois naturelles qui constituent cet art. Ainsi, il est certain que, pour un peintre, les figures ont fatalement un nez, une bouche et deux yeux ; mais quant à l'expression de la figure, à la vie même, elle lui appartient. De même au théâtre, il est nécessaire que les personnages entrent, causent et sortent. Et c'est tout; l'auteur reste ensuite le maître absolu de son œuvre.

Pour conclure, ce n'est pas le public qui doit imposer son goût aux auteurs, ce sont les auteurs qui ont charge de diriger le public. En littérature, il ne peut exister d'autre souveraineté que celle du génie. La souveraineté du peuple est ici une croyance imbécile et dangereuse. Seul le génie marche en avant et pétrit comme une cire molle l'intelligence des générations.

III

Il est admis que les gens de province ouvrent de grands yeux dans nos théâtres, et admirent tout de confiance. Le journal qu'ils reçoivent de Paris a parlé, et l'on suppose qu'ils s'inclinent très bas, qu'ils n'osent juger à leur tour les pièces centenaires et les artistes applaudis par les Parisiens. C'est là une grande erreur.

Il n'y a pas de public plus difficile qu'un public de province. Telle est l'exacte vérité. J'entends un public formé par la bonne société d'une petite ville : les notaires, les avoués, les avocats, les médecins, les négociants. Ils sont habitués à être chez eux dans leur théâtre, sifflant les artistes qui leur déplaisent, formant leur troupe eux-mêmes, grâce à l'épreuve des trois débuts réglementaires. Notre engouement parisien les surprend toujours, parce qu'ils exigent avant tout d'un acteur de la conscience, une certaine moyenne de talent, un jeu uniforme et convenable ; jamais, chez eux, une actrice ne se tirera d'une difficulté par une gambade; rien ne les choque comme ces fantaisies que l'argot des coulisses a nommées des « cascades ». Aussi, quand ils viennent à Paris, ne peuvent-ils souvent s'expliquer la vogue extraordinaire de certaines étoiles de vaudeville et d'opérette. Ils restent ahuris et scandalisés.

Vingt fois, d'anciens amis de collège, débarqués à Paris pour huit jours, m'ont répété : « Nous sommes allés hier soir dans tel théâtre, et nous ne comprenons pas comment on peut tolérer telle actrice ou tel acteur. Chez nous, on les siffierait sans pitié. » Naturellement, je ne veux nommer personne. Mais on serait bien surpris, si l'on savait pour quelles étoiles les gens de province se montrent si sévères. Remarquez qu'au fond leurs critiques portent presque toujours juste. Ce qu'ils ne veulent pas comprendre, c'est le coup de folie de Paris, cette flamme du succès qui enlève tout, ces triomphes d'un jour que nous faisons surtout aux femmes, lorsqu'elles ont, en

dehors de leur plus ou de leur moins de talent, le
quelque chose qui nous gratte au bon endroit.

L'air de la province est autre. Les provinciaux ne
vivent pas dans notre air, et c'est pourquoi ils suffoquent à Paris. En outre, il faut faire la part d'une certaine jalousie. Le point est délicat, je ne voudrais pas
insister; mais il est évident que la continuelle apothéose de Paris finit par agacer les bons bourgeois
des quatre coins de la France. On ne leur parle que
de Paris, tout est superbe à Paris; alors, lorsqu'ils
peuvent surprendre Paris en flagrant délit de mensonge et de bêtise, ils triomphent. Il faut les entendre : Vraiment, les Parisiens ne sont pas difficiles, ils
font des succès à des cabotins que Marseille ou Lyon
a usés, ils s'engouent des rebuts de Bordeaux ou de
Toulouse. Le pis est que les provinciaux ont souvent raison. Je voudrais qu'on les écoutât juger en
ce moment les troupes de l'Opéra et de l'Opéra-Comique. Et ils retournent dans leurs villes, en
haussant les épaules.

Ajoutez que le tapage de nos réclames irrite et
déroute les gens qui, à cent et deux cents lieues, ne
peuvent faire la part de l'exagération. Ils ne sont
pas dans le secret des coulisses, ils ne devinent pas
ce qu'il y a sous une bordée d'articles élogieux,
lancée à la tête du premier petit torchon de femme
venu. Nous autres, nous sourions, nous savons ce
qu'il faut croire. Eux, dans le milieu mort de leurs
villes, en dehors de notre monde, doivent tout prendre argent comptant. Pendant des mois, ils lisent au
cercle que mademoiselle X... est une merveille de
beauté et de talent. A la longue, ils prennent du
respect pour elle. Puis, quand ils la voient, leur

désillusion est terrible. Rien d'étonnant à ce qu'ils nous traitent alors de farceurs.

Et ce n'est pas seulement les artistes que les provinciaux jugent avec sévérité, ce sont encore les pièces, jusqu'au personnel de nos théâtres. Je sais, par exemple, que l'importunité de nos ouvreuses les exaspère. Un de mes amis, furibond, me disait encore hier qu'il ne comprenait pas comment nous pouvions tolérer une pareille vexation. Quant aux pièces, elles ne les satisfont presque jamais, parce que le plus souvent elles leur échappent; je parle des pièces courantes, de celles dont Paris consomme deux ou trois douzaines par hiver. On a dit avec raison qu'une bonne moitié du répertoire actuel n'est plus compris au delà des fortifications. Les allusions ne portent plus, la fleur parisienne se fane, les pièces ne gardent que leur carcasse maigre. Dès lors, il est naturel qu'elles déplaisent à des gens qui les jugent pour leur mérite absolu.

Il ne faut donc pas croire à une admiration passive des provinciaux dans nos théâtres. S'il est très vrai qu'ils s'y portent en foule, soyez certains qu'ils réservent leur libre jugement. La curiosité les pousse, ils veulent épuiser les plaisirs de Paris ; mais écoutez-les quand ils sortent, et vous verrez qu'ils se prononcent très carrément, qu'ils ont trois fois sur quatre des airs dédaigneux et fâchés, comme si l'on venait de les prendre à quelque attrape-nigauds.

Un autre fait que j'ai constaté et qui est très sensible en ce moment, c'est la passion de la province pour les théâtres lyriques. Un provincial qui se hasardera à passer une soirée à la Comédie-Française ira trois et quatre fois à l'Opéra. Je veux bien admettre que ce soit réellement la musique qui soulève une si belle passion. Mais encore faut-il expliquer les circonstances qui entretiennent et qui accroissent chaque jour un pareil mouvement. Nous ne sommes pas une nation assez mélomane pour qu'il n'y ait point à cela, en dehors de la musique, des particularités déterminantes.

La province va en masse à l'Opéra pour une des raisons que j'ai dites plus haut. Souvent les comédies, les vaudevilles lui échappent. Au contraire, elle comprend toujours un opéra. Il suffit qu'on chante, les étrangers eux-mêmes n'ont pas besoin de suivre les paroles.

Je cours le risque d'ameuter les musiciens contre moi, mais je dirai toute ma pensée. La littérature demande une culture de l'esprit, une somme d'intelligence, pour être goûtée ; tandis qu'il ne faut guère qu'un tempérament pour prendre à la musique de vives jouissances. Certainement, j'admets une éducation de l'oreille, un sens particulier du beau musical ; je veux bien même qu'on ne puisse pénétrer les grands maîtres qu'avec un raffinement extrême de la sensation. Nous n'en restons pas moins dans le domaine pur des sens, l'intelligence peut rester absente. Ainsi, je me souviens d'avoir souvent étudié, aux concerts populaires de M. Pasdeloup, des tailleurs ou des cordonniers alsaciens, des ouvriers buvant béatement du Beethoven, tandis que des messieurs avaient une admiration de commande parfaitement visible. Le rêve d'un cordonnier qui écoute la symphonie en *la*, vaut le rêve d'un élève de l'École polytechnique. Un opéra ne demande pas à être compris, il demande à être senti. En tous cas, il suffit de le sentir pour s'y récréer ; au lieu que, si l'on ne comprend pas une comédie ou un drame, on s'ennuie à mourir.

Eh bien, voilà pourquoi, selon moi, la province préfère un opéra à une comédie. Prenons un jeune homme sorti d'un collège, ayant fait son droit dans une Faculté voisine, devenu chez lui avocat, avoué ou notaire. Certes, ce n'est point un sot. Il a la teinture classique, il sait par cœur des fragments de Boileau et de Racine. Seulement, les années coulent, il ne suit pas le mouvement littéraire, il reste fermé aux nouvelles tentatives dramatiques. Cela se passe pour lui dans un monde inconnu et ne l'intéresse pas. Il lui faudrait faire un effort d'intelligence, qui le dérangerait dans ses habitudes de paresse d'esprit. En un mot, comme il le dit lui-même en riant, il est rouillé ; à quoi bon se dérouiller, quand l'occasion de le faire se présente au plus une fois par an ? Le plus simple est de lâcher la littérature et de se contenter de la musique.

Avec la musique, c'est une douce somnolence. Aucun besoin de penser. Cela est exquis. On ne sait pas jusqu'où peut aller la peur de la pensée. Avoir des idées, les comparer, en tirer un jugement, quel labeur écrasant, quelle complication de rouages, comme cela fatigue ! Tandis qu'il est si commode d'avoir la tête vide, de se laisser aller à une digestion aimable, dans un bain de mélodie ! Voilà le bonheur parfait. On est léger de cervelle, on jouit dans sa chair, toute la sensualité est éveillée. Je ne parle pas des décors, de la mise en scène, des danses, qui font de nos grands opéras des féeries, des spectacles flattant la vue autant que l'oreille.

Questionnez dix provinciaux, huit vous parleront
de l'Opéra avec passion, tandis qu'ils montreront une
admiration digne pour la Comédie-Française. Et ce
que je dis des provinciaux, je devrais l'étendre aux
Parisiens, aux spectateurs en général. Cela explique
l'importance énorme que prend chez nous le théâtre
de l'Opéra ; il reçoit la subvention la plus forte, il est
logé dans un palais, il fait des recettes colossales, il
remue tout un peuple. Examinez, à côté, le Théâtre-
Français, dont la prospérité est pourtant si grande en
ce moment : on dirait une bicoque. Je dois confesser
une faiblesse : le théâtre de l'Opéra, avec son gonflement démesuré, me fâche. Il tient une trop large
place, qu'il vole à la littérature, aux chefs-d'œuvre de
notre langue, à l'esprit humain. Je vois en lui le triomphe de la sensualité et de la polissonnerie publiques.
Certes, je n'entends pas me poser en moraliste ; au
fond, toute décomposition m'intéresse. Mais j'estime
qu'un peuple qui élève un pareil temple à la musique
et à la danse, montre une inquiétante lâcheté devant
la pensée.

IV

Nos artistes de la Comédie-Française viennent de
donner à Londres une série de représentations. Le
succès d'argent et de curiosité paraît indiscutable.
On a publié des chiffres qui sont vrais sans doute. La
Comédie-Française a fait salle comble tous les soirs.
C'est déjà là un fait caractéristique. J'ai vu une
troupe anglaise jouer dans un théâtre de Paris ; la
salle était vide, et les rares spectateurs pouffaient de
gaieté. Pourtant, la troupe donnait du Shakespeare. Il

est vrai qu'à part deux ou trois acteurs, les autres étaient bien médiocres. Mais l'Angleterre pourrait nous envoyer ses meilleurs comédiens, je crois que Paris se dérangerait difficilement pour aller les voir. Rappelez-vous les maigres recettes réalisées par Salvini. Pour nous, les théâtres étrangers n'existent pas, et nous sommes portés à nous égayer de ce qui n'est point dans le génie de notre race. Les Anglais viennent donc de nous donner un exemple de goût littéraire, soit que notre répertoire et nos comédiens leur plaisent réellement, soit qu'ils aient voulu simplement montrer de la politesse pour la littérature d'un grand peuple voisin.

Est ce bien, à la vérité, un goût littéraire qui a empli chaque soir la salle du Gaiety's Théâtre? C'est ici que des documents exacts seraient nécessaires. Mais, avant d'étudier ce point, je dois dire que je n'ai jamais compris la querelle qu'on a cherchée à la Comédie-Française, lorsqu'il a été question de son voyage à Londres. J'ai lu là-dessus des articles d'une fureur bien étrange. Les plus doux accusaient nos artistes de cupidité et leur déniaient le droit de passer la Manche. D'autres prévoyaient un naufrage et se lamentaient. Avouez que cela paraît comique aujourd'hui. Une seule chose était à craindre : l'insuccès, des salles vides, une diminution de prestige. Mais, là-dessus, on pouvait être tranquille ; les recettes étaient quand même assurées, ce qui suffisait ; car, pour le véritable effet produit par les œuvres et par les interprètes, il était à l'avance certain, je le répète, qu'on ne saurait jamais exactement à quoi s'en tenir. Les journaux anglais ont été courtois, et nos journaux français se sont montrés patriotes. Dès lors, la Comédie-Française avait mille fois raison de se risquer; elle partait pour un triomphe, pour le demi-million de recettes qu'on vient de publier. Certes, je ne suis guère chauvin de mon naturel ; mais, personnellement, j'ai vu avec plaisir nos comédiens aller faire une expérience intéressante dans un pays où ils étaient certains d'être bien reçus, même s'ils ne plaisaient pas complètement.

Cela me ramène à analyser les raisons qui ont amené le public anglais en foule. Je ne crois pas à une passion littéraire bien forte. Il y a eu plutôt un courant de mode et de curiosité. Nous tenons, à cette heure, en Europe, une situation littéraire de combat. Non seulement on nous pille, mais on nous discute. Notre littérature soulève toutes sortes de points sociaux, philosophiques, scientifiques ; de là, le bruit qu'un de nos livres ou qu'une de nos pièces fait à l'étranger. L'Allemagne et l'Angleterre, par exemple, ne peuvent nous lire sans se fâcher souvent. En un mot, notre littérature sent le fagot. Je suis persuadé qu'une bonne partie du public anglais a été attirée par le désir de se rendre enfin compte d'un théâtre qu'il ne comprend pas. C'était là les gens sérieux. Ajoutez les curieux mondains, ceux qui écoutent une tragédie française comme on écoute un opéra italien, ceux encore qui se piquent d'être au courant de notre littérature, et vous obtiendrez la foule qui a suivi les représentations du Gaiety's Théâtre.

Et ce qui s'est passé prouve bien la vérité de ce que j'avance. Tous les critiques ont constaté que nos tragédies classiques ont eu le succès le plus vif. C'est que nos tragédies sont des morceaux consacrés ; les Anglais sachant le français les connaissent pour les avoir apprises par cœur. Après les tragédies, ce seraient les drames lyriques de Victor Hugo qu'on aurait applaudis, et rien de plus explicable ici encore : la musique du vers a tout emporté, ces drames ont passé comme des livrets d'opéra, grâce à la voix superbe des interprètes, sans qu'on s'avisât un instant de discuter la vraisemblance. Mais, arrivés devant les *Fourchambault*, de M. Emile Augier, et devant tout le théâtre de M. Dumas, les Anglais se sont cabrés. On les dérangeait brutalement dans leur façon d'entendre la littérature, et ils n'ont plus montré qu'une froide politesse.

L'expérience est faite aujourd'hui. J'en suis bien heureux. Le voyage de la Comédie-Française à Londres n'aurait-il que prouvé où en est l'Angleterre devant la formule naturaliste moderne, que je le considérerais comme d'une grande utilité. Il est entendu que le peuple qui a produit Shakespeare et Ben Jonson, pour ne citer que ces deux noms, en est tombé à ne pouvoir plus supporter aujourd'hui les hardiesses de M. Dumas.

Je ne puis résumer ici l'histoire de la littérature anglaise. Mais lisez l'ouvrage si remarquable de M. Taine, et vous verrez que pas une littérature n'a eu un débordement plus large ni plus hardi d'originalité. Le génie saxon a dépassé en vigueur et en crudité tout ce qu'on connaît. Et c'est maintenant cette littérature anglaise, après la longue action du protestantisme, qui en est arrivée à ne plus tolérer à la scène un enfant naturel ou une femme adultère. Tout le génie libre de Shakespeare, toute la crudité superbe de Ben Jonson ont abouti à des romans d'une médiocrité écœurante, à des mélodrames ineptes dont nos théâtres de barrière ne voudraient pas.

J'ai lu près d'une cinquantaine de romans anglais écrits dans ces dernières années. Cela est au-dessous de tout. Je parle de romans signés par des écrivains qui ont la vogue. Certainement, nos feuilletonistes, dont nous faisons fi, ont plus d'imagination et de largeur. Dans les romans anglais, la même intrigue, une bigamie, ou bien un enfant perdu et retrouvé, ou encore les souffrances d'une institutrice, d'une créature sympathique quelconque, est le fond en quelque sorte hiératique dont pas un romancier ne s'écarte. Ce sont des contes du chanoine Schmidt, démesurément grossis et destinés à être lus en famille. Quand un écrivain a le malheur de sortir du moule, on le conspue. Je viens, par exemple, de lire la *Chaîne du Diable*, un roman que M. Edouard Jenkins a écrit contre l'ivrognerie anglaise ; comme œuvre d'observation et d'art, c'est bien médiocre ; mais il a suffi qu'il dise quelques vérités sur les vices anglais, pour qu'on l'accablât de gros mots. Depuis Dickens, aucun romancier puissant et original ne s'est révélé. Et que de choses j'aurais à dire sur Dickens, si vibrant et si intense comme évocateur de la vie extérieure, mais si pauvre comme analyste de l'homme et comme compilateur de documents humains !

Quant au théâtre anglais actuel, il existe à peine, de l'avis de tous. Nous n'avons jamais eu l'idée, à part deux ou trois exceptions, de faire des emprunts à ce théâtre ; tandis que Londres vit en partie d'adaptations faites d'après nos pièces. Et le pis est que le théâtre est là-bas plus châtré encore que le roman. Les Anglais, à la scène, ne tolèrent plus la moindre étude humaine un peu sérieuse. Ils tournent tout à la romance, à une certaine honnêteté conventionnelle.

De là, à coup sûr, la médiocrité où s'agite leur littérature dramatique. Ils sont tombés au mélodrame, et ils tomberont plus bas, car on tue une littérature, lorsqu'on lui interdit la vérité humaine. N'est-il pas curieux et triste que le génie anglais, qui a eu dans les siècles passés la floraison des plus violents tempéraments d'écrivains, ne donne plus naissance, à la suite d'une certaine évolution sociale, qu'à des écrivains émasculés, qu'à des bas bleus qui ne valent pas Ponson du Terrail ? Et cela juste à l'heure où l'esprit d'observation et d'expérience emporte notre siècle à l'étude et à la solution de tous les problèmes.

Nous nous trouvons donc devant une conséquence de l'état social, qu'il serait trop long d'étudier. Remarquez que la convention dans les personnages et dans les idées est d'autant plus singulière que le public anglais exige le naturalisme dans le monde extérieur. Il n'y a pas de naturaliste plus minutieux ni plus exact que Dickens, lorsqu'il décrit et qu'il met en scène un personnage ; il refuse simplement d'aller au delà de la peau, jusqu'à la chair. De même, les décors sont merveilleux à Londres, si les pièces restent médiocres. C'est ici un peuple pratique, très positif, exigeant la vérité dans les accessoires, mais se fâchant dès qu'on veut disséquer l'homme. J'ajouterai que le mouvement philosophique, en Angleterre, est des plus audacieux, que le positivisme s'y élargit, que Darwin y a bouleversé toutes les données anciennes, pour ouvrir une nouvelle voie où la science marche à cette heure. Que conclure de ces contradictions? Évidemment, si la littérature anglaise reste stationnaire et ne peut supporter la conquête du vrai, c'est que l'évolution ne l'a pas encore atteinte, c'est qu'il y a des empêchements sociaux qui devront disparaître pour que le roman et le théâtre s'élargissent à leur tour par l'observation et l'analyse.

J'en voulais venir à ceci, que nous n'avons pas à nous émouvoir des opinions portées par le public anglais sur nos œuvres dramatiques. Le milieu littéraire n'est pas le même à Paris qu'à Londres, heureusement. Que les Anglais n'aient pas compris Musset, qu'ils aient jugé M. Dumas trop vrai, cela n'a d'autre intérêt pour nous que de nous renseigner sur l'état littéraire de nos voisins. Nous sommes, eux et nous, à des points de vue trop différents. Jamais nous n'admettrons qu'on condamne une œuvre, parce que l'héroïne est une femme adultère, au lieu d'être une bigame. Dans ces conditions, il n'y a qu'à remercier les Anglais d'avoir fait à nos artistes un accueil si flatteur; mais il n'y a pas à vouloir profiter une seconde des jugements qu'ils ont pu exprimer sur nos œuvres. Les points de départ sont trop différents, nous ne pouvons nous entendre.

Voilà ce que j'avais à dire, d'autant plus qu'un de nos critiques déclarait dernièrement qu'il s'était beaucoup régalé d'un article paru dans le *Times* contre le naturalisme. Il faut renvoyer simplement le rédacteur du *Times* à la lecture de Shakespeare, et lui recommander le *Volpone*, de Ben Jonson. Que le public de Londres en reste à notre théâtre classique et à notre théâtre romantique, cela s'explique par l'impossibilité où il se trouve de comprendre notre répertoire moderne, étant donnés l'éducation et le milieu social anglais. Mais ce n'est pas une raison pour que nos critiques s'amusent des plaisanteries du *Times* sur une évolution littéraire qui fait notre gloire depuis Diderot.

Quant au rédacteur du *Times*, il fera bien de méditer cette pensée : Les bâtards de Shakespeare n'ont pas le droit de se moquer des enfants légitimes de Balzac

DES SUBVENTIONS

Lors de la discussion du budget, tout le monde a été frappé des sommes que l'Etat donne à la musique, sommes énormes relativement aux sommes modestes qu'il accorde à la littérature. Les subventions de la Comédie-Française et de l'Odéon, mises en regard des subventions des théâtres lyriques, sont absolument ridicules. Et ce n'était pas tout, on parlait alors de la création de nouvelles salles lyriques, la presse entière s'intéressait au sort des musiciens et de leurs œuvres, il y avait une véritable pression de l'opinion sur le gouvernement pour obtenir de lui de nouveaux sacrifices en faveur de la musique. De la littérature, pas un mot.

J'ai déjà dit que je voyais, dans cette apothéose de l'opéra chez nous, la haine des foules contre la pensée. C'est une fatigue que d'aller à la Comédie-Française, pour un homme qui a bien dîné ; il faut qu'il comprenne, grosse besogne. Au contraire, à l'Opéra, il n'a qu'à se laisser bercer, aucune instruction n'est nécessaire ; l'épicier du coin jouira autant que le mélomane le plus raffiné. Et il y a, en outre, la féerie dans l'opéra, les ballets avec le nu des danseuses, les décors avec l'éblouissement de l'éclairage. Tout cela s'adresse directement aux sens du spectateur et ne lui demande aucun effort d'intelligence. De là le temple superbe qu'on a bâti à la musique, lorsque presque en face, à l'autre bout d'une avenue, la littérature est en comparaison logée comme une petite bourgeoise froide, ennuyeuse, raisonneuse, et qui serait déplacée dans ce luxe d'entretenue. C'est le mot, on entretient la musique en France. Rien de moins viril pour la santé intellectuelle d'un peuple.

Devant cette disproportion des sommes consacrées à la littérature et à la musique, il s'est donc trouvé un grand nombre de personnes qui ont réclamé. Il semble juste que les subventions soient réparties plus équitablement. Si l'on aborde le côté pratique, les résultats obtenus, la surprise est aussi grande ; car on en arrive à établir que les centaines de mille francs jetées dans le tonneau sans fond des théâtres lyriques, se trouvent encore insuffisantes et n'ont guère amené que des faillites. L'Opéra lui-même, qui reste une entreprise particulière très prospère, n'a plus produit de grandes œuvres depuis longtemps et doit vivre sur son répertoire, avec une troupe que la critique compétente déclare de plus en plus médiocre. N'importe, on s'entête. Quand un théâtre lyrique croule, ce qui se présente à chaque saison, on s'ingénie aussitôt pour en ouvrir un autre. La presse entre en campagne, les ministres se font tendres. Il nous faut des orchestres et des danseuses, dussent-ils nous ruiner. Singulier art qu'on ne peut étayer qu'avec des millions, plaisir si cher qu'on ne parvient pas à le donner aux Parisiens, même en le payant avec l'argent de tous les Français !

Dès lors, le raisonnement est simple. Pourquoi s'entêter ? Pourquoi donner des primes aux faillites? La musique tiendrait moins de place que cela ne serait pas un mal. Je ne puis, personnellement, passer devant l'Opéra sans éprouver une sourde colère. J'ai une si parfaite indifférence pour la littérature qu'on fait là dedans, que je trouve exaspérant d'avoir logé des roulades et des ronds de jambe dans ce palais d'or et de marbre qui écrase la ville.

Et je me joins donc très volontiers aux journalistes que cet état de choses a blessés. Qu'on partage les subventions entre la musique et la littérature ; qu'on augmente surtout la subvention de l'Odéon, pour lui permettre de risquer des tentatives avec les jeunes auteurs dramatiques; qu'on essaye même de créer un théâtre de drames populaires, ouvert à tous les essais. Rien de mieux.

Voilà pour le principe. Maintenant, en pratique, je ne crois pas à la puissance de l'argent, lorsqu'il s'agit d'art. Voyez ce qui se passe pour la musique ; les subventions sont dévorées comme des feux de paille, et les directeurs se trouvent forcés de déposer leur bilan. Si les subventions étaient plus fortes, ils mangeraient davantage, voilà tout. Pour faire prospérer un théâtre, il ne faut pas des millions, il faut de grandes œuvres ; des millions ne peuvent soutenir des œuvres médiocres, tandis que de grandes œuvres apportent précisément des millions avec elles. Je ne veux pas parler musique, je ne cherche pas à savoir si les théâtres lyriques ne traversent point en ce moment la même crise que les théâtres de drames. C'est la question littéraire que je désire traiter, et j'y arrive.

D'abord, j'enregistre un aveu. Voici trois ans que je ne cesse de répéter que le drame se meurt, que le drame est mort. Lorsque j'ai dit que les planches étaient vides, on m'a répondu que j'insultais nos gloires dramatiques; à entendre la critique, jamais le théâtre n'aurait jeté un tel éclat en France. Et voilà brusquement que l'on confesse notre pauvreté et notre médiocrité. On me donne raison, après s'être fâché et m'avoir quelque peu injurié. On constate la crise actuelle, on se lamente sur le malheureux sort de la Porte-Saint-Martin, vouée aux ours et aux baleines ; de la Gaieté, agonisant avec la féerie ; du Châtelet et du Théâtre-Historique, vivant de reprises; de l'Ambigu, où les directions se succèdent sous une pluie battante de protêts. Eh bien ! nous sommes donc enfin d'accord. Tout va de mal en pis, le drame est en train de disparaître, si on ne parvient pas à le ressusciter. Je n'ai jamais dit autre chose.

Seulement, je crois fort que nous différons absolument sur le remède possible. La queue romantique, inquiète et irritée de la disparition du drame selon la formule de 1830, s'est avisée de déclarer que, si le drame mourait, cela venait simplement de ce qu'on n'avait point assez d'argent pour le faire vivre. Mon Dieu ! c'était bien simple ; si l'on voulait une renaissance, il s'agissait simplement d'ouvrir un nouveau théâtre qui jouerait, aux frais de l'Etat, toutes les œuvres dramatiques de débutants, dans lesquelles on trouverait des promesses plus ou moins nettes de talent. En un mot, les œuvres existent; ce qui manque, ce sont les théâtres.

Vraiment, de qui se moque-t-on ? Où sont-elles, les œuvres ? Je demande à les voir. C'est justement parce qu'il n'y a pas d'œuvres que les théâtres se ruinent. Je n'ai jamais cru aux chefs d'œuvre inconnus. Toutes sortes de légendes mauvaises circulent sur l'impossibilité où est un débutant d'arriver au public. Ce qu'il faut dire, c'est que toute bonne pièce a été jouée, c'est qu'on ne pourrait citer un drame ou une comédie de mérite qui n'ait eu son heure et son succès. Voilà la vérité, la vérité consolante, qui est bonne pour les forts, si elle gêne les incompris et les impuissants.

Certes, les directeurs se trompent souvent, et ils penchent naturellement davantage vers les succès d'argent que vers les spéculations littéraires pures. Mais quel est le directeur qui repousserait une bonne pièce, s'il la croyait bonne ? Il faudra toujours passer par un jugement, même dans un théâtre ouvert exprès pour les débutants; et il y aura une coterie, et il y aura des sottises. Sottise pour sottise, celle de l'homme qui défend sa bourse est encore plus soucieuse de la réussite. Aujourd'hui, tous les directeurs en sont à chercher des pièces; ils sentent leurs fournisseurs habituels vieillir, ils s'inquiètent, ils voudraient du nouveau. Questionnez-les, ils vous diront qu'ils feraient le voyage de toutes les mansardes de Paris, s'ils savaient qu'un garçon de talent se cachât quelque part. Ils ne trouvent rien, rien, rien, telle est la triste vérité.

Or, c'est l'instant que l'on choisit pour réclamer l'ouverture d'un nouveau théâtre. La Porte-Saint-Martin, l'Ambigu, le Théâtre-Historique ne trouvent plus de drames ; vite ouvrons une salle nouvelle, pour élargir la disette des bonnes pièces. Et qu'on ne vienne pas dire que, systématiquement, les directeurs repoussent les tentatives ; ils ont tout essayé, les drames à panaches, les drames historiques, les drames taillés sur le patron de 1830. S'ils ont abandonné la partie, c'est que le public s'est désintéressé de ces formules anciennes, c'est que les prétendus jeunes, les poètes figés qui leur apportent ces pastiches, n'ont absolument aucune originalité dans le ventre. On ne galvanise pas le passé. Au théâtre surtout, il n'est pas permis de retourner en arrière. C'est l'époque, c'est le milieu ambiant, c'est le courant des esprits qui font les pièces vivantes.

Et ce n'est pas tout. Il n'y a pas que les pièces qui manquent, les acteurs eux aussi font défaut. Je ne veux nommer aucun théâtre, mais presque toutes les troupes sont pitoyables, si l'on excepte quelques artistes de talent. Les traditions du drame romantique se perdent ; il faut attendre qu'une génération de comédiens apporte l'esprit nouveau. En attendant, si un grand théâtre s'ouvrait, il aurait toutes les peines du monde à réunir une troupe convenable.

Oui, le drame d'hier est mort ; oui, il n'y a plus de directeur pour le recevoir, plus d'artistes pour le jouer, plus de public pour l'entendre. Mais c'est une idée baroque que de vouloir le ressusciter à coups de billets de banque. L'État donnerait des millions qu'il ne mettrait pas debout ce cadavre. Il n'y a qu'une façon de rendre au drame tout son éclat :

c'est de le renouveler. Le drame romantique est aussi mort que la tragédie. Attendez que l'évolution s'achève, qu'on trouve le théâtre de l'époque, celui qui sera fait avec notre sang et notre chair, à nous autres contemporains, et vous verrez les théâtres revivre. Il faut de la passion dans une littérature. Quand une formule tombe aux mains des imitateurs, elle disparaît vite. Nous avons besoin de créateurs originaux.

Ce sont là des idées bien simples, d'une vérité presque puérile tant elle est évidente, et je m'étonne que j'aie besoin de les répéter si souvent pour convaincre le monde. Il est certain que chaque période historique a sa littérature, son roman et son théâtre. Pourquoi veut-on alors que nous ayons la littérature de Louis-Philippe et de l'empire? Depuis 1870, après une catastrophe épouvantable qui a retourné profondément la nation, nous vivons dans une époque nouvelle. Des hommes politiques nouveaux se sont produits, ont mis la main sur le pouvoir et ont aidé à l'évolution qui nous emporte vers la formule sociale de demain. Dès lors, il doit se produire en littérature une évolution semblable; nous allons, nous aussi, à une formule qui triomphera demain; des hommes nouveaux travaillent à son succès, fatalement, jouant le rôle qu'ils sont venus jouer. Tout cela est mathématique, tout cela est régi par des lois que nous ne connaissons pas encore bien, mais que nous commençons à entrevoir.

Il serait aussi ridicule de vouloir revenir au mouvement romantique que de songer à recommencer les journées de 1830. Aujourd'hui, la liberté est conquise, et nous tâchons d'asseoir le gouvernement et la littérature sur des données scientifiques. Je jette ici au courant de la plume de grosses idées, sur lesquelles j'aimerais à m'étendre un jour.

Donc, pour conclure, si je ne vois pas d'inconvénient à ce qu'on subventionne la littérature, si je trouve très bon qu'on entretienne un peu moins galamment l'Opéra pour donner davantage à l'Odéon, je suis absolument persuadé que l'argent ne fera pas naître un homme de génie et ne l'aidera même pas à se produire ; car le propre du génie est de s'affirmer au milieu des obstacles. Donnez de l'argent, il ira aux médiocres, aux farceurs de l'histoire et du patriotisme ; peut-être même cela causera-t-il plus de tort que de bien, mais il faut que tout le monde vive. Seulement, l'avenir se fera de lui-même, en dehors de vos patronages et de vos subventions, par l'évolution naturaliste du siècle, par cet esprit de logique et de science qui transforme en ce moment le corps social tout entier. Que les faibles meurent, les reins cassés ; c'est la loi. Quant aux forts, ils ne relèvent que d'eux-mêmes ; ils apportent un appui à l'État et ils n'attendent rien de lui.

LES DÉCORS ET LES ACCESSOIRES

I

Je veux parler du mouvement naturaliste qui se produit au théâtre, simplement au point de vue des décors et des accessoires. On sait qu'il y a deux avis parfaitement tranchés sur la question : les uns voudraient qu'on en restât à la nudité du décor classique, les autres exigent la reproduction du milieu exact, si compliquée qu'elle soit. Je suis évidemment de l'opinion de ceux-ci ; seulement, j'ai mes raisons à donner.

Il faut étudier la question dans l'histoire même de notre théâtre national. L'ancienne parade de foire, le mystère joué sur des tréteaux, toutes ces scènes dites en plein vent d'où sont sorties, parfaites et équilibrées, les tragédies et les comédies du dix-septième siècle, se jouaient entre trois lambeaux tendus sur des perches. L'imagination du public suppléait

au décor absent. Plus tard, avec Corneille, Molière
et Racine, chaque théâtre avait une place publique,
un salon, une forêt, un temple ; même la forêt ne
servait guère, je crois. L'unité de lieu, qui était une
règle strictement observée, impliquait ce peu de variété. Chaque pièce ne nécessitait qu'un décor ; et
comme, d'autre part, tous les personnages devaient
se rencontrer dans ce décor, les auteurs choisissaient
fatalement les mêmes milieux neutres, ce qui per-
mettait au même salon, à la même rue, au même
temple de s'adapter à toutes les actions imaginables.

J'insiste, parce que nous sommes là aux sources
de la tradition. Il ne faudrait pas croire que cette
uniformité, cet effacement du décor, vinssent de la
barbarie de l'époque, de l'enfance de l'art décoratif.
Ce qui le prouve, c'est que certains opéras, certaines
pièces de gala, ont été montées alors avec un luxe de
peintures, une complication de machines extraordinaire. Le rôle neutre du décor était dans l'esthé-
tique même du temps.

On n'a qu'à assister, de nos jours, à la représentation d'une tragédie ou d'une comédie classique.
Pas un instant le décor n'influe sur la marche de la
pièce. Parfois, des valets apportent des sièges ou
une table ; il arrive même qu'ils posent ces sièges
au beau milieu d'une rue. Les autres meubles, les
cheminées, tout se trouve peint dans les fonds. Et
cela semble fort naturel. L'action se passe en l'air,
les personnages sont des types qui défilent, et non
des personnalités qui vivent. Je ne discute pas aujourd'hui la formule classique, je constate simplement que les argumentations, les analyses de caractère, l'étude dialoguée des passions, se déroulant

devant le trou du souffleur sans que les milieux eussent jamais à intervenir, se détachaient d'autant plus puissamment que le fond avait moins d'importance.

Ce qu'il faut donc poser comme une vérité démontrée, c'est que l'insouciance du dix-septième siècle pour la vérité du décor vient de ce que la nature ambiante, les milieux, n'étaient pas regardés alors comme pouvant avoir une influence quelconque sur l'action et sur les personnages. Dans la littérature du temps, la nature comptait peu. L'homme seul était noble, et encore l'homme dépouillé de son humanité, l'homme abstrait, étudié dans son fonctionnement d'être logique et passionnel. Un paysage au théâtre, qu'était-ce cela ? on ne voyait pas les paysages réels, tels qu'ils s'élargissent par les temps de soleil ou de pluie. Un salon complètement meublé, avec la vie qui l'échauffe et lui donne une existence propre, pourquoi faire ? les personnages ne vivaient pas, n'habitaient pas, ne faisaient que passer pour déclamer les morceaux qu'ils avaient à dire.

C'est de cette formule que notre théâtre est parti. Je ne puis faire l'historique des phases qu'il a parcourues. Mais il est facile de constater qu'un mouvement lent et continu s'est opéré, accordant chaque jour plus d'importance à l'influence des milieux. D'ailleurs, l'évolution littéraire des deux derniers siècles est tout entière dans cet envahissement de la nature. L'homme n'a plus été seul, on a cru que les campagnes, les villes, les cieux différents méritaient qu'on les étudiât et qu'on les donnât comme un cadre immense à l'humanité.

On est même allé plus loin, on a prétendu qu'il était impossible de bien connaître l'homme, si on ne l'analysait pas avec son vêtement, sa maison, son pays. Dès lors, les personnages abstraits ont disparu. On a présenté des individualités, en les faisant vivre de la vie contemporaine.

Le théâtre a fatalement obéi à cette évolution. Je sais que certains critiques font du théâtre une chose immuable, un art hiératique dont il ne faut pas sortir. Mais c'est là une plaisanterie que les faits démentent tous les jours. Nous avons eu les tragédies de Voltaire, où le décor jouait déjà un rôle ; nous avons eu les drames romantiques qui ont inventé le décor fantaisiste et en ont tiré les plus grands effets possibles ; nous avons eu les bals de Scribe, dansés dans un fond de salon ; et nous en sommes arrivés au cerisier véritable de l'*Ami Fritz*, à l'atelier du peintre impressionniste de la *Cigale*, au cercle si étonnamment exact du *Club*. Que l'on fasse cette étude avec soin, on verra toutes les transitions, on se convaincra que les résultats d'aujourd'hui ont été préparés et amenés de longue main par l'évolution même de notre littérature.

Je me répète, pour mieux me faire entendre. Le malheur, ai-je dit, est qu'on veut mettre le théâtre à part, le considérer comme d'essence absolument différente. Sans doute, il a son optique. Mais ne le voit-on pas de tout temps obéir au mouvement de l'époque ? A cette heure, le décor exact est une conséquence du besoin de réalité qui nous tourmente. Il est fatal que le théâtre cède à cette impulsion, lorsque le roman n'est plus lui-même qu'une enquête universelle, qu'un procès-verbal dressé sur chaque fait. Nos personnages modernes, individualisés, agissant sous l'empire des influences environnantes, vivant notre vie sur la scène, seraient parfaitement ridicules dans le décor du dix-septième siècle. Ils s'asseoient, et il leur faut des fauteuils ; ils écrivent, et il leur faut des tables ; ils se couchent, ils s'habillent, ils mangent, ils se chauffent, et il leur faut un mobilier complet. D'autre part, nous étudions tous les mondes, nos pièces nous promènent dans tous les lieux imaginables, les tableaux les plus variés doivent forcément défiler devant la rampe. C'est là une nécessité de notre formule dramatique actuelle.

La théorie des critiques que fâche cette reproduction minutieuse, est que cela nuit à l'intérêt de la pièce jouée. J'avoue ne pas bien comprendre. Ainsi, on soutient cette thèse que seuls les meubles ou les objets qui servent comme accessoires devraient être réels ; il faudrait peindre les autres dans le décor. Dès lors, quand on verrait un fauteuil, on se dirait tout bas : « Ah ! ah ! le personnage va s'asseoir » ; ou bien, quand on apercevrait une carafe sur un meuble : « Tiens ! tiens ! le personnage aura soif » ; ou bien, s'il y avait une corbeille à ouvrage au premier plan : « Très bien ! l'héroïne brodera en écoutant quelque déclaration. » Je n'invente rien, il y a des personnes, paraît-il, que ces devinettes enfantines amusent beaucoup. Lorsque le salon est complètement meublé, qu'il se trouve empli de bibelots, cela les déroute, et ils sont tentés de crier : « Ce n'est pas du théâtre ! »

En effet, ce n'est pas du théâtre, si l'on continue à vouloir regarder le théâtre comme le triomphe quand même de la convention. On nous dit : « Quoi que vous fassiez, il y a des conventions qui seront éternelles. » C'est vrai, mais cela n'empêche pas que, lorsque l'heure d'une convention a sonné, elle disparaît. On a bien enterré l'unité de lieu ; cela n'a rien d'étonnant que nous soyons en train de compléter le mouvement, en donnant au décor toute l'exactitude possible. C'est la même évolution qui continue. Les conventions qui persistent n'ont rien à voir avec les conventions qui partent. Une de moins, c'est toujours quelque chose.

Comment ne sent-on pas tout l'intérêt qu'un décor exact ajoute à l'action ? Un décor exact, un salon par exemple avec ses meubles, ses jardinières, ses bibelots, pose tout de suite une situation. dit le monde où l'on est, raconte les habitudes des personnages. Et comme les acteurs y sont à l'aise, comme ils y vivent bien de la vie qu'ils doivent vivre ! C'est une intimité, un coin naturel et charmant. Je sais que, pour goûter cela, il faut aimer voir les acteurs vivre la pièce, au lieu de les voir la jouer. Il y a là toute une nouvelle formule. Scribe, par exemple, n'a pas besoin des milieux réels, parce que ses personnages sont en carton. Je parle uniquement du décor exact pour les pièces où il y aurait des personnages en chair et en os, apportant avec eux l'air qu'ils respirent.

Un critique a dit avec beaucoup de sagacité : « Autrefois, des personnages vrais s'agitaient dans des décors faux ; aujourd'hui, ce sont des personnages faux qui s'agitent dans des décors vrais. » Cela est juste, si ce n'est que les types de la tragédie et de la comédie classiques sont vrais, sans être réels. Ils ont la vérité générale, les grands traits humains résumés en beaux vers ; mais ils n'ont pas la vérité individuelle, vivante et agissante, telle que nous l'entendons aujourd'hui. Comme j'ai essayé de le prouver, le décor du dix-septième siècle allait en somme à merveille avec les personnages du théâtre de l'époque ; il manquait comme eux de particularités, il restait large, effacé, très approprié aux développements de la rhétorique et à la peinture de héros surhumains. Aussi est-ce un nonsens pour moi que de remonter les tragédies de Racine, par exemple, avec un grand éclat de costumes et de décors.

Mais où le critique a absolument raison, c'est lorsqu'il dit qu'aujourd'hui des personnages faux s'agitent dans des décors vrais. Je ne formule pas d'autre plainte, à chacune de mes études. L'évolution naturaliste au théâtre a fatalement commencé par le côté matériel, par la reproduction exacte des milieux. C'était là, en effet, le côté le plus commode. Le public devait être pris aisément. Aussi, depuis longtemps, l'évolution s'accomplit-elle. Quant aux personnages faux, ils sont moins faciles à transformer que les coulisses et les toiles de fond, car il s'agirait de trouver ici un homme de génie. Si les peintres décorateurs et les machinistes ont suffi pour une partie de la besogne, les auteurs dramatiques n'ont encore fait que tâtonner. Et le merveilleux, c'est que la seule exactitude dans les décors a suffi parfois pour assurer de grands succès.

En somme, n'est-ce pas un indice bien caractéristique? Il faut être aveugle pour ne pas comprendre où nous allons. Les critiques qui se plaignent de ce souci de l'exactitude dans les décors et les accessoires, ne devraient voir là qu'un des côtés de la question. Elle est beaucoup plus large, elle embrasse le mouvement littéraire du siècle entier, elle se trouve dans le courant irrésistible qui nous emporte tous au naturalisme. M. Sardou, dans les *Merveilleuses*, a voulu des tasses du Directoire ; MM. Erckmann-Chatrian ont exigé, dans l'*Ami Fritz*, une fontaine qui coulât ; M. Gondinet, dans le *Club*, a demandé tous les accessoires authentiques d'un cercle. On peut sourire, hausser les épaules, dire que cela ne rend pas les œuvres meilleures. Mais, derrière ces manies d'auteurs minutieux, il y a plus ou moins confusément la grande pensée d'un art de méthode et d'analyse, marchant parallèlement avec la science. Un écrivain viendra sans doute, qui mettra enfin au théâtre des personnages vrais dans des décors vrais, et alors on comprendra.

II

M. Francisque Sarcey, qui est l'autorité la plus compétente en la matière, a bien voulu répondre aux pages qu'on vient de lire. Il n'est point de mon avis, naturellement. M. Sarcey se contente de juger les œuvres au jour le jour, sans s'inquiéter de l'ensemble de la production contemporaine, constatant simplement le succès ou l'insuccès, en donnant les raisons tirées de ce qu'il croit être la science absolue du théâtre. Je suis, au contraire, un philosophe esthéticien que passionne le spectacle des évolutions littéraires, qui se soucie peu au fond de la pièce jouée, presque toujours médiocre, et qui la regarde comme une indication plus ou moins nette d'une époque et d'un tempérament ; en outre, je ne crois pas du tout à une science absolue, j'estime que tout peut se réaliser, au théâtre comme ailleurs. De là, nos divergences. Mais je suis bien tranquille, M. Sarcey se flatte d'apprendre chaque jour et de se laisser convaincre par les faits. Il sera convaincu par le fait naturaliste comme il vient de l'être par le fait romantique, sur le tard.

La question des décors et des accessoires est un excellent terrain, circonscrit et nettement délimité, pour y porter l'étude des conventions au théâtre. En somme, les conventions sont la grosse affaire. On me dit que les conventions sont éternelles, qu'on ne supprimera jamais la rampe, qu'il y aura toujours des coulisses peintes, que les heures à la scène seront comptées comme des minutes, que les salons où se passent les pièces n'auront que trois murs. Eh ! oui, cela est certain. Il est même un peu puéril de donner de tels arguments. Cela me rappelle un peintre classique, disant de Courbet : « Eh bien ! quoi ? qu'a-t-il inventé ? est-ce que ses figures n'ont pas un nez, une bouche et deux yeux comme les miennes? »

Je veux faire entendre qu'il y a, dans tout art, un fond matériel qui est fatal. Quand on fait du théâtre, on ne fait pas de la chimie. Il faut donc un théâtre, organisé comme les théâtres de l'époque où l'on vit, avec le plus ou le moins de perfectionnement du matériel employé. Il serait absurde de croire qu'on pourra transporter la nature telle quelle sur les planches, planter de vrais arbres, avoir de vraies maisons, éclairées par de vrais soleils. Dès lors, les conventions s'imposent, il faut accepter des illusions plus ou moins parfaites, à la place des réalités. Mais cela est tellement hors de discussion, qu'il est inutile d'en parler. C'est le fond même de l'art humain, sans lequel il n'y a pas de production possible. On ne chicane pas au peintre ses couleurs, au romancier son encre et son papier, à l'auteur dramatique sa rampe et ses pendules qui ne marchent pas.

Seulement, prenons une comparaison. Qu'on lise par exemple un roman de mademoiselle de Scudéri et un roman de Balzac. Le papier et l'encre leur sont tolérés à tous deux ; on passe sur cette infirmité de la création humaine. Or, avec les mêmes outils, mademoiselle de Scudéri va créer des marionnettes, tandis que Balzac créera des personnages en chair et en os. D'abord, il y a la question de talent ; mais il y a aussi la question d'époque littéraire. L'observation, l'étude de la nature est devenue aujourd'hui une méthode qui était à peu près inconnue au dix-septième siècle. On voit donc ici la convention tournée, comme masquée par la puissance de la vérité des peintures.

Les conventions ne font que changer ; c'est encore possible. Nous ne pouvons pas créer de toutes pièces des êtres vivants, des mondes tirant tout d'eux-mêmes. La matière que nous employons est morte, et nous ne saurions lui souffler qu'une vie factice. Mais que de degrés dans cette vie factice, depuis la grossière imitation qui ne trompe personne, jusqu'à la reproduction presque parfaite qui fait crier au miracle ! Affaire de génie, dira-t-on ; sans doute, mais aussi, je le répète, affaire de siècle. L'idée de la vie dans les arts est toute moderne. Nous sommes emportés malgré nous vers la passion du vrai et du réel. Cela est indéniable, et il serait aisé de prouver par des exemples que le mouvement grandit tous les jours. Croit-on arrêter ce mouvement, en faisant remarquer que les conventions subsistent et se déplacent ? Eh ! c'est justement parce qu'il y a des conventions, des barrières entre la vérité absolue et nous, que nous luttons pour arriver le plus près possible de la vérité, et qu'on assiste à ce prodigieux spectacle de la création humaine dans les arts. En somme, une œuvre n'est qu'une bataille livrée aux conventions, et l'œuvre est d'autant plus grande qu'elle sort plus victorieuse du combat.

Le fond de ceci est que, comme toujours, on s'en tient à la lettre. Je parle contre les conventions, contre les barrières qui nous séparent du vrai absolu ; tout de suite on prétend que je veux supprimer les conventions, que je me fais fort d'être le bon Dieu. Hélas ! je ne le puis. Peut-être serait-il plus simple de comprendre que je ne demande en somme à l'art que ce qu'il est capable de donner. Il est entendu que la nature toute nue est impossible à la scène. Seulement, nous voyons à cette heure, dans le roman, où l'on en est arrivé par l'analyse exacte des lieux et des êtres. J'ai nommé Balzac qui, tout en conservant les moyens artificiels de la publication en volumes, a su créer un monde dont les personnages vivent dans les mémoires comme des personnages réels. Eh bien ! je me demande chaque jour si une pareille évolution n'est pas possible au théâtre, si un auteur ne saura pas tourner les conventions scéniques, de façon à les modifier et à les utiliser pour porter sur la scène une plus grande intensité de vie. Tel est, au fond, l'esprit de toute la campagne que je fais dans ces études.

Et, certes, je n'espère pas changer rien à ce qui doit être. Je me donne le simple plaisir de prévoir un mouvement, quitte à me tromper. Je suis persuadé qu'on ne détermine pas à sa guise un mouvement au théâtre. C'est l'époque même, ce sont les mœurs, les tendances des esprits, la marche de toutes les connaissances humaines, qui transforment l'art dramatique, comme les autres arts. Il me semble impossible que nos sciences, notre nouvelle méthode d'analyse, notre roman, notre peinture, aient marché dans un sens nettement réaliste, et que notre théâtre reste seul, immobile, figé dans les traditions. Je dis cela, parce que je crois que cela est logique et raisonnable. Les faits me donneront tort ou raison.

Il est donc bien entendu que je ne suis pas assez peu pratique pour exiger la copie textuelle de la nature. Je constate uniquement que la tendance paraît être, dans les décors et les accessoires, à se rapprocher de la nature le plus possible ; et je constate cela comme un symptôme du naturalisme au théâtre. De plus, je m'en réjouis. Mais j'avoue volontiers que, lorsque je me montre enchanté du cerisier de *l'Ami Fritz* et du cercle du *Club*, je me laisse aller au plaisir de trouver des arguments. Il me faut bien des arguments : je les prends où ils se présentent ; je les exagère même un peu, ce qui est naturel. Je sais parfaitement que le cerisier vrai où monte Suzel est en bois et en carton, que le cercle où l'on joue, dans le *Club*, n'est, en somme, qu'une habile tricherie. Seulement, on ne saurait nier, d'autre part, qu'il n'y a pas des cerisiers ni des cercles pareils dans Scribe, que ce souci minutieux d'une illusion plus grande est tout nouveau. De là à constater au théâtre le mouvement qui s'est produit dans le roman, il n'y a qu'une déduction logique. Les aveugles seuls, selon moi, peuvent nier la transformation dramatique à laquelle nous assistons. Cela commence par les décors et les accessoires ; cela finira par les personnages.

Remarquez que les grands décors, avec des trucs et des complications destinés à frapper le public, me laissent singulièrement froid. Il y a des effets impossibles à rendre : une inondation par exemple, une bataille, une maison qui s'écroule. Ou bien, si l'on arrivait à reproduire de pareils tableaux, je serais assez d'avis qu'on coupât le dialogue. Cela est un art tout particulier, qui regarde le peindre décorateur et le machiniste. Sur cette pente, d'ailleurs, on irait vite à l'exhibition, au plaisir grossier des yeux. Pourtant, en mettant les trucs de côté, il serait très intéressant d'encadrer un drame dans de grands décors copiés sur la nature, autant que l'optique de la scène le permettrait. Je me souviendrai toujours du merveilleux Paris, au cinquième acte de *Jean de Thommeray*, les quais s'enfonçant dans la nuit, avec leurs files de becs de gaz. Il est vrai que ce cinquième acte était très médiocre. Le décor semblait fait pour suppléer au vide du dialogue. L'argument reste fâcheux aujourd'hui, car, si l'acte avait été bon, le décor ne l'aurait pas gâté, au contraire.

Mais je confesse que je suis beaucoup plus touché par des reproductions de milieux moins compliqués et moins difficiles à rendre. Il est très vrai que le cadre ne doit pas effacer les personnages par son importance et sa richesse. Souvent les lieux sont une explication, un complément de l'homme qui s'y agite, à condition que l'homme reste le centre, le sujet que l'auteur s'est proposé de peindre. C'est lui qui est la somme totale de l'effet, c'est en lui que le résultat général doit s'obtenir ; le décor réel ne se développe que pour lui apporter plus de réalité, pour le poser dans l'air qui lui est propre, devant le spectateur. En dehors de ces conditions, je fais bon marché de toutes les curiosités de la décoration, qui ne sont guère à leur place que dans les féeries.

Nous avons conquis la vérité du costume. On observe aujourd'hui l'exactitude de l'ameublement. Les pas déjà faits sont considérables. Il ne reste guère qu'à mettre à la scène des personnages vivants, ce qui est, il est vrai, le moins commode. Dès lors, les dernières traditions disparaîtraient, on règlerait de plus en plus la mise en scène sur les allures de la vie elle-même. Ne remarque-t-on pas, dans le jeu de nos acteurs, une tendance réaliste très accentuée ? La génération des artistes romantiques a si bien disparu, qu'on éprouve toutes les peines du monde à remonter les pièces de 1830 ; et encore les vieux amateurs crient-ils à la profanation. Autrefois, jamais un acteur n'aurait osé parler en tournant le dos au public ; aujourd'hui, cela a lieu dans une foule de pièces. Ce sont de petits faits, mais des faits caractéristiques. On vit de plus en plus les pièces, on ne les déclame plus.

Je me résume, en reprenant une phrase que j'ai écrite plus haut : une œuvre n'est qu'une bataille livrée aux conventions, et l'œuvre est d'autant plus grande qu'elle sort plus victorieuse du combat.

III

Quitte à me répéter, je reviens une fois de plus à la question des décors. Tout à l'heure, j'examinerai le très remarquable ouvrage de M. Adolphe Jullien sur le costume au théâtre. Je regrette beaucoup qu'un ouvrage semblable n'existe pas sur les décors. M. Jullien a bien dit, çà et là, un mot des décors; car, selon sa juste remarque, tout se tient dans les évolutions dramatiques; le même mouvement qui transforme les costumes, transforme en même temps les décors, et semble n'être d'ailleurs qu'une conséquence des périodes littéraires elles-mêmes. Mais il n'en est pas moins désirable qu'un livre spécial soit fait sur l'histoire des décors, depuis les tréteaux où l'on jouait les Mystères, jusqu'à nos scènes actuelles qui se piquent du naturalisme le plus exact. En attendant, sans avoir la prétention de toucher au grand travail historique qu'elle nécessiterait, je vais essayer de poser la question d'une façon logique.

M. Sarcey a fait toute une campagne contre l'importance que nos théâtres donnent aujourd'hui aux décors. Ils a dit, comme toujours, d'excellentes choses, pleines de bon sens; mais j'estime qu'il a tout brouillé et qu'il faudrait, pour s'entendre, éclairer un peu la question et distinguer les différents cas.

D'abord, mettons de côté la féerie et le drame à grand spectacle. J'entends rester dans la littérature. Il est certain que les pièces où certains tableaux sont uniquement des prétextes à décors, tombent par là même au rang des exhibitions foraines; elles ont dès lors un intérêt particulier, faites pour les yeux ; elles sont souvent intéressantes par le luxe et l'art qu'on y déploie. C'est tout un genre, dont je ne pense pas que M. Sarcey demande la disparition. Les décors y sont d'autant plus à leur place, qu'ils y jouent le principal rôle. Le public s'y amuse ; ceux qui n'aiment pas ça, n'ont qu'à rester chez eux. Quant à la littérature, elle demeure complètement étrangère à l'affaire, et dès lors elle ne saurait en souffrir..

J'entends bien, d'ailleurs, ce dont M. Sarcey se plaint. Il accuse les directeurs et les auteurs de spéculer sur ce goût du public pour les décors riches, en introduisant quand même des décors à sensation dans des œuvres littéraires qui devraient s'en passer. Par exemple, on se souvient des magnificences de *Balsamo*; il y avait là une galerie des glaces et un feu d'artifice d'une utilité discutable au point de vue du drame, et qui, du reste, ne sauvèrent pas la pièce. Eh bien! dans ce cas nettement défini, M. Sarcey a raison. Un décor qui n'a pas d'utilité dramatique, qui est comme une curiosité à part, mise là pour éblouir le public, ravale un ouvrage au rang inférieur de la féerie et du mélodrame à spectacle. En un mot, le décor pour le décor, si riche et si curieux soit-il, n'est qu'une spéculation et ne peut que gâter une œuvre littéraire.

Mais cela entraîne-t-il la condamnation du décor exact, riche ou pauvre ? Doit-on toujours citer le théâtre de Shakespeare, où les changements à vue étaient simplement indiqués par des écriteaux ? Faut-il croire que nos pièces modernes pourraient se contenter, comme les pièces du dix-septième siècle, d'un décor abstrait, salon sans meubles, péristyle de temple, place publique? En un mot, est-on bien venu de déclarer que le décor n'a aucune importance, qu'il peut être quelconque, que le drame est dans les personnages et non dans les lieux où ils s'agitent? C'est ici que la question se pose sérieusement.

Une fois encore, je me trouve en face d'un absolu. Les critiques qui défendent les conventions, disent à tous propos : « le théâtre », et ce mot résume pour eux quelque chose de définitif, de complet, d'immuable : le théâtre est comme ceci, le théâtre est comme cela. Ils vous envoient Shakespeare et Molière à la tête. Du moment où les maîtres, il y a deux siècles, faisaient jouer des chefs-d'œuvre sans décors, nous sommes ridicules d'exiger aujourd'hui, pour nos œuvres médiocres, les lieux exacts, avec un embarras extraordinaire d'accessoires. Et de là à parler de la mode, il n'y a pas loin. Pour les critiques en question, il semble que notre goût actuel, notre souci de la vérité des milieux, de l'illusion scénique poussée aux dernières limites, ne soit qu'une pure affaire de mode, un engouement du public qui passera. Ainsi, M. Sarcey s'est demandé pourquoi meubler un salon; ne peignait-on pas tout dans le décor autrefois? et il n'est pas éloigné de vouloir qu'on revienne à la nudité ancienne, qui avait l'avantage de laisser la scène plus libre. En effet, pourquoi ne retournerait-on pas au décor abstrait, si rien ne nous en empêche, s'il n'y a dans nos complications actuelles qu'un caprice? M. Sarcey, avec son bon sens pratique, fait valoir tous les avantages : l'économie, les pièces montées plus vite, la littérature épurée et triomphant seule.

Mon Dieu! cela est fort juste, fort raisonnable.

Mais, si nous ne retournons pas au décor abstrait, c'est que nous ne le pouvons pas, tout bonnement. Il n'y a pas le moindre engouement dans notre fait. Le décor exact s'est imposé de lui-même, peu à peu, comme le costume exact. Ce c'est pas une affaire de mode, c'est une affaire d'évolution humaine et sociale. Nous ne pouvons pas plus revenir aux écriteaux de Shakespeare, que nous ne pouvons revivre au seizième siècle. Cela nous est défendu. Sans doute des chefs-d'œuvre ont poussé dans cette convention du décor; car ils étaient là comme dans leur sol naturel ; mais, ce sol n'est plus le nôtre, et je défie un auteur dramatique d'aujourd'hui de rien créer de vivant, s'il ne plante pas solidement son œuvre dans notre terre du dix-neuvième siècle.

Comment un homme de l'intelligence de M. Sarcey ne tient-il pas compte du mouvement qui transforme continuellement le théâtre? Il est très lettré, très érudit ; il connaît comme pas un notre répertoire ancien et moderne ; il a tous les documents pour suivre l'évolution qui s'est produite et qui continue. C'est là une étude de philosophie littéraire qui devrait le tenter. Au lieu de s'enfermer dans une rhétorique étroite, au lieu de ne voir dans le théâtre qu'un genre soumis à des lois, pourquoi n'ouvre-t-il pas sa fenêtre toute grande et ne considère-t-il pas le théâtre comme un produit humain, variant avec les sociétés, s'élargissant avec les sciences, allant de plus en plus à cette vérité qui est notre but et notre tourment?

Je reste dans la question des décors. Voyez combien le décor abstrait du dix-septième siècle répond à la littérature dramatique du temps. Le milieu ne compte pas encore. Il semble que le personnage marche en l'air, dégagé des objets extérieurs. Il n'influe pas sur eux, et il n'est pas déterminé par eux. Toujours il reste à l'état de type, jamais il n'est analysé comme individu. Mais, ce qui est plus caractéristique, c'est que le personnage est alors un simple mécanisme cérébral ; le corps n'intervient pas, l'âme seule fonctionne, avec les idées, les sentiments, les passions. En un mot, le théâtre de l'époque emploie l'homme psychologique, il ignore l'homme physiologique. Dès lors, le milieu n'a plus de rôle à jouer, le décor devient inutile. Peu importe le lieu où l'action se passe, du moment qu'on refuse aux différents lieux toute influence sur les personnages. Ce sera une chambre, un vestibule, une forêt, un carrefour ; même un écriteau suffira. Le drame est uniquement dans l'homme, dans cet homme conventionnel qu'on a dépouillé de son corps, qui n'est plus un produit du sol, qui ne trempe plus dans l'air natal. Nous assistons au seul travail d'une machine intellectuelle, mise à part, fonctionnant dans l'abstraction.

Je ne discuterai point ici s'il est plus noble en littérature de rester dans cette abstraction de l'esprit ou de rendre au corps sa grande place, par amour de la vérité. Il s'agit pour le moment de constater de simples faits. Peu à peu, l'évolution scientifique s'est produite, et nous avons vu le personnage abstrait disparaître pour faire place à l'homme réel, avec son sang et ses muscles. Dès ce moment, le rôle des milieux est devenu de plus en plus important. Le mouvement qui s'est opéré dans les décors part de là, car les décors ne sont en somme que les milieux où naissent, vivent et meurent les personnages.

Mais un exemple est nécessaire, pour bien faire

comprendre ce mouvement. Prenez par exemple l'Harpagon de Molière. Harpagon est un type, une abstraction de l'avarice. Molière n'a pas songé à peindre un certain avare, un individu déterminé par des circonstances particulières ; il a peint l'avarice, en la dégageant même de ses conditions extérieures, car il ne nous montre seulement pas la maison de l'avare, il se contente de le faire parler et agir. Prenez maintenant le père Grandet, de Balzac. Tout de suite, nous avons un avare, un individu qui a poussé dans un milieu spécial ; et Balzac a dû peindre le milieu, et nous n'avons pas seulement avec lui l'abstraction philosophique de l'avarice, nous avons l'avarice étudiée dans ses causes et dans ses résultats, toute la maladie humaine et sociale. Voilà en présence la conception littéraire du dix-septième siècle et celle du dix-neuvième : d'un côté, l'homme abstrait, étudié hors de la nature ; de l'autre, l'homme d'après la science, remis dans la nature et y jouant son rôle strict, sous des influences de toutes sortes.

Eh bien! il devient dès lors évident que, si Harpagon peut jouer son drame dans n'importe quel lieu, dans un décor quelconque, vague et mal peint, le père Grandet ne peut pas plus jouer le sien en dehors de sa maison, de son milieu, qu'une tortue ne saurait vivre hors de sa carapace. Ici, le décor fait partie intégrante du drame ; il est de l'action, il l'explique, et il détermine le personnage.

La question des décors n'est pas ailleurs. Ils ont pris au théâtre l'importance que la description a prise dans nos romans. C'est montrer un singulier entêtement dans l'absolu, que de ne pas comprendre l'évolution fatale qui s'est accomplie, et la place considérable qu'ils tiennent légitimement aujourd'hui dans notre littérature dramatique. Ils n'ont cessé depuis deux cents ans de marcher vers une exactitude de plus en plus grande, du même pas d'ailleurs et au travers des mêmes obstacles que les costumes. A cette heure, la vérité triomphe partout. Ce n'est pas que nous soyons arrivés à un emploi sage de cette vérité des milieux. On sacrifie plus à la richesse et à l'étrangeté qu'à l'exactitude. Ce que je voudrais, ce serait, chez les auteurs dramatiques, un souci du décor vrai, uniquement lorsque le décor explique et détermine les faits et les personnages. Je reprends *Eugénie Grandet*, qui a été mise au théâtre, mais très médiocrement ; eh bien ! il faudrait que, dès le lever du rideau, on se crût chez le père Grandet ; il faudrait que les murs, que les objets ajoutassent à l'intérêt du drame, en complétant les personnages comme le fait la nature elle-même.

Tel est le rôle des décors. Ils élargissent le domaine dramatique en mettant la nature elle-même au théâtre, dans son action sur l'homme. On doit les condamner, dès qu'ils sortent de cette fonction scientifique, dès qu'ils ne servent plus à l'analyse des faits et des personnages. Ainsi, M. Sarcey a raison, lorsqu'il blâme la magnificence avec laquelle on remonte les anciennes tragédies ; c'est méconnaître leur véritable cadre. Tout décor ajouté à une œuvre littéraire comme un ballet, uniquement pour boucher un trou, est un expédient fâcheux. Au contraire, il faut applaudir, lorsque le décor exact s'impose comme le milieu nécessaire de l'œuvre, sans lequel elle resterait incomplète et ne se comprendrait plus. Et, la question se trouvant ainsi posée, il n'y a qu'à laisser la critique faire pour ou contre des campagnes qui ne hâteront ni n'arrêteront l'évolution naturaliste au théâtre. Cette évolution est un travail humain et social sur lequel des volontés isolées ne peuvent rien. Malgré son autorité, M. Sarcey ne nous ramènera pas aux décors abstraits de Molière et de Shakespeare, pas plus qu'il ne peut ressusciter les artistes du dix-septième siècle avec leurs costumes et le public de l'époque avec ses idées. Elargissez donc le chemin et laissez passer l'humanité en marche.

LE COSTUME

I

Je viens de lire un bien intéressant ouvrage : l'*Histoire du costume au théâtre*, par M. Adolphe Jullien.

Depuis bientôt quatre ans que je m'occupe de critique dramatique, me souciant moins des œuvres que du mouvement littéraire contemporain, me passionnant surtout contre les traditions et les conventions, j'ai senti bien souvent de quelle utilité serait une histoire de notre théâtre national. Sans doute, cette histoire a été faite, et plusieurs fois. Mais je n'en connais pas une qui ait été écrite dans le sens où je la voudrais, sur le plan que je vais tâcher d'esquisser largement.

Je voudrais une Histoire de notre théâtre qui eût pour base, comme l'*Histoire de la littérature anglaise*, de M. Taine, le sol même, les mœurs, les moments historiques, la race et les facultés maîtresses. C'est là aujourd'hui la meilleure méthode critique, lorsqu'on l'emploie sans outrer l'esprit de système. Et cette Histoire montrerait alors clairement, en s'appuyant sur les faits, le lent chemin parcouru depuis les Mystères jusqu'à nos comédies modernes, toute une évolution naturaliste, qui, partie des conventions les plus blessantes et les plus grossières, les a peu à peu diminuées d'année en année, pour se rapprocher toujours davantage des réalités naturelles et humaines. Tel serait l'esprit même de l'œuvre, l'ouvrage tendrait simplement à prouver la marche constante vers la vérité, une poussée fatale, un progrès s'opérant à la fois dans les décors, les costumes, la déclamation, les pièces, et aboutissant à nos luttes actuelles. Je souris, lorsqu'on m'accuse de me poser en révolutionnaire. Eh ! je sais bien que la révolution a commencé du jour où le premier dialogue a été écrit, car c'est une fatalité de notre nature, de ne pouvoir rester stationnaire, de marcher, même malgré nous, à un but qui se recule sans cesse.

Les aimables fantaisistes ont un argument : dans les lettres, le progrès n'existe pas. Sans doute, si l'on parle du génie. L'individualité d'un écrivain existe en dehors des formules littéraires de son temps. Peu importe la situation où il trouve les lettres à sa naissance ; il s'y taille une place, il laisse quand même une production puissante, qui a sa date ; seulement, j'ajouterai que tous les génies ont été révolutionnaires, qu'ils ont précisément grandi au-dessus des autres, parce qu'ils ont élargi la formule de leur âge. Ainsi donc, il faut distinguer entre l'individualité des écrivains et le progrès des lettres. J'accorde qu'en tous temps, avec les formules les plus fausses, au milieu des conventions les plus ridicules, le génie a laissé des monuments impérissables. Mais il faut qu'on m'accorde ensuite que les époques se transforment, que la loi de ce mouvement paraît être un besoin constant de mieux voir et de mieux rendre. En somme, l'individualité est comme la graine qui tombe dans tel ou tel terrain ; sans elle pas de plante, elle est la vie ; mais le terrain a aussi son importance, car c'est lui qui va déterminer, par sa nature, les façons d'être de la plante.

Je me suis toujours prononcé pour l'individualité. Elle est l'unique force. Cependant, nous n'irions pas loin dans nos études critiques, si nous voulions l'abstraire de l'époque où elle se produit. Nous sommes tout de suite forcés d'en arriver à l'étude du terrain. C'est cette étude du terrain qui m'intéresse, parce qu'elle m'apparaît pleine d'enseignements. Puis, nous nous trouvons ici dans un domaine qui devient de jour en jour scientifique. Si on laisse l'individualité de côté pour la reprendre et l'étudier chaque fois qu'elle se produira ; si on se borne à examiner, par exemple, l'histoire des conventions au théâtre : on reste frappé de cette loi constante dont je viens de parler, de ce lent progrès vers toutes les vérités. Cela est indéniable.

Je ne fais qu'indiquer à larges traits un plan général. Prenez les décors : c'est d'abord des toiles pendues à des cordes ; c'est ensuite les compartiments des Mystères, puis un même décor pour toutes les pièces, puis un décor fait en vue de chaque œuvre, puis une recherche de plus en plus marquée de l'exactitude des lieux, jusqu'aux copies si fidèles de notre temps. Prenez les costumes, et j'y reviendrai longuement avec M. Julien : même gradation, la fantaisie et l'insouciance comme point de départ, et une continuelle réforme aboutissant à nos scrupules historiques d'aujourd'hui. Prenez la déclamation, l'art du comédien : pendant deux siècles, on déclame sur un ton ampoulé, on lance les vers comme un chant d'église, sans la moindre recherche de la justesse et de la vie ; puis, avec mademoiselle Clairon, avec Lekain, avec Talma, le progrès s'accomplit très péniblement et au milieu des discussions. Ce qu'on paraît ignorer, c'est que, si l'on jouait aujourd'hui, à la Comédie-Française, une pièce de Corneille, de Molière ou de Racine, comme elle a été jouée à la création, on se tiendrait les côtes de rire, tant les décors, les costumes et le ton des acteurs sembleraient grotesques.

Voilà qui est clair. Le progrès, ou si l'on aime mieux l'évolution, ne peut faire doute pour personne. Depuis le quinzième siècle, il s'est produit ce que je nommerai un besoin d'illusion plus grand. Les conventions, les erreurs de toutes sortes ont disparu, une à une, chaque fois qu'une d'entre elles a fini par trop choquer le public. On doit ajouter qu'il a fallu des années et l'effort des plus grands génies pour venir à bout des moindres contre-sens. C'est là ce que je voudrais voir établi nettement par une Histoire de notre théâtre national.

Tenez, une des questions les plus curieuses et qui montre bien l'imbécillité de la convention. Au quinzième siècle, tous les rôles de femme étaient tenus par de jeunes garçons. Ce fut seulement sous Henri IV qu'une actrice osa paraître sur les planches. Mais cette audace causa un scandale affreux ; le public se fâchait, trouvait cela immoral. Et le plus étonnant, c'est que le déguisement des jeunes garçons, ces jupes qu'ils portaient, donnaient naissance à de honteuses débauches, à des amours monstrueux, qui semblaient ne choquer personne. On sait aujourd'hui combien est pénible pour notre public, même dans la farce, l'entrée d'un comique vêtu d'une robe ; c'est juste l'effet contraire, nous voyons une indécence où nos pères trouvaient une nécessité morale, car pour eux une femme qui paraissait sur un théâtre prostituait son sexe. D'ailleurs, pendant tout le dix-septième siècle, des hommes tinrent encore les rôles de vieilles femmes et de soubrettes. Ce fut Béjart qui créa madame Pernelle. Beauval parut dans madame Jourdain, madame de Sottenville, Philaminte. Essayez aujourd'hui de rétablir une pareille distribution, et la tentative semblera ordurière.

Ajoutez que beaucoup de rôles étaient joués sous le masque. Cela du coup tuait l'expression, tout un coin de l'art du comédien. Pourvu que le vers fût lancé, le public était content. Il paraissait n'éprouver aucun besoin de réalité matérielle. J'ai trouvé dans l'ouvrage de M. Jullien une phrase qui m'a frappé. « Oreste, César, Horace, dit-il, étaient burlesquement travestis en courtisans de la plus grande cour d'Europe, et cette mode, qui nous paraîtrait aujourd'hui si déplaisante, ne choquait en rien nos ancêtres, qui semblaient, à dire vrai, ne juger les œuvres dramatiques que par les yeux de la pensée, en faisant abstraction complète de la représentation théâtrale. » Tout est là, méditez cette expression : « Les yeux de la pensée ».

En effet, la grande évolution naturaliste, qui part du quinzième siècle pour arriver au nôtre, porte tout entière sur la substitution lente de l'homme physiologique à l'homme métaphysique. Dans la tragédie, l'homme métaphysique, l'homme d'après le dogme et la logique, régnait absolument. Le corps ne comptant pas, l'âme étant regardée comme l'unique pièce intéressante de la machine humaine, tout drame se passait en l'air, dans l'esprit pur. Dès lors, à quoi bon le monde tangible? Pourquoi s'inquiéter du lieu où se passait l'action? Pourquoi s'étonner d'un costume baroque, d'une déclamation fausse? Pourquoi remarquer que la reine Didon était un garçon que sa barbe naissante forçait à porter un masque? Tout cela n'importait pas, on ne descendait pas à ces misères, on écoutait la pièce comme une dissertation d'école sur un cas donné. Cela se passait au-dessus de l'homme, dans le monde des idées, si loin de l'homme réel, que la réalité du spectacle aurait gêné.

Tel est le point de départ, le point religieux dans les Mystères, le point philosophique plus tard dans la tragédie. Et c'est dès le début aussi que l'homme naturel, étouffé sous la rhétorique et sous le dogme, se débat sourdement, veut se dégager, fait de longs efforts inutiles, puis finit par s'imposer membre à membre. Toute l'histoire de notre théâtre est dans ce triomphe de l'homme physiologique apparaissant davantage à chaque époque, sous le mannequin de l'idéalisme religieux et philosophique. Corneille, Molière, Racine, Voltaire, Beaumarchais, et de nos jours, Victor Hugo, Emile Augier, Alexandre Dumas fils, Sardou lui-même, n'ont eu qu'une besogne, même lorsqu'ils ne s'en sont pas nettement rendu compte : augmenter la réalité de l'œuvre dramatique, progresser dans la vérité, dégager de plus en plus l'homme naturel et l'imposer au public. Et, fatalement, l'évolution ne s'arrête pas avec eux, elle continue, elle continuera toujours. L'humanité est très jeune.

M. Jullien a parfaitement compris cette évolution, lorsqu'il a écrit ceci : « Il est à remarquer que, dans toute l'histoire du théâtre en France, non seulement la déclamation et le jeu des acteurs sont en rapport avec le costume théâtral et en ont suivi les modifications, mais que ce rapport existait aussi entre les costumes et les défauts des pièces. Rien n'est isolé au théâtre ; tout s'enchaîne et se tient : défauts et décadence, qualités et progrès. »

C'est très juste. Je l'ai dit, l'évolution se porte sur tout et c'est justement là ce qui en montre le caractère scientifique. Aucun caprice ; une marche logique, allant à un but déterminé. Les étapes elles-mêmes, plus ou moins retardées, s'expliquent par des causes fixes, la résistance du public et des mœurs, la venue de grands écrivains et de grands acteurs, les circonstances historiques, favorables ou défavorables. Si un esprit sincère, amoureux de l'étude, écrivait l'Histoire que je demande, il nous ferait faire un bien grand pas dans cette question de la convention que j'ai prise pour champ de lutte. Je puiserais dans cette œuvre des arguments décisifs, et je suis persuadé que toutes les intelligences nettes seraient bientôt de mon côté.

Mais voilà, cette Histoire de notre théâtre n'existe pas, et ce n'est pas moi qui l'écrirai, car elle demanderait un loisir dont je ne puis disposer. Plus tard, on l'écrira, cela est certain ; l'évolution qui se porduit dans notre critique elle-même, la conduit à ces études d'ensemble, à cette analyse des grands mouvements de l'esprit. Aujourd'hui, si nous manquons d'arguments, c'est que tout le passé doit être remis en question, et être fouillé avec nos nouvelles méthodes. La besogne de déblaiement sera beaucoup plus facile pour nos petits-fils, parce qu'ils auront des outils solides. Chaque jour, je me sens arrêté, faute de pouvoir procéder aux études nécessaires. Et ce qui me manque surtout, c'est une Histoire générale de notre littérature, écrite sur les documents exacts et d'après la méthode scientifique.

Dès lors, on doit comprendre quelle a été ma joie, en lisant l'*Histoire du costume au théâtre*, qui ne traite à la vérité qu'un côté assez restreint de la question, mais qui suffit pour indiquer nettement l'évolution naturaliste au théâtre, depuis le quinzième siècle jusqu'à nos jours. La tentative est excellente ; maintenant on peut voir ce que donnerait une Histoire générale.

II

Du quinzième siècle au dix-septième, la confusion est absolue pour le costume au théâtre. Ce qui domine, c'est un besoin de richesse croissant, sans aucun souci de bon sens ni d'exactitude. Dans les ballets, dans les embryons des premiers opéras, on voit les déesses, les rois, les reines, vêtus d'étoffes d'or et d'argent, avec une fantaisie et une prodigalité dont nos féeries peuvent donner une idée. Les pièces historiques, d'ailleurs, sont traitées de la même façon ; les Grecs, les Romains, ont des ajustements mythologiques du caprice le plus singulier. Pourtant, dès Mazarin, un mouvement se produit vers la vérité ; le cardinal apportait de l'Italie le goût de l'antiquité ; seulement, il faut ajouter que les costumes offraient toujours d'étranges compromis. Enfin, arrive le costume romain, tel que le portaient les héros de Racine. Ce costume était copié sur celui des statues d'empereurs romains que nous a laissées l'antiquité. Mais Louis XIV, qui venait de l'adopter pour ses carrousels, l'avait défiguré d'une étonnante manière. Écoutez M Jullien :

« La cuirasse, tout en gardant la même forme, est devenue un corps de brocart ; les knémides se sont changées en brodequins de soie brodée s'adaptant sur des souliers à talons rouges, et les nœuds de rubans remplacent les franges des épaules. Enfin, un tonnelet dentelé, rond et court, un petit glaive dont le baudrier passe sous la cuirasse ; par-dessus tout cela la perruque et la cravate de satin : voilà ce qui composait l'habit à la romaine du dix-septième siècle. Le casque de carrousel, qui reste dans l'opéra, est le plus souvent remplacé dans la tragédie par le chapeau de cour avec plumes. »

Voilà dans quel attirail ont été créés tous les chefs-d'œuvre de Racine. D'ailleurs, les tragédies de Corneille étaient, elles aussi, mises à cette mode ; on voyait Horace poignarder Camille en gants blancs. Et remarquez qu'il y avait là un progrès, car jusqu'à un certain point ce costume d'apparat se basait sur la vérité. Racine fit bien quelques efforts pour se soustraire aux modes du temps ; mais il n'insista guère. Molière fut plus énergique ; on connaît l'anecdote qui le montre entrant dans la loge de sa femme, le soir de la première représentation de *Tartufe*, et la faisant se déshabiller, en la trouvant vêtue d'un costume magnifique pour jouer le rôle d'une femme « qui est incommodée » dans la pièce. Les acteurs comiques, en effet, ne respectaient pas plus la vérité que les acteurs tragiques. La richesse dominait quand même. Une des causes de ce luxe, sans nécessité le plus souvent, venait de l'habitude où étaient les seigneurs de donner en cadeau aux comédiens, comme une marque de satisfaction, des habits superbes qu'ils avaient portés. On comprend dès lors la bizarre confusion que devaient produire sur la scène ces costumes contemporains d'un luxe outré, mêlés à des costumes défraîchis de toutes les coupes et de toutes les modes. En un mot, le pêle-mêle le plus barbare régnait, sans que le public parût choqué. On s'en tenait à l'homme métaphysique, à une idée d'abstraction et de rhétorique, comme je le disais plus haut.

Tout le dix-septième siècle a donc été faux et majestueux. Pendant la première moitié du dix-huitième siècle, on voit se dérouler une période de transition. Nous ne pouvons au juste nous faire une idée des obstacles que rencontrait le triomphe de la vérité du costume. On devait lutter contre la tradition, contre les habitudes du public, le goût et l'inertie des comédiens, surtout la coquetterie des comédiennes. Il a fallu des années d'efforts, au milieu des railleries et des insultes, pour que le naturalisme s'imposât, dans cette question si simple et d'ailleurs secondaire de l'exactitude historique. Ce fut pourtant des femmes que partit la réforme : mademoiselle de Maupin osa paraître à l'Opéra, dans le rôle de Médée, les mains vides, sans la baguette traditionnelle, audace énorme qui révolutionna le public ; d'autre part, dans l'*Andrienne*, madame Dancourt imagina une sorte de robe longue ouverte, qui convenait à son rôle d'une femme relevant de couches. Mais un nouveau caprice faillit tout compromettre. Croyant arriver à plus de vérité, les actrices adoptèrent, pour toutes les pièces, des vêtements identiques à ceux des dames de la cour. Et, dès lors, commença le long compromis entre le moderne et l'antique, qui a duré jusqu'à Talma.

« Les actrices tragiques, dit M. Jullien, eurent de grands paniers, des robes de cour, des plumets et des diamants sur la tête ; elles se surchageaient de franges, d'agréments, de rubans multicolores. » Et ce n'était pas seulement les grands rôles qui se paraient ainsi, les suivantes et les soubrettes, jusqu'aux paysannes, se montraient vêtues de velours et de soie, les bras et les épaules chargés de pierreries. Elles agissaient ainsi autant par convenance que par coquetterie, car elles auraient cru manquer au public en paraissant habillées simplement dans le costume de leurs rôles. D'ailleurs, cette idée ne venait à personne, excepté à des esprits très nets qui devançaient leur époque, qui réclamaient une réforme des costumes, de la diction, du théâtre tout entier, et qu'on injuriait en se moquant d'eux. Voilà qui doit nous donner du courage, à nous autres dont les idées naturalistes paraissent aujourd'hui si drôles et si odieuses à la fois.

Je résume ici à grands traits, je néglige les transitions. Mademoiselle Sallé, une danseuse célèbre de l'Opéra, se permit la première de paraître, dans Pygmalion, sans panier, sans jupe, sans corps, échevelée, et sans aucun ornement sur la tête. Elle avait rencontré en France de tels obstacles, de telles mauvaises volontés, qu'elle s'était vue forcée d'aller créer le rôle à Londres. Plus tard, elle eut un grand succès à Paris. Mais j'arrive à mademoiselle Clairon, qui a tant fait pour la réforme du costume et de la diction. Elle étudiait l'antiquité, elle cherchait l'esprit de ses rôles dans les monuments historiques. Pourtant, elle résista longtemps aux conseils de Marmontel, qui la suppliait de quitter la déclamation chantante, comme elle avait quitté les oripeaux du grand siècle. Un jour, elle voulut tenter la partie. Il faut laisser ici la parole à Marmontel, qui a parlé de cette représentation : « L'événement passa son attente et la mienne. Ce ne fut plus l'actrice, ce fut Roxane elle-même que l'on crut voir et entendre. On se demandait : Où sommes-nous ? On n'avait rien entendu de pareil. » Quel beau cri d'étonnement et quelle surprise dans ce triomphe brusque de la vérité !

Mademoiselle Clairon ne devait pas s'en tenir là. Elle joua *l'Electre*, de Crébillon, huit jours plus tard. Marmontel, qui a défendu la vérité au théâtre avec passion, écrit encore ceci : « Au lieu du panier ridicule et de l'ample robe de deuil qu'on lui avait vus dans ce rôle, elle y parut en simple habit d'esclave, échevelée et les bras chargés de longues chaînes. Elle y fut admirable, et, quelque temps après, elle fut plus sublime encore dans *l'Electre*, de Voltaire. Ce rôle, que Voltaire lui avait fait déclamer avec une lamentation continuelle et monotone, parlé plus naturellement, acquit une beauté inconnue à lui-même. » Mademoiselle Clairon poussa si loin ce qu'on appellerait aujourd'hui la passion du naturalisme, qu'un jour, au cinquième acte de *Didon*, elle crut pouvoir paraître en chemise, absolument en chemise, « afin de marquer, dit M. Jullien, quel désordre portait dans ses sens le songe qui l'avait chassée de son lit. » Il est vrai qu'elle ne recommença pas. Nous autres, gens de peu de morale comme on sait, nous n'en sommes pourtant pas encore à réclamer la chemise.

Je suis obligé de me hâter, je passe à Lekain qui fut également un des grands réformateurs du théâtre. « D'abord fougueux et sans règle, dit M. Jullien, mais plein d'une chaleur communicative, il plut à la jeunesse et déplut aux amateurs de l'ancienne psalmodie qui l'appelaient le *taureau*, parce qu'ils ne retrouvaient plus chez lui cette diction chantante et martelée, cette déclamation redondante qui les berçait si doucement d'habitude. » Il s'occupa beaucoup aussi du costume, il parut d'abord dans Oreste avec un vêtement dessiné par lui qui étonna, mais qui fut accepté. Plus tard, il s'enhardit jusqu'à jouer Ninias, les manches retroussées, les bras teints de sang, les yeux hagards. On était bien loin de la tragédie pompeuse de Louis XIV. Pourtant, il ne faut pas croire que le costume de cour eût complètement disparu. Malgré ses audaces, Lekain laissa beaucoup à aire à Talma.

Je passe rapidement sur madame Favart, qui la première joua des paysannes avec des sabots à l'Opéra-Comique, sur la Saint-Huberty, une artiste lyrique de génie, qui porta le premier costume de Didon vraiment historique, une tunique de lin, des brodequins lacés sur le pied nu, une couronne entourée d'un voile retombant par derrière, un manteau de pourpre, une robe attachée par une ceinture au-dessous de la gorge. Je passe également sur Clairval, Dugazon et Larive, qui continuèrent plus ou moins les réformes de mademoiselle Clairon et de Lekain. A ce moment, un grand pas était fait; mais, si le mouvement de réforme s'accentuait, on était encore loin de la vérité. Les coupes des vêtements étaient changées, mais les étoffes trop riches demeuraient. Talma allait enfin porter le dernier coup à la convention.

Ce comédien de génie fut passionné pour son art. Il fouilla l'antiquité, il réunit une collection de costumes et d'armes, il se fit dessiner des costumes par David, ne négligeant aucune source, voulant la vérité exacte pour arriver au caractère. Ici, je me permettrai une longue citation qui résumera les réformes opérées par Talma.

« Il parut dans le rôle du tribun Proculus, de *Brutus*, vêtu d'un costume fidèlement calqué sur les habits romains. Le rôle n'avait pas quinze vers; mais cette heureuse innovation qui, d'abord, étonna et laissa quelques minutes le public en suspens, finit par être applaudie... Au foyer, un de ses camarades lui demanda « s'il avait mis des draps mouillés sur ses épaules? » tandis que la charmante Louise Contat, lui adressant sans le vouloir l'éloge le plus flatteur, s'écriait: « Voyez donc Talma, qu'il est laid! Il a l'air d'une statue antique. » Pour toute réponse, le tragédien déroula aux yeux des persifleurs le modèle même que David lui avait dessiné pour son costume.

A son entrée en scène, madame Vestris le regarda des pieds à la tête, et tandis que Brutus lui adressait son couplet, elle échangeait à voix basse avec Talma-Proculus ce rapide dialogue : « — Mais vous avez les bras nus, Talma ! — Je les ai comme les avaient les Romains. — Mais, Talma, vous n'avez pas de culotte. — Les Romains n'en portaient pas. — *Cochon!...* » et, prenant la main que lui offrait Brutus, elle sortit de scène en étouffant de colère. »

Voilà le cri réactionnaire en art : Cochon ! Nous sommes tous des cochons, nous autres qui voulons la vérité. Je suis personnellement un cochon, parce que je me bats contre la convention au théâtre. Songez donc, Talma montrait ses jambes. Cochon ! Et moi, je demande qu'on montre l'homme tout entier. Cochon ! cochon !

Je m'arrête. L'ouvrage de M. Jullien prouve, avec un luxe d'évidence, la continuelle évolution naturaliste au théâtre. Cela s'impose comme une vérité mathématique. Inutile de discuter, de dire que ce mouvement qui nous emporte à la vérité en tout, est bon ou mauvais ; il est, cela suffit ; nous lui obéissons de gré ou de force. Seulement, le génie va en avant, et c'est lui qui fait la besogne, pendant que la médiocrité hurle et proteste. Je sais bien que les médiocres d'aujourd'hui voudraient nous arrêter, sous le prétexte qu'il n'y a plus de réformes à faire, que nous sommes arrivés en littérature à la plus grande somme de vérité possible. Eh ! de tous temps, les médiocres ont dit cela ! Est-ce qu'on arrête l'humanité, est-ce qu'on fixe jamais sa marche en avant ? Certes, non, toutes les réformes ne sont pas accomplies. Pour nous en tenir au costume, que d'erreurs aujourd'hui encore, de luxe inutile, de coquetterie déplacée, de vêtements de fantaisie! D'ailleurs, comme le dit très bien M. Jullien, tout se tient au théâtre. Quand les pièces seront plus humaines, quand la fameuse langue de théâtre disparaîtra sous le ridicule, quand les rôles vivront davantage notre vie, ils entraîneront la nécessité de costumes plus exacts et d'une diction plus naturelle. C'est là où nous allons, scientifiquement.

III

Maintenant, je parlerai de l'époque actuelle, je répondrai aux critiques qui s'étonnent de notre guerre aux conventions. Pour eux, on a poussé la vérité aussi loin que possible sur la scène ; en un mot, tout serait fait, nos devanciers ne nous auraient rien laissé à faire. J'ai déjà prouvé, selon moi, que le mouvement naturaliste qui nous emporte depuis les premiers jours de notre théâtre national, ne saurait s'arrêter une minute, qu'il est nécessaire et continu, dans l'essence même de notre nature. Mais cela ne suffit pas, il faut toujours en arriver aux faits, lorsqu'on veut être clair et décisif.

J'accorde volontiers que nous avons obtenu une grande exactitude dans le costume historique. Aujourd'hui, lorsqu'on monte une pièce de quelque importance se passant en France ou à l'étranger, dans des époques plus ou moins lointaines, on copie les costumes sur les documents du temps, on se pique de ne rien négliger pour arriver à une authenticité absolue. Je ne parle pas des petites tricheries, des négligences dissimulées sous une exagération de zèle. Il y a aussi la question de la coquetterie des femmes ; les comédiennes reculent souvent encore devant des ajustements étranges et incommodes qui les enlaidiraient ; alors, elles s'en tirent par un brin de fantaisie, elles changent la coupe, ajoutent des bijoux, inventent une coiffure. Malgré cela, l'ensemble reste satisfaisant ; il y a eu là, au théâtre, un mouvement fatal déterminé par les études historiques des cinquante dernières années. Devant les gravures, les textes de toutes sortes exhumés par les chercheurs, devant cette connaissance de plus en plus élargie et familière des âges morts, il devenait naturel que le public exigeât une résurrection exacte des époques mises en scène. Ce n'est donc pas un caprice, une affaire de mode, mais une marche logique des esprits.

Donc, si la tradition maintient encore des anachronismes baroques, des fantaisies inexplicables dans les pièces jouées il y a une trentaine d'années, il est rare qu'aujourd'hui, en montant une pièce historique, on ne se préoccupe pas de l'exactitude des costumes. Le mouvement s'accentuera encore, et la vérité sera complète, lorsqu'on aura décidé les femmes à ne pas profiter d'une pièce historique pour porter des toilettes éblouissantes, au coin de leur feu et même en voyage ; car, outre l'exactitude du costume, il y a la convenance du costume, ce qui m'amène à la question du vêtement dans nos pièces modernes.

Ici, rien de plus simple pour les hommes. Ils s'habillent comme vous et moi. Quelques-uns, je parle des comiques, chargent trop l'excentricité, ce qui leur fait perdre le caractère. Il faut voir le succès d'un costume exact, pour comprendre ce qu'il ajoute de vie au personnage. Mais la grosse question est encore la question des femmes. Dans les pièces où les rôles exigent une grande simplicité de mise, il est à peu près impossible d'obtenir cette simplicité ; car on se heurte à une obstination de coquetterie d'autant plus vive, que les femmes n'ont point ici pour tricher le pittoresque du costume historique ou étranger. Vous amènerez encore une comédienne à draper ses épaules des haillons d'une mendiante, mais vous ne la déciderez jamais à se mettre en petite ouvrière, si elle a perdu le premier éclat de sa beauté, si elle sait que les robes pauvres l'enlaidissent. Pour elle, c'est parfois une question de vie, car à côté de l'actrice, il y a la femme, qui souvent a besoin d'être belle.

Voilà la raison qui fausse presque continuellement le costume, dans nos pièces contemporaines : une peur de la simplicité, un refus d'accepter la condition des personnages, lorsque ces personnages glissent à l'odieux ou au ridicule de la mise. Puis, il y a encore cette rage de belles toilettes qui s'est déclarée dans le goût même du public. Par exemple, au Vaudeville et au Gymnase, les dernières années de l'empire ont amené des exhibitions de grands couturiers qui durent encore. Une pièce ne peut se passer dans un monde riche, sans qu'aussitôt il y ait un assaut de luxe entre les actrices. A la rigueur, ces toilettes sont justifiées ; mais le mauvais, c'est l'importance qu'elles prennent. Le branle étant donné, le public se passionnant plus pour les robes que pour le dialogue, on en est venu à fabriquer les pièces dans le but d'un grand étalage de modes nouvelles ; on a voulu mettre dans un succès cette chance, en choisissant de préférence un milieu d'action où le luxe fût autorisé. Le lendemain d'une première représentation, la presse s'occupe autant des toilettes que de la pièce ; tout Paris en cause, une bonne partie des spectateurs et surtout des spectatrices vient au théâtre pour voir la robe bleue de celle-ci ou le nouveau chapeau de celle-là.

On dira que le mal n'est pas grand. Mais, pardon, le mal est très grand ! Sous une hypocrisie de réalité, il y a là un succès cherché en dehors des œuvres elles-mêmes. Ces toilettes éclatantes ne sont pas vraies, d'ailleurs, dans leur uniformité superbe. On ne s'habille pas ainsi à toute heure du jour, on ne joue pas continuellement la gravure de mode. Puis, ce goût excessif des toilettes riches a ceci de désastreux qu'il pousse les auteurs dans la peinture d'un monde factice, d'une distinction convenue. Comment oser risquer une pièce se passant dans la bourgeoisie médiocre, ou dans le petit commerce, ou dans le peuple, lorsqu'il faut absolument au public des robes de cinq ou six mille francs ! Alors, ou force la note, on habille des bourgeoises de province comme des duchesses, ou l'on introduit une cocotte, pour qu'il y ait au moins un pétard de soie et de velours. Trois actes ou cinq actes en robes de laine paraîtraient une démence ; demandez à un fabricant habile s'il risquerait cinq actes sans la grande toilette de rigueur.

Eh bien, la vérité au théâtre souffre encore de tout cela. On hésite devant une question de costumes trop pauvres, comme on hésite devant une audace de scène. Pas une pièce de MM. Augier, Dumas et Sardou, n'a osé se passer des grandes toilettes, pas une ne descend jusqu'aux petites gens qui portent des étoffes à dix-huit sous le mètre ; de sorte que tout un côté social, la grande majorité des êtres humains se trouve à peu près exclue du théâtre. Jusqu'à présent, on n'est pas allé au delà de la bourgeoisie aisée. Si l'on a mis des misérables au théâtre, des ouvriers et des employés à douze cents francs, c'est dans des mélodrames radicalement faux, peuplés de ducs et de marquis, sans aucune littérature, sans aucune analyse sérieuse. Et soyez certain que la question du costume est pour beaucoup dans cette exclusion.

Nos vêtements modernes, il est vrai, sont un pauvre spectacle. Dès qu'on sort de la tragédie bourgeoise, resserrée entre quatre murs, dès qu'on veut utiliser la largeur des grandes scènes et y développer des foules, on se trouve fort embarrassé, gêné par la monotonie et le deuil uniforme de la figuration. Je crois que, dans ce cas, on devrait utiliser la variété que peut offrir le mélange des classes et des métiers. Ainsi, pour me faire entendre, j'imagine qu'un auteur place un acte dans le carré des Halles centrales, à Paris. Le décor serait superbe, d'une vie grouillante et d'une plantation hardie. Eh bien! dans ce décor immense, on pourrait parfaitement arriver à un ensemble très pittoresque, en montrant les forts de la Halle coiffés de leurs grands chapeaux, les marchandes avec leurs tabliers blancs et leurs foulards aux tons vifs, les acheteuses vêtues de soie, de laine et d'indienne, depuis les dames accompagnées de leurs bonnes, jusqu'aux mendiantes qui rôdent pour ramasser des épluchures. D'ailleurs, il suffit d'aller aux Halles et de regarder. Rien n'est plus bariolé ni plus intéressant. Tout Paris voudrait voir ce décor, s'il était réalisé avec le degré d'exactitude et de largeur nécessaire.

Et que d'autres décors à prendre, pour des drames populaires! L'intérieur d'une usine, l'intérieur d'une mine, la foire aux pains d'épices, une gare, un quai aux fleurs, un champ de courses, etc., etc. Tous les cadres de la vie moderne peuvent y passer. On dira que ces décors ont déjà été tentés. Sans doute, dans les féeries on a vu des usines et des gares de chemin de fer; mais c'étaient là des gares et des usines de féerie, je veux dire des décors bâclés de façon à produire une illusion plus ou moins complète. Ce qu'il faudrait, ce serait une reproduction minutieuse. Et l'on aurait fatalement des costumes, fournis par les différents métiers, non pas des costumes riches, mais des costumes qui suffiraient à la vérité et à l'intérêt des tableaux. Puisque tout le monde se lamente sur la mort du drame, nos auteurs dramatiques devraient bien tenter ce genre du drame populaire et contemporain. Ils pourraient y satisfaire à la fois les besoins de spectacle qu'éprouve le public et les nécessités d'études exactes qui s'imposent chaque jour davantage. Seulement, il est à souhaiter que les dramaturges nous montrent le vrai peuple et non ces ouvriers pleurnicheurs, qui jouent de si étranges rôles, dans les mélodrames du boulevard.

D'ailleurs, je ne me lasserai pas de le répéter après M. Adolphe Jullien, tout se tient au théâtre. La vérité des costumes ne va pas sans la vérité des décors, de la diction, des pièces elles-mêmes. Tout marche du même pas dans la voie naturaliste.

Lorsque le costume devient plus exact, c'est que les décors le sont aussi, c'est que les acteurs se dégagent de la déclamation ampoulée, c'est enfin que les pièces étudient de plus près la réalité et mettent à la scène des personnages plus vrais. Aussi, pourrais-je faire, au sujet des décors, les mêmes réflexions que je viens de faire à propos du costume. Là aussi, nous semblons arrivés à la plus grande somme de vérité possible, lorsque de grands pas sont encore à faire. Il s'agirait surtout d'augmenter l'illusion, en reconstituant les milieux, moins dans leur pittoresque que dans leur utilité dramatique. Le milieu doit déterminer le personnage. Lorsqu'un décor sera étudié à ce point de vue qu'il donnera l'impression vive d'une description de Balzac, lorsque, au lever de la toile, on aura une première donnée sur les personnages, sur leur caractère et leurs habitudes, rien qu'à voir le lieu où ils se meuvent, on comprendra de quelle importance peut être une décoration exacte. C'est là que nous allons, évidemment ; les milieux, ces milieux dont l'étude a transformé les sciences et les lettres, doivent fatalement prendre au théâtre une place considérable ; et je retrouve ici la question de l'homme métaphysique, de l'homme abstrait qui se contentait de trois murs dans la tragédie, tandis que l'homme physiologique de nos œuvres modernes demande de plus en plus impérieusement à être déterminé par le décor, par le milieu, dont il est le produit. On voit donc que la voie du progrès est longue encore, aussi bien pour la décoration que pour le costume. Nous sommes dans la vérité, mais nous balbutions à peine.

Un autre point très grave est la diction. Certes,

nous n'en sommes plus à la mélopée, au plain-chant du dix-septième siècle. Mais nous avons encore une voix de théâtre, une récitation fausse très sensible et très fâcheuse. Tout le mal vient de ce que la plupart des critiques érigent les traditions en un code immuable; ils ont trouvé le théâtre dans un certain état, et au lieu de regarder l'avenir, de juger par les progrès accomplis les progrès qui s'accomplissent et qui s'accompliront, ils défendent avec entêtement ce qui reste des conventions anciennes, en jurant que ce reste est d'une nécessité absolue. Demandez-leur pourquoi, faites-leur remarquer le chemin parcouru, ils ne donneront aucune raison logique, ils répondront par des affirmations basées justement sur l'état de choses qui est en train de disparaître.

Pour la diction, le mal vient donc de ce que ces critiques admettent une langue de théâtre. Leur théorie est qu'on ne doit pas parler sur les planches comme dans l'existence quotidienne; et, pour appuyer cette façon de voir, ils prennent des exemples dans la tradition, dans ce qui se passait hier et dans ce qui se passe aujourd'hui encore, sans tenir compte du mouvement naturaliste dont l'ouvrage de M. Jullien nous permet de constater les étapes. Comprenez donc qu'il n'y a pas absolument de langue de théâtre ; il y a eu une rhétorique qui s'est affaiblie de plus en plus et qui est en train de disparaître, voilà les faits. Si vous comparez un instant la déclamation des comédiens sous Louis XIV à celle de Lekain, et si vous comparez la déclamation de Lekain à celle des artistes de nos jours, vous établirez nettement les phases de la mélopée tragique aboutissant à notre recherche du ton juste et naturel, du cri vrai. Dès lors, la langue de théâtre, cette langue plus sonore, disparaît. Nous allons à la simplicité, au mot exact, dit sans emphase, tout naturellement. Et que d'exemples, si je ne devais me borner ! Voyez la puissance de Geoffroy sur le public, tout son talent est dans sa nature ; il prend le public parce qu'il parle à la scène comme il parle chez lui. Quand la phrase sort de l'ordinaire, il ne peut plus la prononcer, l'auteur doit en chercher une autre. Voilà la condamnation radicale de la prétendue langue de théâtre. D'ailleurs, suivez la diction d'un acteur de talent, et étudiez le public : les applaudissements partent, la salle s'enthousiasme, lorsqu'un accent de vérité a donné aux mots prononcés la valeur exacte qu'ils doivent avoir. Tous les grands triomphes de la scène sont des victoires sur la convention.

Hélas ! oui, il y a une langue de théâtre : ce sont ces clichés, ces platitudes vibrantes, ces mots creux qui roulent comme des tonneaux vides, toute cette insupportable rhétorique de nos vaudevilles et de nos drames, qui commence à faire sourire. Il serait bien intéressant d'étudier la question du style chez les auteurs de talent comme MM. Augier, Dumas et Sardou ; j'aurais beaucoup à critiquer, surtout chez les deux derniers, qui ont une langue de convention, une langue à eux qu'ils mettent dans la bouche de tous leurs personnages, hommes, femmes, enfants, vieillards, tous les sexes et tous les âges. Cela me paraît fâcheux, car chaque caractère a sa langue, et si l'on veut créer des êtres vivants, il faut les donner au public, non seulement avec leurs costumes exacts et dans les milieux qui les déterminent, mais encore avec leurs façons personnelles de penser et de s'exprimer. Je répète que c'est là le but évident où va notre théâtre. Il n'y a pas de langue de théâtre réglée par un code comme coupe de phrases et comme sonorité; il y a simplement un dialogue de plus en plus exact, qui suit ou plutôt qui amène les progrès des décors et des costumes dans la voie naturaliste. Quand les pièces seront plus vraies, la diction des acteurs gagnera forcément en simplicité et en naturel.

Pour conclure, je répèterai que la bataille aux conventions est loin d'être terminée et qu'elle durera sans doute toujours. Aujourd'hui, nous commençons à voir clairement où nous allons, mais nous pataugeons encore en plein dégel de la rhétorique et de la métaphysique.

LES COMÉDIENS

I

Je voudrais, à propos du concours du Conservatoire, dire mon mot sur l'éducation officielle qu'on donne en France aux comédiens.

Certes, cette éducation officielle est dans l'ordre accoutumé de notre esprit français. Le nom de l'établissement où elle est donnée, le « Conservatoire », suffit à indiquer qu'il s'agit d'y conserver les traditions, d'y enseigner un art en quelque sorte hiératique, dont toutes les recettes sont immuables. Tel geste signifie telle chose, et ce geste ne saurait être changé. Il y a un jeu de physionomie pour l'étonnement, un pour l'effroi, un pour l'admiration, et ainsi de suite, toute une collection de jeux de physionomie qui s'apprennent et qu'on finit par savoir employer, même avec une intelligence médiocre. Il en est de même pour les peintres à l'École des Beaux-Arts. On parvient à y fabriquer un peintre, quand le sujet n'est pas complètement idiot, et que la nature l'a bâti physiquement à peu près complet, avec des jambes et des bras.

Et remarquez que je ne nie pas la nécessité de ces écoles. De même qu'il faut des peintres décents, sachant leur métier pour décorer nos salons bourgeois, de même il faut des comédiens qui sachent se tenir en scène, saluer et répondre, pour jouer l'effroyable quantité de comédies et de drames que Paris consomme par hiver. Au moins, un élève qui sort du Conservatoire, connaît les éléments classiques de son métier. Il est le plus souvent médiocre, mais il reste convenable, il s'acquitte honorablement de son emploi.

Je me montrerai plus sévère pour l'enseignement lui-même, pour le corps des professeurs. Sans doute, ils ne peuvent pas donner du génie à leurs élèves. Peut-être même sont-ils obligés, jusqu'à un certain point, de rester dans la routine pour ne pas bouleverser d'un coup des habitudes séculaires. Un enseignement est forcément basé sur un corps de doctrine, qui permet de l'appliquer au plus grand nombre à la moyenne des intelligences. Mais, vraiment, la tradition théâtrale est chez nous une des plus fausses qui existent, et il serait grand temps de revenir à la vérité, petit à petit, si l'on veut, de façon à ne brusquer personne.

Qu'on réfléchisse un instant aux conventions ridicules, à ces repas de théâtre où les acteurs mangent de trois quarts, à ces entrées et à ces sorties solennelles et grotesques, à ces personnages qui parlent la face toujours tournée vers le public, quel que soit le jeu de scène. Nous sommes habitués à ces choses, elles ne nous blessent plus ; seulement, elles gâtent l'illusion et elles font du théâtre un art faux qui compromet les plus grandes œuvres.

Je ne parle pas des peuples latins, des Italiens et des Espagnols, dont l'art dramatique est encore plus ampoulé et plus conventionnel. Mais, chez les peuples du Nord, les comédiens jouent beaucoup plus librement, sans tant s'inquiéter de la pompe de la représentation. Par exemple, chez nous, il n'y a que les grands comédiens, ceux dont l'autorité est souveraine sur le public, qui osent lancer certaines répliques en tournant le dos à la salle. Cela n'est pas convenable. Pourtant, il y a des effets puissants à tirer de la vérité de cette attitude, qui se produit à chaque instant dans la vie réelle. Le fâcheux est que nos comédiens jouent pour la salle, pour le gala ; ils sont sur les planches comme sur un piédestal, ils veulent voir et être vus. S'ils vivaient les pièces au lieu de les jouer, les choses changeraient.

On parle de l'optique théâtrale. Cette optique n'est jamais que ce qu'on la fait. Si l'enseignement serrait la vie de plus près, si l'on ne changeait pas les élèves comédiens en pantins mécaniques, on trouverait des interprètes qui renouvelleraient la mise en scène et feraient enfin monter la vérité sur les planches.

II

L'éducation classique et traditionnelle donnée aux jeunes comédiens est donc en soi une excellente chose, car elle sert à former des sujets d'une bonne moyenne pour les besoins courants de nos théâtres. Mais où la critique peut s'exercer, c'est, comme je l'ai dit, sur l'enseignement lui-même, sur le corps de doctrine des professeurs dont le souci est, avant tout, de maintenir intactes les traditions.

Il faut, pour comprendre ce qu'est aujourd'hui chez nous l'art du comédien, remonter à l'origine même de notre théâtre. On trouve, au dix-septième siècle, la pompe tragique, les Romains et les Grecs portant la perruque des seigneurs du temps, la représentation d'une pièce se déroulant avec la majesté d'un gala princier. On pontifiait alors. On restait sur les planches dans le domaine des rois et des dieux. L'art consistait à être le plus loin possible de la nature. Tout s'ennoblissait, et jusqu'à : « Je vous hais ! » tout se disait tendrement. L'acteur le plus applaudi était celui qui approchait le plus des belles manières de la cour, arrondissant les bras, se balançant sur les hanches, grasseyant, roulant des yeux terribles.

Certes, nous n'en sommes plus là. La vérité du costume, du décor et des attitudes s'est imposée peu à peu. Aujourd'hui, Néron ne porte plus perruque, et l'on joue *Esther* avec une mise en scène splendide et trop exacte. Mais, au fond, on retrouve toujours la tradition de majesté, de jeu solennel. Des acteurs français qui jouent, sont restés des prêtres qui officient. Ils ne peuvent monter sur les planches, sans se croire aussitôt sur un piédestal, où la terre entière les regarde. Et ils prennent des poses, et ils sortent immédiatement de la vie pour entrer dans ce ronronnement du théâtre, dans ces gestes faux et forcés, qui feraient pouffer de rire sur un trottoir.

Prenez même une pièce gaie, une comédie, et

regardez attentivement les acteurs qui la brûlent. Vous reconnaîtrez en eux les comédiens pompeux du dix-septième siècle, ceux qui sont les pères de l'art dramatique en France. Les entrées souvent sont accompagnées d'un coup de talon pour annoncer et mieux asseoir le personnage. Les effets sont continués au delà du vraisemblable, dans l'unique but d'occuper toute la scène et de forcer les applaudissements. Ce sont des jeux de physionomie adressés au public, des poses de bel homme, la cuisse tendue, la tête tournée et maintenue dans une position avantageuse. Ils ne marchent plus, ne parlent plus, ne toussent plus comme à la ville. On voit qu'ils sont en représentation, et que leur effort le plus immédiat est de n'être pas comme tout le monde, de façon à étonner les bourgeois. Il y a un Grec ou un Romain du grand siècle, dans les paillasses de foire, qui tendent le derrière au coups de pied.

Oui, la tradition a cette force. Elle est pareille au sable fin qui filtre quand même et sans relâche par les fissures les plus minces. La source en est déjà disparue lorsque les effets en subsistent encore. Ces effets peuvent être méconnaissables, transformés, déviés, ils n'existent pas moins, ils n'en sont pas moins tout puissants. Si, aujourd'hui, notre théâtre désespère les amis de la nature, la faute en est aux ancêtres, à la lente éducation de nos comédiens, que la tradition éloigne du vrai.

Un art ne se forme pas en un jour. Aussi, quand il est formé, a-t-il une solidité de roc dans la routine. Cela explique comment il est si difficile d'innover, de changer la direction suivie par plusieurs générations. Aujourd'hui, le besoin de vérité se fait sentir, au théâtre comme partout ; mais, plus que partout, ce besoin y trouve des résistances désespérées. On est habitué aux faussetés, aux conventions de la scène ; le gros public n'est pas choqué; tous les effets faux le ravissent, et il applaudit en criant à la vérité; si bien même que ce sont les effets vrais qui le fâchent et qu'il traite d'exagérations ridicules. Le jugement du spectateur est perverti par une habitude séculaire. De là, l'entêtement dans la formule existante de l'art dramatique.

Et Dieu sait où nous en sommes comme vérité au théâtre, malgré le mouvement naturaliste qui s'y accomplit fatalement ! Je ne puis dresser un réquisitoire en règle, mais je citerai quelques exemples. J'ai déjà parlé des entrées et des sorties qui sont le plus souvent opérées en dépit du bon sens, trop lentes ou trop brusques, uniquement comprises de façon à ménager une salve d'applaudissements à l'acteur. Pourrait-on m'indiquer, d'autre part, quelque chose de plus ridicule que les passades du comédien, pendant une scène un peu longue ? Pour couper les effets, au milieu du dialogue, le comédien qui est à gauche, traverse et va à droite, tandis que le comédien qui est à droite, se rend à gauche, sans aucun motif d'ailleurs. Cela est d'un bon résultat pour les yeux, dit-on ; c'est possible, mais ce continuel va-et-vient n'en est pas moins très comique et très puéril. Il faudrait parler encore de la façon de s'asseoir, de manger, de lancer dans la salle la réplique destinée au personnage qu'on a à côté de soi, de s'approcher du trou du souffleur pour déclamer la tirade à effet que les autres acteurs sur la scène feignent d'écouter religieusement. En un mot, un acteur ne hasarde pas une enjambée, ne lâche pas une phrase, sans que cette enjambée et cette phrase ne hurlent de fausseté. J'excepte seulement les grands cris de passion et de vérité que jettent parfois les artistes de génie.

Je sais quelle est la réponse. Le théâtre, dit-on, vit uniquement de convention. Si les acteurs tapent du pied, forcent leur voix, c'est pour qu'on les entende ; s'ils exagèrent les moindres gestes, c'est afin que leurs effets dépassent la rampe et soient vus du public. On en arrive ainsi à faire du théâtre un monde à part, où le mensonge est non seulement toléré, mais encore déclaré nécessaire. On rédige le code étrange de l'art dramatique, on formule en axiomes les faussetés les plus étonnantes. Les erreurs deviennent des règles, et l'on hue quiconque n'applique pas les règles.

Notre théâtre est ce qu'il est, cela me paraît un simple fait ; mais ne pourrait-il pas être autrement ? Rien ne me fâche comme le cercle étroit où l'on veut enfermer un art. Certes, en dehors de l'heure présente, il y a le vaste monde qui garde une grande importance. Si l'on a le seul désir de réussir au théâtre, d'étudier ce qui plaît au public et de lui servir le plat qu'il aime et auquel il est habitué, sans doute il faut se conformer à la formule actuelle. Mais si l'on est blessé par cette formule, si l'on croit que la tradition a tort et qu'il faudrait accoutumer le public à un art plus logique et plus vrai, il n'y a certainement aucun crime à tenter l'expérience. Aussi suis-je toujours stupéfié, quand j'entends les critiques déclarer gravement : « Ceci est du théâtre, cela n'est pas du théâtre. » Qu'en savent-ils ? Tout l'art n'est pas contenu dans une formule. Ce qu'il appelle le théâtre, c'est un théâtre, et rien de plus. J'ajouterai même un théâtre bien défectueux, étroit et mensonger dans ses moyens. Demain peut se produire une nouvelle formule qui bouleversera la formule actuelle. Est-ce que le théâtre des Grecs, le théâtre des Anglais, le théâtre des Allemands est notre théâtre? Est-ce que, dans une même littérature, le théâtre ne peut pas se renouveler, produire des œuvres d'esprit et de facture complétement différents? Alors, que nous veut-on avec cette chose abstraite, le théâtre, dont on fait un bon Dieu, une sorte d'idole féroce et jalouse qui ne tolère pas la moindre infidélité!

Rien n'est immuable, voilà la vérité. Les conventions sont ce qu'on les fait, et elles n'ont force de loi que si on les subit. A mon sens, les acteurs pourraient serrer la vie de plus près, sans s'amoindrir sur la scène. Les exagérations de gestes, les passades, les coups de talon, les temps solennels pris entre deux phrases, les effets obtenus par un grossissement de la charge, ne sont en aucune façon nécessaires à la pompe de la représentation. D'ailleurs, la pompe est inutile, la vérité suffirait.

Voici donc ce que je souhaiterais voir : des comédiens étudiant la vie et la rendant avec le plus de simplicité possible. Le Conservatoire est un lieu utile, si on le considère comme un cours élémentaire où l'on apprend la prononciation; encore existe-t-il, au Conservatoire, une prononciation étrange, emphatique, qui déroute singulièrement l'oreille. Mais je doute qu'une fois les éléments appris, on tire un grand profit des leçons des maîtres. C'est absolument comme dans les écoles de dessin. Pendant deux ou trois ans, les élèves ont besoin d'apprendre à dessiner des yeux, des nez, des bouches, des oreilles ; puis, le mieux est de les mettre devant la nature, en laissant leur personnalité s'éveiller et pousser.

On m'a souvent parlé d'un maître de déclamation, dont les leçons consistaient d'abord à faire dire par ses élèves cette phrase : « Tiens ! voilà un chien ! » sur tous les tons possibles, le ton de l'étonnement, le ton de la peur, de l'admiration, de la tendresse, de l'indifférence, de la répulsion, et ainsi de suite. Il y avait cinquante et quelques manières de dire. « Tiens ! voilà un chien ! » Cela rappelle un peu les méthodes pour apprendre l'anglais en vingt-cinq leçons. La méthode peut être ingénieuse et bonne pour des élèves qui commencent. Mais on sent tout ce qu'elle a de mécanique et d'insuffisant. Remarquez que le ton de la voix et l'expression de la physionomie sont réglés à l'avance, qu'il s'agit ici simplement des grimaces de la tradition, sans tenir aucun compte de la libre initiative de l'élève.

Eh bien ! l'enseignement au Conservatoire est le même. On y répète : « Tiens ! voilà un chien ! » avec toutes les expressions imaginables. Notre répertoire classique est la seule base de la doctrine. On exerce les élèves sur des types connus, réglés à l'avance, et chaque mot qu'ils ont à dire a une inflexion consacrée qu'on leur serine pendant des mois, absolument comme on serine à un sansonnet : *J'ai du bon tabac dans ma tabatière.* On devine quelle influence peut avoir cet exercice sur de jeunes cervelles. Le mal ne serait pas grand encore, si les leçons s'appuyaient sur la vérité ; mais, comme elles ont la seule autorité de l'usage et de la tradition, elles arrivent à dédoubler la personne du comédien, à lui laisser son allure et sa voix personnelles à la ville, et à lui donner pour le théâtre une allure et une voix de convention. Ce fait est connu de tous. Le comédien est irrémédiablement frappé chez nous d'une dualité qui le fait reconnaître au premier coup d'œil.

J'ignore le remède. Je crois qu'il faudrait étudier plus sur la nature et moins dans le répertoire. Les livres ne valent jamais rien pour l'éducation de l'artiste. En outre, on devrait peu à peu amener les élèves à un souci constant de la vérité. L'art de déclamer tue notre théâtre, parce qu'il repose sur une pose continue, contraire au vrai. Si les professeurs voulaient mettre de côté leur personnalité, ne pas enseigner comme des articles de foi les effets qui leur ont réussi journellement au théâtre, il est à croire que les élèves ne perpétueraient pas ces effets à leur tour et céderaient au courant naturaliste qui transforme aujourd'hui tous les arts. La vie sur les planches, la vie sans mensonge avec sa bonhomie et sa passion, tel doit être le but.

Le public est en dehors de la querelle. Il acceptera ce que le talent lui fera accepter. Il faut avoir écrit une pièce et l'avoir fait répéter pour connaître la disette où nous sommes de comédiens intelligents, consentant à jouer simplement les choses simples, sentant et rendant la vérité d'un rôle, sans le gâter par des effets odieux, que le public applaudit depuis deux siècles.

III

L'autre soir, au Théâtre-Italien, j'ai éprouvé une des plus fortes émotions dont je me souvienne.

Salvini jouait dans un drame moderne : la *Mort civile.*

Je l'avais vu dans *Macbeth*, et je m'étais récusé, n'ayant rien à dire, si ce n'était des lieux communs. Je laisse Shakespeare dans sa gloire, j'avoue ne plus le comprendre quand on le joue sur nos planches modernes, en italien surtout, devant un public qui se fouette pour admirer. Cela m'est indifférent, parce que cela se passe trop loin de moi, dans la nue. Et quant à l'interprétation, elle me déroute plus encore. J'écrirai que c'est sublime, mais je reste glacé. Un sens me manque peut-être.

Enfin, j'ai vu Salvini dans la *Mort civile*, et je vais pouvoir le juger. Je n'ai plus besoin de phrases toutes faites, qui me répugnent et devant lesquelles j'ai reculé. Le comédien m'a pris tout entier, il m'a bouleversé. J'ai senti en lui un homme, un être vivant empli de mes propres passions. Désormais, il y a une commune mesure entre lui et moi.

D'abord, cette pièce : *la Mort civile*, m'a paru un drame des plus curieux. Une certaine Rosalie, dont le mari a été condamné aux galères à perpétuité est entrée comme gouvernante chez le docteur Palmieri, qui a adopté la fille de Conrad, Emma, encore au berceau. L'enfant croit que le docteur est son père. Rosalie s'est résignée à n'être que l'institutrice de sa fille. Mais Conrad s'échappe du bagne et le drame se noue. Il veut d'abord faire valoir ses droits de père. Le docteur lui prouve qu'il tuera Emma, qu'il lui imposera tout au moins une existence abominable, en faisant d'elle la fille d'un forçat. Ensuite Conrad veut emmener Rosalie; et là encore, il doit se dévouer, car il a compris que, s'il était mort, Rosalie aurait épousé le docteur. Il est résolu à partir, à disparaître pour toujours, lorsque la mort le prend en pitié et lui facilite son abnégation. Il meurt, il fait trois heureux.

Sans doute, je vois bien qu'il y a là-dessous une thèse, et les thèses m'ont toujours fâché au théâtre. D'autre part, la donnée reste bien mélodramatique. Si l'on veut savoir ce qui m'a séduit, c'est la belle nudité de la pièce. Pas un coup de théâtre, à notre mode française. Les scènes se suivent tranquillement, la toile tombe sur une conversation, les actes sont coupés au petit bonheur. C'est une tragédie, avec des personnages modernes. M. d'Ennery hausserait les épaules et trouverait cela bien maladroit.

Justement, je pensais à *Une Cause célèbre*, qui a une si étrange parenté avec la *Mort civile*. Dans le premier de ces drames, quelle grossièreté de procédé! On peut être sûr que l'auteur ne se privera pas d'une ficelle, d'une situation, d'une tirade. Il gorgera la bêtise populaire, il trempera de larmes son public, par les moyens les plus énormes. Tout notre mauvais théâtre actuel est là, avec l'impudence de son dédain littéraire. *Une Cause célèbre* sue le mépris du bon sens, du génie français. On ne dit pas assez ce qu'une pareille pièce peut faire de mal à notre littérature dramatique. Pour en sentir toute l'infériorité, il faudrait la comparer à la *Mort civile*.

On se rappelle, par exemple, l'épisode de Jean Renaud retrouvant sa fille Adrienne. Il y a là des forçats dans un parc, une jeune personne qui sait une phrase entendue en rêve, un père en casaque rouge qui pousse des hurlements à ameuter le château. Rien de plus criard comme enluminure d'Epinal.

L'auteur italien, au contraire, ne paraît pas avoir songé un instant qu'il pourrait tirer un effet du retour du forçat. Son forçat entre, s'asseoit et cause, à peu près comme cela se passerait dans la réalité. Il a, plus tard, deux scènes avec Emma. La jeune fille a peur de lui, ce qui est naturel. Et voilà tout, cela suffit à serrer les cœurs d'une profonde émotion.

Chaque épisode est traité avec cette simplicité, dans la *Mort civile*. L'intrigue, sans aucune complication, va d'un bout à l'autre de la pièce. Rien n'y a été introduit pour satisfaire le mauvais goût du gros public. Conrad n'est pas innocent comme Jean Renaud; il a tué un homme, le propre frère de sa femme, et sa figure grandit de ce meurtre ; il n'est pas ce pantin persécuté de notre mélodrame, dont l'innocence doit éclater au cinquième acte.

Remarquez que la *Mort civile* a eu en Italie un immense succès. Aucune traduction française n'existe, et je crois que le drame traduit ferait de maigres recettes à la Porte-Saint-Martin (1). C'est que notre public est pourri maintenant. Il lui faut de grandes machines compliquées. On l'a mis au régime du roman-feuilleton et des mélodrames où les ducs et les forçats s'embrassent. La plupart des critiques eux-mêmes font du théâtre une chose bête, où le talent d'écrivain n'est pas nécessaire, où il faut manquer d'observation, d'analyse et de style, pour faire des chefs-d'œuvre. Le théâtre, disent ils, c'est ça ; et il semble qu'ils professent un cours d'ébénisterie. Donner des règles au néant, c'est le comble.

(1) Depuis que cet article a été écrit, M. Auguste Vitu a fait jouer à l'Odéon une traduction de la *Mort civile* qui n'a eu aucun succès.

Eh! non, le théâtre, ce n'est pas ça! L'absolu n'existe point. Le théâtre d'une époque est ce qu'une génération d'écrivains le fait. Nous sommes, malheureusement, d'une ignorance crasse et d'une vanité incroyable. Les littératures des peuples voisins sont pour nous comme si elles n'étaient pas. Si nous étions plus curieux, plus lettrés, nous connaîtrions depuis longtemps la *Mort civile*, et nous verrions dans ce drame un singulier démenti à nos théories françaises. Il est conçu absolument dans la formule que j'indique, depuis que je m'occupe de critique dramatique; et il paraît que cette formule n'est pas si mauvaise, puisque l'Italie tout entière a applaudi la pièce.

Mais je m'arrête, car j'enfourche là mon dada, et c'est de Salvini surtout dont je veux parler. Je me méfiais beaucoup des acteurs italiens, je me les imaginais d'une exubérance folle. Aussi quel a été mon étonnement, lorsque j'ai constaté que le grand talent de Salvini est tout de mesure, de finesse, d'analyse. Il n'a pas un geste inutile, pas un éclat de voix qui détonne. Au premier aspect, il serait plutôt gris, et il faut attendre pour être empoigné par ce jeu si simple, si savant et si fort.

Je citerai quelques exemples. Son entrée de forçat fugitif, d'homme humble et souffrant, inquiet et torturé, est merveilleuse. Mais ce qui m'a plus frappé encore, c'est la façon dont il dit le long récit de son évasion. Tout d'un coup, au milieu de l'allure dramatique de la scène, c'est un coin de comédie qui s'ouvre. Il baisse la voix, comme si l'on pouvait l'entendre; il dit le récit sur le même ton voilé, en s'animant pourtant, en finissant par rire d'avoir si bien trompé les gardiens. Nous n'avons pas un seul acteur de drame en France qui aurait l'intelligence d'effacer ainsi sa voix. Tous raconteraient leur fuite en roulant les yeux et en faisant les grands bras. L'impression que produit Salvini par la simplicité de son jeu est prodigieuse en cette occasion.

Il me faudrait citer toutes les scènes. Dans la conversation qu'il a avec le docteur, et plus tard dans la scène avec Rosalie, lorsqu'il laisse tomber sa tête sur la poitrine de cette femme qu'il aime tant et qu'il va perdre, il arrive aux plus larges effets du pathétique. Je ne voudrais être désagréable pour personne, mais puisque j'ai comparé la *Mort civile* à *Une Cause célèbre*, je puis bien rapprocher Salvini de Dumaine. Il faut voir le premier pour comprendre combien le second crie et se démène inutilement. Tout le jeu de Dumaine, dans Jean Renaud, devient faux et pénible, à côté du jeu si souple et si vrai de Salvini. Celui-ci a étudié l'âme humaine, il en analyse les nuances, il est un homme qui pleure.

Mais où il a été superbe surtout, c'est au dernier acte, lorsqu'il meurt. Je n'ai jamais vu mourir personne ainsi au théâtre. Salvini gradue ses derniers moments de moribond avec une telle vérité, qu'il terrifie la salle. Il est vraiment un mourant, avec ses yeux qui se voilent, sa face qui blêmit et se décompose, ses membres qui se raidissent. Lorsque Emma, sur la demande de Rosalie, s'approche et l'appelle : « Mon père », il a un retour de vie, un éclair de joie sur son visage déjà mort, d'un charme douloureux ; et ses mains tremblent, et sa tête se penche, secouée par le râle, tandis que ses derniers mots se perdent et ne s'entendent plus. Sans doute, on a fait souvent cela au théâtre, mais jamais, je le répète, avec une pareille intensité de vérité. Enfin, Salvini a eu une trouvaille de génie : il est étendu dans un fauteuil, et lorsqu'il expire, la tête penchée vers Emma, il semble s'écrouler, son poids l'emporte, il culbute et vient rouler devant le trou du souffleur, pendant que les personnages présents s'écartent en poussant un cri. Il faut être un bien grand comédien pour oser cela. L'effet est inattendu et foudroyant. La salle entière s'est levée, sanglotant et applaudissant.

La troupe qui donne la réplique à Salvini est très suffisante. Ce que j'ai beaucoup remarqué, c'est la façon convaincue dont jouent ces comédiens italiens. Pas une fois, ils ne regardent le public. La salle ne semble point exister pour eux. Quand ils écoutent, ils ont les yeux fixés sur le personnage qui parle, et quand ils parlent, ils s'adressent bien réellement au personnage qui écoute. Aucun d'eux ne s'avance jusqu'au trou du souffleur, comme un ténor qui va lancer son grand air. Ils tournent le dos à l'orchestre, entrent, disent ce qu'ils ont à dire et s'en vont, naturellement, sans le moindre effort pour retenir les yeux sur leurs personnes. Tout cela semble peu de chose, et c'est énorme, surtout pour nous, en France.

Avez-vous jamais étudié nos acteurs ? La tradition est déplorable sur nos théâtres. Nous sommes partis de l'idée que le théâtre ne doit avoir rien de commun avec la vie réelle. De là, cette pose continue, ce gonflement du comédien qui a le besoin irrésistible de se mettre en vue. S'il parle, s'il écoute, il lance des œillades au public ; s'il veut détacher un morceau, il s'approche de la rampe et le débite comme un compliment. Les entrées, les sorties sont réglées, elles aussi, de façon à faire un éclat. En un mot, les interprètes ne vivent pas la pièce ; ils la déclament, ils tâchent de se tailler chacun un succès personnel, sans se préoccuper le moins du monde de l'ensemble.

Voilà, en toute sincérité, mes impressions. Je me suis mortellement ennuyé à *Macbeth*, et je suis sorti, ce soir là, sans opinion nette sur Salvini. Dans la *Mort civile*, Salvini m'a transporté ; je m'en suis allé étranglé d'émotion. Certes, l'auteur de ce dernier drame, M. Giacometti, ne doit pas avoir la prétention d'égaler Shakespeare. Son œuvre, au fond, est même médiocre, malgré la belle nullité de la formule. Seulement, elle est de mon temps, elle s'agite dans l'air que je respire, elle me touche comme une histoire qui arriverait à mon voisin. Je préfère la vie à l'art, je l'ai dit souvent. Un chef-d'œuvre glacé par les siècles n'est en somme qu'un beau mort.

IV

Je me souviens d'avoir assisté à la première représentation de l'*Idole*. On comptait peu sur la pièce, on était venu au théâtre avec défiance. Et l'œuvre, en effet, avait une valeur bien médiocre. Les premiers actes surtout étaient d'un ennui mortel, mal bâtis, coupés d'épisodes fâcheux. Cependant, vers la fin, un grand succès se dessina. On put étudier, en cette occasion, la toute-puissance d'une artiste de talent sur le public. Madame Rousseil, non seulement sauva l'œuvre d'une chute certaine, mais encore lui donna un grand éclat.

Elle s'était ménagée pendant les premiers actes, montrant une froideur calculée ; puis, au quatrième acte, sa passion éclata avec une fougue superbe qui enleva la foule. Je me rappelle encore l'ovation qu'on lui fit. Elle était méritée, tout le succès lui était dû. Des difficultés s'élevèrent, je crois, entre les acteurs et le directeur, et la pièce disparut de l'affiche, mais j'aurais été étonné si elle avait fait de l'argent, comme je le serais encore si elle en faisait aujourd'hui. Elle n'est vraiment pas assez d'aplomb ; madame Rousseil, malgré ses fortes épaules, ne saurait la tenir longtemps debout. Il y aurait toute une étude à écrire à propos de ces succès personnels des artistes, qui trompent souvent le public sur le mérite véritable d'une œuvre. Ce qui est consolant pour la dignité des lettres, c'est qu'une œuvre ainsi soutenue par le talent d'un artiste, n'a jamais qu'une vogue temporaire, et qu'elle disparaît fatalement avec son interprète.

J'ai également assisté à la première représentation de *Froufrou*, bien que je ne fisse pas alors de critique dramatique. Desclée se trouvait dans tout son triomphe de grande artiste. Ici, l'œuvre était une peinture charmante d'un coin de notre société ; les premiers actes surtout offraient les détails d'une observation très fine et très vraie ; j'aimais moins la fin qui tournait au larmoyant. Cette pauvre Froufrou était en vérité trop punie ; cela serrait inutilement le cœur et terminait cette série de tableaux parisiens par une gravure poncive, faite pour tirer des larmes aux personnes sensibles.

Sans doute, l'œuvre cette fois aidait, poussait l'artiste. Mais Desclée, on peut le dire, y mit encore de son tempérament et élargit ainsi l'horizon de la pièce. C'est que, justement, elle semblait faite pour le personnage, elle le jouait avec toute sa nature. Aussi s'incarna-t-elle dans ce rôle, où elle fut superbe de vie et de vérité.

La mort de Desclée a été pleurée par beaucoup de débutants dramatiques. Nous la regardions tous grandir, avec la joie de constater, à chaque nouvelle création, que nous trouverions en elle l'interprète que nous rêvions pour nos œuvres futures. Nous songions tous à des pièces où nous étudierions notre société, où nous tâcherions de mettre la réalité à la scène. Et nous lui taillions déjà des rôles, parce qu'elle seule nous paraissait moderne, vivant de notre air et exprimant avec exactitude les troubles nerveux de l'époque présente. Elle ne semblait avoir passé par aucune école, elle arrivait avec sa personnalité, sans aucune recette d'attitudes ni de diction. Notre âge vibrait en elle avec une intensité merveilleuse. Je la sentais née pour aider puissamment au théâtre le mouvement naturaliste. Et elle est morte. C'est une perte immense pour nous tous.

On peut dire qu'elle n'a pas été remplacée. Le public ne se doute pas de la difficulté qu'éprouve aujourd'hui un auteur dramatique pour trouver une interprète selon ses vœux, dans une pièce moderne, qui demande la sensation et l'intelligence du temps où nous vivons. Je mets à part la Comédie-Française. Les directeurs disent : « Il n'y a plus d'artiste. » Ce qui est plus vrai et plus triste, c'est qu'il y a bien encore des artistes, mais que ces artistes n'ont pas la flamme du mouvement littéraire actuel. Ils ne sont pas faits pour les œuvres qui viennent. Notre mouvement naturaliste, en un mot, ne voit pas encore poindre ses Frédérick-Lemaître et ses Dorval.

Justement, Desclée s'annonçait comme la Dorval de ce mouvement. C'est pourquoi nous la regrettons avec tant d'amertume. Il est une loi : c'est que toute période littéraire, au théâtre, doit amener avec elle ses interprètes, sous peine de ne pas être. La tragédie a eu ses illustres comédiens pendant deux siècles ; le romantisme a fait naître toute une génération d'artistes de grand talent. Aujourd'hui, le naturalisme ne peut compter sur aucun acteur de génie. C'est sans doute parce que les œuvres, elles aussi, ne sont encore qu'en promesse. Il faut des succès pour déterminer des courants d'enthousiasme et de foi ; et ces courants seuls dégagent les originalités, amènent et groupent autour d'une cause les combattants qui doivent la défendre.

Examinez le personnel de nos actrices, par exemple. Voilà Desclée morte, à qui confiera-t-on le rôle de Froufrou ? M. Montigny a voulu utiliser mademoiselle Legault, qu'il avait sous la main. Mais je suis persuadé que celle-ci n'a accepté le rôle qu'à son corps défendant ; il n'est pas dans ses moyens ; elle y est fort jolie, seulement elle ne saurait lui donner de la profondeur ni en rendre le détraquement nerveux. Mademoiselle Legault est une très charmante ingénue, un peu minaudière, dont on a voulu à tort forcer les notes aimables.

Je crois que, si M. Montigny avait eu le choix, il aurait préféré donner le rôle à mademoiselle Blanche

Pierson. Je ne vois guère qu'elle, toujours en dehors de la Comédie-Française, qui puisse aborder aujourd'hui les rôles de Desclée. Mademoiselle Pierson, qui n'a été longtemps qu'une jolie femme, se trouve être actuellement une des rares comédiennes qui sentent la vie moderne. Elle s'est montrée remarquable dans *Fromont jeune et Risler aîné*, d'Alphonse Daudet. A la vérité, elle manque d'un je ne sais quoi, ce qui la laisse toujours un peu dans l'ombre ; elle n'a pas la foi peut-être, elle n'enlève pas une salle d'un geste ou d'un mot. Rappelez-vous ses créations, aucune ne vient en avant et ne s'impose par une largeur magistrale. Je le répète, elle n'en est pas moins la seule artiste qu'on aimerait voir dans *Froufrou*.

Je ne puis nommer madame Rousseil, dont je parlais tout à l'heure. Celle-là n'a rien de moderne. Elle est taillée pour la tragédie, elle a les bras forts et le masque énergique des héroïnes de Corneille. Quand elle descend au drame, il lui faut des créations mâles, des vigueurs qui emportent tout. Je ne la vois pas chaussée des fines bottines de la Parisienne, se jouant et agonisant dans des amours à fleur de peau.

Quant à madame Fargueil, qui a eu de si beaux cris de passion, elle est trop marquée aujourd'hui, comme on dit en argot de coulisse, pour accepter des rôles où il y a des scènes d'amour. Il lui faut désormais des rôles faits pour elle, ce qui la rend d'un emploi assez difficile, malgré son beau talent.

Mon intention n'est point de passer ainsi toutes nos comédiennes en revue. Le lecteur peut continuer aisément ce travail. Il verra combien il est malaisé de trouver une Froufrou ; j'ai pris ce personnage de Froufrou comme type d'un personnage strictement moderne, parce que l'actualité me l'apportait et qu'il est, en effet, suffisamment caractéristique. Si l'on imagine un rôle plus accentué encore, n'ayant plus certains côtés de grâce facile, vivant une vie moins factice, d'une classe moins élégante, on comprendra que le choix d'une interprète devient alors d'une difficulté presque insurmontable. Où découvrir une femme assez artiste pour vivre sur les planches la vie qu'elle voit tous les jours dans la rue, pour oublier les grimaces apprises et se donner tout entière, avec ses souffrances et ses joies ? Ce qui complique les choses, c'est que la modernité tend à rendre les œuvres dramatiques très complexes : les rôles ne sont plus d'un seul jet, coulés dans une abstraction ; ils reproduisent toute la créature qui pleure et qui rit, qui se jette continuellement à droite et à gauche. Dès lors, ces rôles demandent une composition extrêmement serrée. Il faut un grand talent pour s'en tirer avec honneur.

J'ai mis la Comédie-Française à part. Les débutants n'y sont point joués facilement. Il y a pourtant là une sociétaire, madame Sarah Bernhardt, qui a la flamme moderne. Jusqu'à présent, il me semble qu'elle n'a pas eu une création où elle se soit donnée complétement. On a goûté sa voix si souple et si sonore, dans ce rôle de dona Sol, qui n'est guère qu'un rôle de figurante. On a admiré sa science dans *Phèdre* et dans le répertoire romantique. Mais, selon moi, la tragédie et le drame romantique ont des liens traditionnels qui garrottent sa nature. Je la voudrais voir dans une figure bien moderne et bien vivante, poussée dans le sol parisien. Elle est fille de ce sol, elle y a grandi, elle l'aime et en est une des expressions les plus typiques. Je suis persuadé qu'elle ferait une création qui serait une date dans notre histoire dramatique.

Nous avons bien vu madame Sarah Bernhardt dans l'*Étrangère*, de M. Dumas. Mais, vraiment, son personnage de miss Clarkson était une plaisanterie par trop romantique. Cette Vierge du mal qui parcourait la terre pour se venger des hommes, en se faisant aimer d'eux et en se régalant ensuite de leurs souffrances, est à mon sens une des imaginations les plus comiques qu'on puisse voir. L'artiste avait surtout, au troisième acte, je crois, un interminable monologue, d'une drôlerie achevée. Madame Sarah Bernhardt exécuta un tour de force en n'y étant pas ridicule. Même elle montra, dans l'*Étrangère*, ce qu'elle pourrait donner, le jour où elle aurait un rôle central dans une pièce moderne, prise en pleine réalité sociale.

Souvent, cette grave question de l'interprétation m'a préoccupé. Chaque fois qu'un auteur dramatique, ayant quelque souci de la vérité, a aujourd'hui un rôle important de femme à distribuer, je sais qu'il se trouve dans l'embarras. On finit toujours, il est vrai, par faire un choix, mais la pièce en pâtit souvent. Le public ne saurait entrer dans cette cuisine des coulisses; la pièce est médiocrement jouée, et comme justement les pièces d'analyse et de caractère ne supportent pas une interprétation médiocre, on la siffle. C'est une œuvre enterrée. Il est vrai que nous sommes singulièrement difficiles, nous voudrions des artistes jeunes, jolies, très intelligentes, profondément originales. En un mot, nous tous qui travaillons pour l'avenir, nous demandons des comédiennes de génie.

V

Le cas de madame Sarah Bernhardt me paraît des plus intéressants et des plus caractéristiques. Je n'ai pas à prendre la défense de la grande artiste, que son talent défendra suffisamment. Mais je ne puis résister au besoin d'étudier, à son sujet, ce fameux besoin de réclame qui affole notre époque, selon les chroniqueurs.

D'abord, posons nettement les situations. Madame Sarah Bernhardt est accusée d'être dévorée d'une fièvre de publicité. A entendre les chroniqueurs et les reporters de notre presse parisienne, elle ne dit pas une parole, ne risque pas un acte, sans en calculer à l'avance le retentissement. Non contente d'être une comédienne adorée du public, elle a cherché à se singulariser en touchant à la sculpture, à la peinture, à la littérature. Enfin, on en est venu à dire que, tout à fait affolée par sa rage de réclame, compromettant la dignité de la Comédie-Française, elle avait fini par se montrer à Londres, vêtue en homme, pour un franc.

Quant aux chroniqueurs et aux reporters qui dressent aujourd'hui ce réquisitoire, ils prennent des attitudes de moralistes affligés. Ils pleurent sur ce beau talent qui se compromet. Ils menacent la comédienne de la lassitude du public et lui font entendre que, si elle fait encore parler d'elle d'une façon désordonnée, on la sifflera. En un mot, eux qui sont les seuls coupables de tout ce bruit, ils déclarent que si le bruit continue, c'en est fait de madame Sarah Bernhardt; et le plus comique, c'est que, précisément, ils continuent eux-mêmes le bruit.

J'ai lu avec attention les derniers articles de M. Albert Wolff, dans le *Figaro*. M. Albert Wolff est un écrivain de beaucoup d'esprit et de raison; mais il « s'emballe » aisément. Quand il croit être dans la vérité, il pousse sa thèse à l'aigu ; et vous devinez quelle besogne, s'il est dans l'erreur. Beaucoup d'autres ont parlé comme lui de madame Sarah Bernhardt. Mais je m'adresse à lui, parce qu'il a une réelle puissance sur le public.

Voyons, de bonne foi, croit-il à cet amour enragé de madame Sarah Bernhardt pour la réclame? Ne s'avoue-t-il pas que, si madame Sarah Bernhardt aime aujourd'hui à entendre parler d'elle, la faute en est précisément à lui et à ses confrères qui ont fait autour d'elle un tapage si énorme? Ne voit-il pas enfin que, si notre époque est tapageuse, avide de boniments, dévorée par la publicité à outrance, cela vient moins des personnalités dont on parle que du vacarme fait autour de ces personnalités par la presse à informations. Examinons cela tranquillement, sans passion, uniquement pour trouver la vérité, en nous appuyant sur le cas de madame Sarah Bernhardt.

Qu'on se rappelle ses débuts. Ils furent assez difficiles. Le *Passant*, tout d'un coup, la mit en lumière. Il y a de cela une dizaine d'années. Dès ce jour-là, la presse s'empara d'elle, et ce fut surtout de sa maigreur dont il fut question. Je crois que cette maigreur fit alors pour sa réputation beaucoup plus que son talent. Pendant dix années, on n'a pu ouvrir un journal sans trouver une plaisanterie sur la maigreur de madame Sarah Bernhardt. Elle était surtout célèbre parce qu'elle était maigre. M. Albert Wolff pense-t-il que madame Sarah Bernhardt s'était fait maigrir pour qu'on parlât d'elle? J'imagine qu'elle a dû être souvent blessée par ces bons mots d'un goût douteux ; ce qui exclut l'idée qu'elle payait des gens pour les publier.

Ainsi donc voilà son début dans la réclame. Elle est maigre, et les chroniqueurs, aidés des reporters, font d'elle un phénomène qui occupe l'Europe. Plus tard, on découvre d'autres choses : par exemple, on l'accuse d'une méchanceté diabolique; on raconte que, chez elle, elle invente des supplices atroces pour ses singes ; puis, toutes sortes de légendes se répandent, elle dort dans son cercueil, un cercueil capitonné de satin blanc; elle a des goûts macabres et sataniques, qui la font tomber amoureuse d'un squelette, pendu dans son alcôve. Je m'arrête, je ne puis dire ici les histoires monstrueuses qui ont circulé, et que la presse a répandues crûment ou à demi mots. De nouveau, je prie M. Albert Wolff de me dire s'il soupçonne madame Sarah Bernhardt d'avoir fait circuler ces histoires elle même, dans le but calculé de faire parler d'elle.

Je touche ici un point délicat. En quoi les excentricités de madame Sarah Bernhardt, vraies ou non, intéressaient-elles le public? Je suis persuadé, pour mon compte, de la fausseté parfaite de ces légendes. Mais, quand il serait vrai que madame Sarah Bernhardt rôtirait des singes et coucherait avec un squelette, qu'avons-nous à voir là-dedans, nous autres, si c'est son plaisir? Dès qu'on est chez soi, les portes closes, on a le droit absolu de vivre à sa guise, pourvu qu'on ne gêne personne. C'est affaire de tempérament. Si je disais que tel critique, très moral, vit dans une cour de petites femmes complaisantes, que tel romancier idéaliste patauge dans la prose de l'escroquerie, je me mêlerais certainement de ce qui ne me regarde pas. La vie intérieure de madame Sarah Bernhardt ne regardait ni les reporters ni les chroniqueurs. En tout cas, ce n'est pas encore elle qu'il faut accuser ici de chercher la réclame; c'est la réclame, violente et blessante, qui a forcé sa demeure et qui a mis autour de l'artiste la réputation romantique et légèrement ridicule d'une femme à moitié folle.

Maintenant, arrivons à la grosse accusation. On lui reproche surtout de ne pas s'en être tenu à l'art dramatique, d'avoir abordé la sculpture, la peinture, que sais-je encore! Cela est plaisant. Voilà que, non content de la trouver maigre et de la déclarer folle, on voudrait réglementer l'emploi de ses journées. Mais, dans les prisons, on est beaucoup plus libre. Est-ce qu'on s'inquiète de ce que madame Favart ou madame Croizette fait en rentrant chez elle? Il plaît à madame Sarah Bernhardt de faire des tableaux et des statues, c'est parfait. A la vérité, on ne lui nie pas le droit de peindre ni de sculpter, on déclare simplement qu'elle ne devrait pas exposer ses œuvres. Ici le réquisitoire atteint le comble du burlesque. Qu'on fasse une loi tout de suite pour empêcher le cumul des talents. Remarquez qu'on a trouvé la sculpture de madame Sarah Bernhardt si personnelle, qu'on l'a accusée de signer des œuvres dont elle n'était pas l'auteur. Nous sommes ainsi faits en France, nous n'admettons pas qu'une individualité s'échappe de l'art dans lequel nous l'avons parquée. D'ailleurs, je ne juge pas le talent de madame Sarah Bernhardt, peintre et sculpteur ; je dis simplement qu'il est tout naturel qu'elle fasse de la peinture et de la sculpture, si cela lui plaît, et qu'il est plus naturel encore qu'elle montre cette peinture et cette sculpture, qu'elle tâche de vendre ses œuvres, qu'elle mène, en un mot, ses occupations et sa fortune comme elle l'entend.

Ce sont là des affirmations naïves, tant elles vont de soi. On sourit d'avoir à expliquer que chacun a le droit strict d'arranger son existence selon son goût, sans qu'on le jette violemment sur la sellette, devant l'opinion publique. Et ici le reproche adressé à madame Sarah Bernhardt de chercher la publicité devient plaisant. Sans doute, comme peintre et comme sculpteur, elle cherche la publicité, si l'on entend par là qu'elle expose ses œuvres et qu'elle les vend. Mais alors pourquoi ne lui fait-on pas un crime de chercher la publicité comme artiste dramatique? Les personnes qui la rêvent modeste et cachée, devraient lui défendre de paraître sur les planches. De cette façon, on ne parlerait plus d'elle du tout. Si l'on admet qu'elle se montre au public en chair et en os, — en os surtout, dirait un reporter, — elle peut bien lui montrer ensuite ses œuvres. C'est raisonner singulièrement que de conclure à un besoin furieux de réclame, parce qu'elle ne se contente pas du théâtre et qu'elle s'adresse aux autres arts ; il faudrait plutôt conclure à un besoin d'activité, à une satisfaction de tempérament. Jamais personne n'a eu le courage de mener à bien de longs travaux, dans le but étroit d'obtenir des articles. On écrit, on peint, on sculpte, uniquement parce que la main vous démange.

C'est ce que M. Sarcey doit admettre, car lui se lamente seulement sur le temps que la peinture et la sculpture prennent à madame Sarah Bernhardt. Elle est trop occupée, selon lui, et c'est pourquoi elle a fait manquer à Londres une matinée, scandale énorme qui a occupé toute la presse. Je ne veux pas entrer dans la discussion des faits qui se sont passés là-bas, d'autant plus que je me méfie des articles publiés ; je sais quelle est la vérité des journaux. Il paraît pourtant que madame Sarah Bernhardt était réellement très souffrante, et il est tout à fait comique d'attribuer cette indisposition à sa peinture, à sa sculpture, ou encore à la fatigue que lui occasionnent les représentations données par elle en dehors du théâtre. Tout le monde peut être malade, même sans s'être fatigué et sans être peintre ou sculpteur. Ce qui me met en défiance sur les chroniques que nous avons lues, c'est justement le démenti donné par l'intéressée elle-même au conte qui la présentait vêtue en homme, au milieu de ses tableaux et de ses statues, et se montrant pour un franc comme une bête curieuse. Je reconnais là les mêmes imaginations que pour les singes à la broche et le squelette dans le lit. A cette heure, tout se gâterait ; madame Sarah Bernhardt parlerait de donner sa démission ; la question deviendrait grosse d'orage. Cela est vraiment très typique. Je n'entends pas trancher la question, mais j'ai voulu exposer les faits.

Et, à présent, je le demande une fois encore à M. Albert Wolff, si les reporters, si les chroniqueurs n'avaient pas fait d'abord de madame Sarah Bernhardt une maigre légendaire qui restera dans l'histoire ; si, plus tard, ils ne s'étaient pas occupés de son squelette et de ses singes; si, lorsque la copie leur manquait, ils n'avaient pas bouché le trou avec un bon mot ou une indiscrétion sur elle ; s'ils n'avaient pas empli les journaux de leur étonnement goguenard, chaque fois qu'elle a fait un envoi au Salon, publié un livre ou monté en ballon captif; enfin, si, lors de ce voyage de la Comédie-Française à Londres, ils ne nous avaient pas raconté en détail jusqu'à ses maux de cœur: M. Albert Wolff croit-il que les choses en seraient venues au point où elles en sont ?

Ce que j'ai voulu établir nettement, c'est ce que j'énonçais au début : ce n'est pas madame Sarah Bernhardt comédienne, ce n'est pas nous artistes, romanciers, poètes, qui sommes pris de cette rage de réclame; c'est le reportage, c'est la chronique qui, depuis cinquante ans, ont changé les conditions de la réclame, décuplé les appétits curieux du public, soulevé autour des personnalités en vue cet orchestre formidable de l'information à outrance. Ici, j'élargis mon sujet; à la vérité, je n'ai pris le cas de madame Sarah Bernhardt que pour préciser des faits dont j'ai été frappé. Mon expérience personnelle m'a appris que, lorsqu'un chroniqueur accuse un écrivain de chercher le bruit, il arrive que l'écrivain est un bon bourgeois faisant tranquillement sa besogne, tandis que c'est le chroniqueur qui joue devant lui de la trompette.

Remarquez que les écrivains, comme les comédiens, finissent souvent par se laisser aller agréablement sur cette pente de la réclame. On s'habitue au tapage; on a sa ration de publicité tous les matins, et l'on s'attriste, quand on ne trouve plus son nom dans les journaux. Il est très possible qu'on ait gâté madame Sarah Bernhardt comme tant d'autres, en lui donnant l'habitude de voir le monde tourner autour d'elle. Mais, dans ce cas, elle est une victime et non une coupable. Paris a toujours eu de ces enfants gâtés qu'il comble de sucre, dont il veut connaître les moindres gestes, qu'il caresse à les faire saigner, dont il dispose pour ses plaisirs avec un despotisme d'ogre aimant la chair fraîche. La presse à informations, le reportage, la chronique, ont donné un retentissement formidable à ces caprices de Paris, voilà tout. La question est là et pas ailleurs. Il serait vraiment cruel de s'être amusé pendant dix ans de la maigreur de madame Sarah Bernhardt, d'avoir fait courir sur elle une légende diabolique, de s'être mêlé de toutes ses affaires privées et publiques en tranchant bruyamment les questions dont elle était seule juge, d'avoir occupé le monde de sa personne, de son talent et de ses œuvres, pour lui crier un jour : « A la fin, tu nous ennuies, tu fais trop de bruit; tais-toi. » Eh! taisez-vous, si cela vous fatigue de vous entendre !

Voilà ce que j'avais à dire. C'est un simple procès-verbal. Je n'attaque pas la presse à informations, qui m'amuse et qui me donne des documents. Je crois qu'elle est une conséquence fatale de notre époque d'enquête universelle. Elle travaille, plus brutalement que nous, et en se trompant souvent, à l'évolution naturaliste. Il faut espérer qu'un jour elle aura l'observation plus juste et l'analyse plus nette, ce qui ferait d'elle une arme d'une puissance irrésistible En attendant, je lui demande simplement de ne pas prêter le fracas de son allure aux gens qu'elle emporte dans sa course, quitte à leur casser les reins, s'ils viennent à tomber.

VI

Je dirai ce que je pense de l'aventure qui affole Paris en ce moment. Il s'agit de la démission de madame Sarah Bernhardt, et de la fêlure stupéfiante qu'elle a déterminé dans le crâne des gens.

Déjà, à propos du procès de Marie Bière, j'avais été étonné des sautes de l'opinion publique. On se souvient des termes crus dans lesquels le Paris sceptique jugeait l'héroïne du drame, avant l'ouverture des débats. L'affaire vient en cour d'assises, et tout Paris se passionne pour la jeune femme; on la défend, on la plaint, on l'adore; si bien que, si le tribunal l'avait condamnée, on lui aurait certainement jeté des pommes cuites. Elle est acquittée, et tout de suite, du soir au lendemain, on retombe sur elle, on la rejette au ruisseau, avec une rudesse incroyable; ce n'est plus qu'une gredine, on lui conseille de disparaître. Sans doute, une analyse exacte nous donnerait les causes de ces mouvements contraires et si précipités. Mais, pour les braves gens qui regardent en simples curieux le spectacle de la vie, quel joli peuple de pantins nous faisons!

Je me suis tenu à quatre pour ne pas parler en son temps de cette affaire. Elle était un exemple si décisif de roman expérimental! Voilà une histoire bien banale, une histoire comme il y en a cent mille à

Paris : une femme prend pour amant un monsieur fort correct, un galant homme, dont elle a un enfant, et qui la quitte, ennuyé de sa paternité, après avoir eu l'idée plus ou moins nette d'un avortement. On coudoie cela sur les trottoirs, et personne ne songe même à tourner la tête. Mais attendez, voici l'expérience qui se pose : Marie Bière, de tempérament particulier, produit d'une hérédité dont il a été question dans les débats, tire un coup de pistolet sur son amant ; et, dès lors, ce coup de pistolet est comme la goutte d'acide sulfurique que le chimiste verse dans une cornue, car aussitôt l'histoire se décompose, le précipité a lieu, les éléments primitifs apparaissent. N'est-ce pas merveilleux ? Paris s'étonne qu'un galant homme fasse des enfants et ne les aime pas ; Paris s'étonne que l'avortement soit à la porte de tous les concubinages. Ces choses ont lieu tous les jours, seulement il ne les voit pas, il ne s'y arrête pas ; il faut que l'expérience les montre violemment, que le coup de pistolet parte, que la goutte d'acide tombe, pour qu'il reste stupéfait lui-même de sa pourriture en gants blancs. De là, cette grosse émotion, en face d'une aventure tellement commune, qu'elle en est bête.

Nous avons eu aussi un joli exemple de fêlure avec le fameux Nordenskiold.

Pendant huit jours, tout a été pour Nordenskiold, une réception princière, des arcs de triomphe, des galas, des hommages enthousiastes dans la presse. Il semblait que le voyageur eût découvert une seconde fois l'Amérique. Puis, brusquement, le vent a tourné, Nordenskiold n'avait rien découvert du tout ; un simple charlatan qui avait fait une promenade à Asnières, un pître auquel on reprochait les dîners qu'on lui avait donnés. Le comique de l'histoire est que les journaux les plus chauds à lancer Nordenskiold se sont montrés ensuite les plus enragés à le démolir. Il était grand temps qu'il reprît le chemin de fer, car nous aurions fini par lui faire un mauvais parti.

Et voici les farces qui recommencent avec madame Sarah Bernhardt. En vérité, les nerfs nous emportent, il faudrait soigner cela, car l'indisposition tourne à l'affection chronique. Il n'est pas bon de se détraquer de la sorte, à la moindre émotion.

Pendant huit ans, madame Sarah Bernhardt a été l'idole de la presse et du public. Il n'est pas d'hommage qu'on ne lui ait rendu ; on l'a couverte de bravos et de couronnes. Je crois que, pendant ces huit années, on ne trouverait pas une seule attaque contre elle, partant d'un homme ayant quelque autorité. Il semblait qu'on eût signé un pacte pour la trouver parfaite. Paris était à ses pieds. Et brusquement, en une nuit, tout a croulé. Applaudie encore la veille au soir, le lendemain elle n'avait plus aucun talent, mais aucun, rien du tout. La presse entière, qui lui appartenait le samedi, se tournait contre elle le dimanche. On la maudissait, on l'exécrait, à ce point, disait-on, qu'elle n'oserait jamais reparaître sur une scène française, par crainte d'être insultée. Grand Dieu! que s'était-il donc passé? Un simple fait : madame Sarah Bernhardt, cédant à son tempérament de femme nerveuse, venait de jeter dans la cornue la goutte d'acide sulfurique. Elle avait donné sa démission.

Oh! la belle expérience! Le précipité a lieu, d'après les lois naturelles, et le public s'effare. Paris semble croire qu'une telle aventure, fort ordinaire, ne s'était jamais vue. L'histoire de la Comédie-Française est là pour répondre. Madame Sarah Bernhardt n'a, en somme, que répété une fugue célèbre de madame Arnould Plessy, sous le souvenir de laquelle on l'a écrasée, dans le rôle de Clorinde; et M. Got, allant jouer la *Contagion* à l'Odéon, malgré ses engagements, avait également donné le mauvais exemple. On citerait bien d'autres faits encore. Si l'on pénétrait dans l'histoire intime de la Comédie-Française, si l'on contait les révoltes de chacun, les plaintes, les projets d'escapade, on verrait que le miracle est au contraire que les démissions n'y soient pas plus nombreuses.

Je n'ai pas à défendre madame Sarah Bernhardt. Je ne suis, si l'on veut, qu'un chimiste curieux d'expériences et très intéressé par celle qui se passe en ce moment sous mes yeux. J'accorde que madame Sarah Bernhardt a tous les torts. Elle a tort d'abord d'avoir son tempérament qui la pousse aux décisions extrêmes. Elle a tort ensuite d'être trop sensible à la critique; après avoir cru à tous les éloges qu'on lui donnait, elle a cru à une critique violente qui tombait sur elle comme une tuile par un jour de grand vent. Et c'est cette dernière naïveté que je ne lui pardonnerai jamais. Eh quoi! madame, vous avez déserté devant une phrase d'un critique dont les arrêts ne peuvent compter? Vous que l'on dit si orgueilleuse, vous avez manqué d'orgueil à ce point? Mais je vous assure, il en a tué d'autres qui se portent fort bien. C'est quelquefois un honneur d'être attaqué. Si, comme on le raconte, vous cherchiez un prétexte pour quitter la Comédie-Française, que n'en avez-vous donc trouvé un plus sérieux, car celui-là, en vérité, me gâte toute l'histoire.

Ainsi, voilà madame Sarah Bernhardt qui s'est donné tous les torts. Seulement, il faut examiner la responsabilité de la presse et du public. Elle n'a aucun talent, dites-vous? Alors pourquoi l'avez-vous grisée pendant huit ans? C'est vous qui l'avez faite, c'est vous qui l'avez poussée à cette susceptibilité nerveuse, qui vous semble extraordinaire. Vous gâtez les femmes, puis vous les tuez. Celle-là nous ennuie, à une autre! Aucune mesure, ni dans les éloges, ni dans la critique. Lorsque vous avez mis une comédienne dans les astres, vous la jetez d'un coup de poing dans l'égout; et vous vous étonnez que cette machine délicate se détraque. Ah! peuple de polichinelles! C'est pour cela qu'il vaut mieux t'avoir contre soi, parce qu'au moins on n'a plus à craindre que ta tendresse.

Et comment voulez-vous que les journaux gardent la mesure, lorsqu'un maître du théâtre contemporain tel que M. Emile Augier perd lui-même toute logique? Je dirai jusqu'au bout ce que je pense, puisque me voilà lancé. On nous a raconté comme quoi M. Augier avait insisté auprès de M. Perrin pour donner le rôle de Clorinde à madame Sarah Bernhardt; M. Perrin aurait préféré madame Croizette; mais l'auteur exigeait madame Sarah Bernhardt, dont le talent sans doute lui semblait préférable. Dès lors, quelle est notre stupeur de lire, dans la lettre écrite par M. Augier, ces deux phrases que je détache : « Je maintiens qu'elle a joué aussi bien qu'à son ordinaire, avec les mêmes défauts et les mêmes qualités, où l'art n'a rien à voir... Soyons donc indulgents pour cette incartade d'une jolie femme, qui pratique tant d'arts différents avec une égale supériorité, et gardons nos sévérités pour des artistes moins universels et plus sérieux. » Mais, dans ce cas, pourquoi M. Augier a-t-il voulu absolument confier le rôle de Clorinde à madame Sarah Bernhardt? Si « l'art n'a rien à voir » chez cette comédienne, s'il y a, à la Comédie-Française, des artistes « moins universels et plus sérieux », encore un coup pourquoi diable l'auteur a-t-il fait un si mauvais choix? Je ne saurais m'arrêter à cette idée que M. Augier a choisi madame Sarah Bernhardt parce qu'elle faisait recette ; cette supposition serait indigne. Il y a donc manque de logique. On ne lâche pas de la sorte, en faisant de l'esprit, une artiste au talent de laquelle on a cru.

Le coup de folie est général, et il part de haut. Je ne puis m'arrêter à toutes les sottises qu'on écrit. Ainsi, on parle du tort que le départ de madame Sarah Bernhardt fait à M. Augier. Quelle est cette plaisanterie? Dans huit jours, lorsque madame Croizette reprendra le rôle, elle aura un succès écrasant, et l'*Aventurière* bénéficiera de tout le tapage fait ; c'est, comme on dit, un lançage superbe. Le tort fait à la Comédie-Française est plus réel ; il est certain que madame Sarah Bernhardt laisse un grand vide. Pourtant, la demande de trois cent mille francs de dommages et intérêts me paraît un peu raide. Un arrangement serait seul raisonnable. Mais allez donc parler raison, quand les têtes sont fêlées à ce point ! Il faut laisser faire le temps. Je me plais à croire que, lorsque tout ce tapage sera calmé, madame Sarah Bernhardt rentrera comme pensionnaire à la Comédie-Française, où l'on n'aura pu la remplacer, parce qu'elle est avant tout une nature. Alors, de part et d'autre, on s'étonnera d'une alerte si chaude. Ce sont là brouilles d'amoureux.

Du reste, vous savez que, le mois prochain, je m'attends à ce qu'on acquitte Ménesclou, au milieu de l'attendrissement de tout Paris. Pensez donc, le pauvre jeune homme, il y a huit jours qu'on le traite de monstre : ça finit par le rendre sympathique. Puis, en voilà assez avec la petite Deu et sa famille ; la mère a parlé au cimetière, c'est du cabotinage. Encore une culbute, pleurons sur Ménesclou !

POLÉMIQUE

I

Mon confrère, M. Francisque Sarcey, a bien voulu discuter mes opinions en matière d'art dramatique. Je ne répondrai pas aux critiques qui me sont personnelles ; je lui appartiens, il me juge comme il me comprend, c'est parfait. Mais je me permettrai de répondre aux parties de son article qui traitent de questions générales. Le mieux, pour s'entendre, est encore de s'expliquer.

Remarquez que, dans toute polémique, une bonne moitié de la divergence des opinions provient de malentendus. Je dis blanc, on entend noir. Je raisonne d'après un ensemble d'idées où tout se tient, on détache un alinéa et on lui donne un sens auquel je n'ai jamais songé. De cette façon, on peut marcher des années côte à côte sans se comprendre. Revenons donc sur tout cela, puisque je n'ai pas réussi à être clair.

Un point qui me tient surtout au cœur, c'est de répondre au reproche qu'on me fait d'insulter nos gloires. J'ai écrit quelque part, après avoir constaté que les œuvres dramatiques contemporaines n'étaient pas, selon moi, des chefs-d'œuvre : « Les planches sont vides. » Là-dessus, M. Sarcey se fâche et me répond : « Les planches sont vides ! Sérieusement, est-il permis à un homme, quelle que soit sa mauvaise humeur, de se permettre une aussi extravagante monstruosité ? Quoi ! les planches sont vides ! et Augier vient de donner les *Fourchambault*, et l'on va reprendre le *Fils naturel*, d'Alexandre Dumas, et l'on joue en ce moment la *Cagnotte*, de Labiche, la *Cigale*, de Meilhac et Halévy, les *Deux Orphelines* de d'Ennery, et l'on annonce une comédie nouvelle de Sardou ! » Il paraît que je suis d'une extravagance bien monstrueuse, car, même après ce cri indigné, je répèterai tranquillement : « Oui, les planches sont vides. »

Seulement, ce que M. Sarcey néglige de dire, c'est que je ne me suis pas éveillé un beau matin, en trouvant cette affirmation, pour étonner le monde. Elle est la conséquence de toute une série d'études, la constatation finale d'un critique qui s'est mis à un point de vue particulier. Certes, jamais les planches n'ont été plus encombrées, jamais on n'y a dépensé autant de talent, jamais on n'a produit un si grand nombre de pièces intéressantes. Cela n'empêche pas que les planches soient vides pour moi, dès que j'y cherche le génie et le chef-d'œuvre du siècle, l'homme qui doit réaliser au théâtre l'évolution naturaliste que Balzac a déterminée dans le roman, l'œuvre dramatique qui puisse se tenir debout, en face de la *Comédie humaine*.

Est-ce que j'ai jamais nié les grandes qualités de nos auteurs contemporains, la carrure solide et simple de M. Emile Augier, les études humaines de M. Alexandre Dumas fils, gâtées malheureusement par une si étrange philosophie, la fine et spirituelle observation de MM. Meilhac et Halévy, le mouvement endiablé de M. Sardou ? Je ne suis pas aussi fou et aussi injuste qu'on veut le dire. Qu'on me relise, on verra que j'ai toujours fait la part de chacun, même lorsque je me suis montré sévère.

Mais où je me sépare complétement de M. Sarcey, c'est quand il ajoute : « Si vous mettez à part ces grands noms de Molière et de Shakespeare, qui ne sont que des accidents de génie, vous pouvez courir toute l'histoire du théâtre dans l'univers sans trouver une époque où se soient rencontrés à la fois, dans un seul genre, tant d'écrivains de premier ordre. »

De premier ordre, je le nie absolument. Mettons de second ordre, même de troisième, pour quelques-uns. On le verra plus tard. M. Sarcey obéit à un sentiment dont les critiques de toutes les époques ont fait preuve, en plaçant au premier rang les auteurs dramatiques contemporains ; mais où sont les auteurs de premier ordre du siècle dernier et même du commencement de ce siècle ? Il faut lire les anciens comptes rendus pour savoir ce qu'on doit penser des places distribuées ainsi par la critique courante. Je l'ai dit et je le répète, ce qui nous sépare, M. Sarcey et moi, c'est qu'il est enfoncé dans l'actualité, dans la pratique quotidienne de son devoir de lundiste, dans le théâtre au jour le jour ; tandis que ce théâtre n'est pour moi qu'un sujet d'analyse générale, et que je ne juge jamais ni un homme ni une œuvre sans m'inquiéter du passé et de l'avenir.

Veut-il savoir ce que j'entends par un homme de premier ordre ? J'entends un créateur. Quiconque ne crée pas, n'arrive pas avec sa formule nouvelle, son interprétation originale de la nature, peut avoir beaucoup de qualités ; seulement, il ne vivra pas, il n'est en somme qu'un amuseur. Or, dans ce siècle, Victor Hugo seul a créé au théâtre. Je n'aime point sa formule ; je la trouve fausse. Mais elle existe et elle restera, même lorsque ses pièces ne se joueront plus. Cherchez autour de lui, voyez comme tout passe et comme tout s'oublie.

Théodore Barrière vient à peine de mourir, et le voilà reculé dans un brouillard. Que les autres s'en aillent, ils fondront aussi rapidement. Certes, il y a des différences, je ne puis faire ici une étude de chaque auteur dramatique et indiquer l'argile dans le monument qu'il élève. Je me contente de les condamner en bloc, parce que pas un d'entre eux n'a trouvé la formule que le siècle attend. Ils la bégayent presque tous, aucun ne l'affirme.

Mon argumentation est supérieure aux œuvres, je veux dire que je raisonne au-dessus des pièces qu'on peut jouer, d'après la marche même de l'esprit de ce siècle. Le grand mouvement naturaliste qui nous emporte, s'est déclaré successivement dans toutes les manifestations intellectuelles. Il a surtout transformé le roman, il a soufflé à Balzac son génie. J'attends qu'il souffle du génie à un auteur dramatique. Jusque-là, pour moi, la littérature dramatique restera dans une situation inférieure ; on y aura peut-être beaucoup de talent, mais en pure perte, parce qu'on y pataugera au milieu d'enfantillages et de mensonges qui ne se peuvent plus tolérer. Aujourd'hui, le roman écrase le drame du poids terrible dont la vérité écrase l'erreur.

Je conseille à M. Sarcey d'interroger les étrangers de grande intelligence et de libre examen, des Russes, des Anglais, des Allemands. Il verra quelle est leur stupéfaction, en face de nos romans et de nos œuvres dramatiques. Un d'eux disait : « C'est comme si vous aviez deux littératures : l'une scientifique, basée sur l'observation, d'un style merveilleusement travaillé ; l'autre conventionnelle, toute pleine de trous et de puérilités, aussi mal bâtie que mal pensée. »

Nos critiques ne voient pas le fossé parce qu'ils barbotent dedans. Puis, il leur suffit que le monde entier applaudisse nos vaudevilles, comme il chante nos refrains idiots. Il n'en est pas moins vrai qu'il faut combler le fossé, que le fossé se comblera de lui-même et que le théâtre sera alors renouvelé par l'esprit d'analyse qui a élargi le roman. Je constate que l'évolution se fait depuis quelques années, d'une façon continue. L'homme de génie attendu peut paraître, le terrain est prêt. Mais, tant que l'homme de génie n'aura pas paru, les planches seront vides, car le génie seul compte et mérite d'être.

Cela m'amène à répondre, sur deux autres points, à M. Sarcey. J'ai dit qu'on imposait aux débutants le code inventé par Scribe, et j'ai ajouté que Molière ignorait le métier du théâtre, tel qu'il faut le connaître aujourd'hui pour réussir. Là-dessus, M. Sarcey me répond que Scribe est aujourd'hui en défaveur et que Molière était un « roublard ».

Vraiment, Scribe est en défaveur ? Eh bien ! et

M. Hennequin, et M. Sardou lui-même ? Lorsque j'ai nommé Scribe, j'ai voulu évidemment désigner la pièce d'intrigue, le tour de passe-passe, l'escamotage remplaçant l'observation. Que Scribe lui-même soit jeté au grenier, cela va de soi, cela me donne raison ; mais il n'en reste pas moins vrai que les héritiers de Scribe sont encore en plein succès. Quand on joue une pièce « bien faite », comme il dit, est-ce que M. Sarcey ne se pâme pas de joie ? Est-ce que ses feuilletons, son enseignement dramatique, ne concluent pas toujours à ceci : « Réglez-vous sur le code, en dehors du code il n'y a que des casse-cou » ? Mon Dieu ! je puis le lui avouer aujourd'hui : c'est à lui que j'ai songé, lorsque j'ai imaginé un critique conseillant à un débutant de lire les classiques de la pièce bien faite, Scribe, Duvert et Lausanne, d'Ennery, etc. Sans doute les pièces mal faites de MM. Meilhac et Halévy et de M. Gondinet réussissent parfois aujourd'hui ; mais il en pleure, et c'est moi qui m'en réjouis.

Même malentendu au sujet de Molière. M. Sarcey a souvent parlé du métier du théâtre, paraissant faire de ce métier une science absolue, rigide comme un traité d'algèbre. J'ai répondu qu'il n'y avait pas un métier, mais des métiers, que chaque époque avait le sien ; et, comme preuve, j'ai avancé que Molière ignorait ce métier absolu qu'on jette dans les jambes de tous les débutants. M. Sarcey déclare que j'avance là « une incongruité littéraire ». Je serai plus aimable, je dirai simplement que M. Sarcey ne sait pas me lire.

Eh ! oui, Molière est un « roublard » pour l'arrangement des scènes, pour la distribution des matériaux dans une œuvre. Il était à la fois auteur et acteur, il connaissait son « métier » mieux que personne. Il a même inventé la plus admirable coupe de dialogue qui existe. Seulement, cela n'empêche pas que *Tartuffe* a un dénouement enfantin et que le *Misanthrope* est plutôt une dissertation dialoguée qu'une pièce, si l'on examine cette comédie à notre point de vue actuel. Aucun de nos auteurs dramatiques ne risquerait un pareil dénouement, ni une comédie aussi vide d'action ; tous craindraient d'être sifflés. Je n'ai pas dit autre chose, le sens de code dramatique que je donnais au mot métier, sortait naturellement de ce qui précédait.

Et je profite de l'occasion pour enregistrer l'aveu de M. Sarcey. Chaque époque a son métier. Qu'il reconnaisse maintenant que chaque auteur a le sien et nous nous entendrons parfaitement. Seulement, il ne faudra plus alors qu'il veuille régenter le théâtre, parler de pièces bien faites et de pièces mal faites. Du moment où il n'y a pas une grammaire, un code, tout est permis. C'est ce que je me tue à démontrer depuis des années.

Maintenant, bien que je ne veuille pas répondre aux critiques qui me sont personnelles, je m'étonnerai de l'explication bonne enfant que M. Sarcey donne de mes idées sur la littérature dramatique. Oh ! mon Dieu, rien de plus simple ! J'ai écrit des pièces qui sont tombées. De là, une grande mauvaise humeur et une campagne féroce contre mes confrères. M. Sarcey est toujours pratique. Il frappe en plein dans le tas. Vous croyez qu'il va s'imaginer que j'ai des convictions, que je me bats pour le triomphe de ce que je crois être la vérité. A d'autres ! On m'a sifflé, j'enrage et je me console en dévorant les auteurs plus heureux. Voilà qui est d'un critique de haut vol.

Si je remue la science, et si je remonte au dix-huitième siècle pour y signaler la naissance du naturalisme, si je suis l'évolution de ce naturalisme à travers le romantisme, et si j'en constate le triomphe dans le roman, en prédisant qu'il triomphera prochainement aussi au théâtre, tout cela c'est que le public m'a hué et que je suis plein de vengeance!

M. Sarcey a tort de me croire si furieux et si malade de mes chutes. Qu'il interroge mes amis, ils lui diront que je sais tomber très gaillardement. Comment n'a-t-il pas compris que le théâtre n'est encore pour moi qu'un champ de manœuvres et d'expériences? Ma vraie forge est à côté. Seulement, j'aime me battre, je me bats dans le champ voisin, pour ne pas faire trop de dégâts chez moi, si la bataille tourne mal. Autrefois, ç'a été la peinture qui m'a servi de champ de manœuvres. Aujourd'hui, j'ai choisi le théâtre, parce qu'il est plus près; d'ailleurs, peinture, théâtre, roman, le terrain est le même, lorsqu'on y étudie le mouvement de l'intelligence humaine. Les soirs où l'on me tue une pièce, ce n'est encore qu'une maquette qu'on me casse. Voilà ma confession.

II

Il me faut répondre à un article que mon confrère, M. Henry Fouquier, a bien voulu consacrer aux idées que je défends. La polémique a ceci d'excellent qu'elle simplifie et éclaircit les questions, lorsqu'on est de bonne foi des deux côtés. Il est très bon, cet article de M. Henry Fouquier ; je veux dire qu'il est très bon pour moi, car il va me permettre d'expliquer nettement la position que j'ai prise dans la critique dramatique et qu'on affecte de ne pas comprendre.

Et, d'abord, comment M. Henry Fouquier, qui est un esprit très fin, un peu fuyant peut-être, tombe-t-il dans cette rengaine insupportable qui consiste à me reprocher de n'avoir rien inventé? Mais, bon Dieu! ai-je jamais dit que j'inventais quelque chose? Où a-t-on lu ça? pourquoi me prête-t-on gratuitement cette prétention bête? Il parle de mes théories nouvelles. Eh! je n'ai pas de théorie; eh! je n'ai pas l'imbécillité de m'embarquer dans des théories nouvelles! C'est l'argument qui m'agace le plus, qui me met hors de moi. « Vous n'inventez rien, les idées que vous défendez sont vieilles comme le monde. » Parfaitement, c'est entendu, je le sais. C'est ma gloire de les défendre, ces vieilles idées.

Ne dirait-on pas qu'il me faudrait inventer une nouvelle religion pour être pris au sérieux! Vous n'inventez rien : donc, vous ne comptez pas, vous rabâchez. Mais, précisément, c'est parce que je n'invente pas que je suis sur un terrain solide. On a inventé le romantisme; je veux dire qu'on a ressuscité le quinzième siècle et le seizième sur le terrain nouveau de notre siècle, où le passé ne pouvait reprendre racine. Aussi le romantisme a-t-il vécu cinquante ans à peine; il était factice, il ne répondait qu'à une évolution temporaire, il devait disparaître avec ses inventeurs.

Nous autres, nous n'inventons pas le naturalisme. Il nous vient d'Aristote et de Platon, affirme M. Henry Fouquier. Tant mieux ! c'est qu'il sort des entrailles mêmes de l'humanité. Sans remonter si loin, j'ai vingt fois constaté que le grand mouvement de la science expérimentale était parti du dix-huitième siècle. On peut renouer la chaîne des ancêtres de Balzac. Cela entame-t-il son originalité ? Nullement. Son monument s'est trouvé fondé sur des assises plus larges et plus indestructibles.

Est-ce bien fini ? Continuera-t-on encore à croire qu'on m'écrase, lorsqu'on me reproche de ne rien inventer, en me plaisantant avec l'esprit facile et un peu naïf de la causerie courante ? Je le répète une fois pour toutes : je n'invente rien ; je fais mieux, je continue. La situation que j'ai prise dans la critique est donc simplement celle d'un homme indépendant, qui étudie l'évolution naturaliste de notre époque, qui constate le courant de l'intelligence contemporaine, qui se permet au plus de prédire certains triomphes. Quand on me demande ce que j'apporte, et qu'on fait mine de fouiller dans mes poches et de s'étonner de n'y rien trouver d'extraordinaire, je songe à ces gens crédules d'autrefois qui cherchaient la pierre philosophale. Aujourd'hui, nos chimistes sont partis de l'étude de la nature, et s'ils trouvent jamais la fabrication de l'or, ce sera par une méthode scientifique. Je suis comme eux, je n'ai pas de recettes, pas de merveilles empiriques ; j'emploie et je tâche simplement de perfectionner la méthode moderne qui doit nous conduire à la possession de plus en plus vaste de la vérité.

Maintenant, je ne pense pas que personne ose nier

l'évolution naturaliste de notre âge. Dans les sciences, le mouvement est formidable, et ce sont précisément les travaux des savants qui ont donné le branle à toute l'intelligence contemporaine. Les arts et les lettres ont suivi ; dans notre école de peinture, chez nos historiens, nos critiques, nos romanciers, même nos poètes, on peut suivre les transformations considérables amenées par l'application des méthodes exactes. Eh bien ! c'est cette évolution qui m'intéresse, qui me passionne. J'en suis la marche, le développement ; j'en attends le triomphe définitif. Au théâtre, cette évolution me paraît marcher plus lentement et ne pas encore produire les œuvres qu'on doit en attendre. Tout mon terrain de critique est là. Je n'ai pas la folle vanité de croire que c'est moi qui vais déterminer un mouvement de cette puissance irrésistible. Le courant impétueux passe, et je me jette au milieu, je m'abandonne à lui, certain qu'il doit me conduire où va le siècle. Ceux qui veulent le remonter, seront noyés, voilà tout. Il serait aussi sot de le nier que de dire : « C'est moi qui l'ai fait. »

Mais mon plus grand crime, paraît-il, est d'avoir lancé dans la circulation ce mot terrible de naturalisme, sur lequel M. Henry Fouquier s'égaye avec la fine fleur de son esprit. Est-ce bien moi qui ai créé le mot ? je n'en sais ma foi rien ! Enfin, je l'ai employé et j'en accepte la paternité. C'est donc bien abominable de prendre un mot nouveau, lorsqu'on éprouve le besoin de désigner une chose ancienne d'une façon saisissante. Mettons que la formule de la vérité dans l'art nous vienne de Platon et d'Aristote. Suis-je condamné à employer une périphrase pour désigner cette vérité dans l'art ? N'est-il pas plus commode de choisir un mot, d'accepter un mot qui est dans l'air ? Puis, il n'y a pas d'absolu. Du temps de Platon et d'Aristote, la vérité dans l'art a pu avoir un nom qui ne lui convienne plus aujourd'hui ; si le fond est éternel, les façons d'être changent, la nécessité d'appellations nouvelles se fait sentir. On me demande pourquoi je ne me suis pas contenté du mot réalisme, qui avait cours il y a trente ans ; uniquement parce que le réalisme d'alors était une chapelle et rétrécissait l'horizon littéraire et artistique. Il m'a semblé que le mot naturalisme élargissait au contraire le domaine de l'observation. D'ailleurs, que ce mot soit bien ou mal choisi, peu importe. Il finira par avoir le sens que nous lui donnerons. C'est uniquement ce sens qui est la grande affaire.

Et ici j'entre dans le vif de ma querelle avec M. Henry Fouquier. Il est plein d'esprit, cela je ne le nie pas ; mais il fait un raisonnement qui m'a paru dénoter une philosophie un peu puérile, cette philosophie du coin du feu qui discute sur l'art de couper les cheveux en quatre. Voici ce qu'il écrit : « Je crois que l'erreur capitale du propagateur zélé du naturalisme consiste à avoir confondu le fond éternel des choses avec les moyens d'expression. » Puis, il s'explique : de tout temps les artistes ont eu pour but de reproduire la nature, de se faire les interprètes de la vérité. Tous les artistes sont donc des naturalistes. Où ils commencent à différer, c'est lorsqu'ils expriment, par ce que chaque groupe d'artistes, selon les temps, les milieux et les tempéraments, donne alors des expressions différentes de la nature. C'est là seulement, d'après M. Henry Fouquier, que les naturalistes d'intention deviennent des idéalistes, des classiques, des romantiques, enfin toutes les variétés connues.

Parbleu! le raisonnement est superbe! Je jure à M. Henry Fouquier que je ne confonds pas du tout le fond éternel des choses avec les moyens d'expression. Ce fond éternel des choses est d'un bon comique dans cette argumentation. Voyez-vous un gredin devant un tribunal, disant qu'il a le fond éternel d'honnêteté, mais que, dans la pratique, il n'en a pas tenu compte? Où en serions-nous, si l'intention suffisait dans les arts et dans les lettres? Vous me la bâillez belle, avec votre fond éternel des choses! Que m'importe ce que veulent les artistes et les écrivains? C'est ce qu'ils me donnent qui m'intéresse.

Évidemment, à toutes les époques, les prosateurs comme les poètes ont eu la prétention de peindre la nature et de dire la vérité. Mais l'ont-ils fait? C'est ici que les écoles commencent, que la critique naît, qu'on échange des montagnes d'arguments. Me dire que je me trompe, en ne mettant pas tous les écrivains sur une même ligne et en ne leur donnant pas à tous le nom de naturalistes, parce que tous ont l'intention de reproduire la nature, c'est jouer sur les mots et faire de l'esprit singulièrement fin. J'appelle naturalistes ceux qui ne se contentent pas de vouloir, mais qui exécutent: Balzac est un naturaliste, Lamartine est un idéaliste. Les mots n'auraient plus aucun sens si cela n'était pas très net pour tout le monde. Quand on raffine, quand on amincit les mots pour tourner spirituellement autour d'eux, il arrive qu'ils fondent et que la page écrite tombe en poussière. Il faut moins de finesse et plus de grosse bonhomie dans l'art.

Donc, je ne tiens compte du fond éternel des choses que lorsque l'écrivain en tient compte lui-même et ne triche pas, volontairement ou non. Le reste est une pure dissertation philosophique, parfaitement inutile. Remarquez que je ne nie pas le génie humain. Je crois qu'on a fait et qu'on peut faire des chefs-d'œuvre en se moquant de la vérité. Seulement, je constate la grande évolution d'observation et d'expérimentation qui caractérise notre siècle, et j'appelle naturalisme la formule littéraire amenée par cette évolution. Les écrivains naturalistes sont donc ceux dont la méthode d'étude serre la nature et l'humanité du plus près possible, tout en laissant, bien entendu, le tempérament particulier de l'observateur libre de se manifester ensuite dans les œuvres comme bon lui semble.

M. Henry Fouquier, du moment que je n'entends pas modifier le fond éternel des choses, est plein de dédain. Il voudrait peut-être, pour se déclarer satisfait, me voir créer le monde une seconde fois. Ma tâche lui semble modeste, si je ne m'attaque qu'aux moyens d'expression. A quoi veut-il donc que je m'attaque, à la terre ou au ciel? Mais, les moyens d'expression, c'est tout le domaine de la critique; le reste ne saurait nous regarder. Enfin, il prétend que j'enfonce les portes ouvertes. Toujours le même espoir déçu de me voir faire quelque chose d'extraordinaire. Mon Dieu! non, je n'ai pas de rocher où je pontifie et prophétise. Je ne tutoie pas Dieu. Je ne suis qu'un homme du siècle. Quant aux portes, elles sont, il est vrai, sinon ouvertes, du moins entr'ouvertes. Un battant tient encore, selon moi ; j'y donne mon petit coup de cognée. Que chacun fasse comme moi, et le passage sera plus large.

Revenons au théâtre. Si dans le roman le triomphe du naturalisme est complet, je constate malheureusement qu'il n'en est pas de même sur notre scène française. Je ne rentrerai pas dans ce que j'ai dit vingt fois à ce sujet. L'autre jour, en répondant à M. Sarcey, j'ai, une fois de plus, donné mes arguments. Pour M. Henry Fouquier, il se déclare absolument satisfait; notre théâtre contemporain l'enchante, il le trouve supérieur. Pour me convaincre, il m'envoie assister aux *Fourchambault ;* j'ai vu la pièce, j'en ai dit mon sentiment, et il est inutile que j'y revienne. Il n'y aurait qu'un moyen de me prouver que la formule naturaliste a donné au théâtre tout ce qu'elle doit donner : ce serait de poser en face de Balzac un auteur dramatique de sa taille, ce serait de me nommer une série de pièces qui se tiennent debout devant la *Comédie humaine.*

Si vous ne pouvez pas établir cette comparaison, c'est qu'à notre époque le roman est supérieur et et que le drame est inférieur. J'attends le génie qui achèvera au théâtre l'évolution commencée. Vous êtes satisfait de notre littérature dramatique actuelle, je ne le suis pas, et j'expose mes raisons. Plus tard, on saura bien lequel de nous deux se trompait.

Ce que j'abandonne volontiers à l'esprit si fin de M. Henry Fouquier, ce sont mes pièces sifflées. Là, il triomphe aisément, ayant l'apparence des faits pour lui. Il a bien lu dans mes pièces et dans mes préfaces des choses que je n'y ai jamais écrites ; mettons cela sur le compte de son ardeur à me convaincre. C'est chose entendue, mes pièces ne valent absolument rien ; mais en quoi mon manque de talent touche-t-il la question du naturalisme au théâtre ? Un autre prendra la place, voilà tout.

III

M. de Lapommeraye est un conférencier aimable, spirituel, d'une élocution prodigieusement facile. La première fois que je l'ai entendu, je suis resté stupéfait de toutes les grâces dont il a semé ses paroles. Il paraît adoré de son public, devant lequel il lui sera toujours très facile d'avoir raison contre moi.

Dans une de ses dernières conférences, à laquelle j'assistais, il a constaté d'abord la crise que nous traversons, l'effarement où se trouvent nos auteurs dramatiques, en ne sachant quelles pièces ils doivent faire pour réussir. Et il a déclaré qu'il allait élucider la question et indiquer la formule de l'art de demain. Là-dessus, je suis devenu tout oreille, car ce problème ainsi posé m'intéressait singulièrement. Je tâtonnais encore, j'allais donc mettre enfin la main sur la vérité. Mais j'ai été bien désillusionné, je l'avoue. Le conférencier, après des digressions brillantes, après avoir opposé l'idéalisme au naturalisme, a conclu que les auteurs dramatiques devaient tendre vers le grand art. Vraiment, nous voilà bien renseignés, et c'est là une trouvaille merveilleuse !

Le grand art ! mais, sérieusement, moi qui m'honore d'être un naturaliste, est-ce que je ne réclame pas le grand art plus impérieusement encore que les idéalistes ? M. de Lapommeraye me prend-il pour un vaudevilliste, ou pour un faiseur d'opérettes ? Il faudrait s'entendre sur le grand art, un mot dont M. Prudhomme a plein la bouche, et que les esprits médiocres galvaudent dans toutes les boursouflures de la versification. M. de Lapommeraye a cité *la Fille de Roland*. Eh bien, *la Fille de Roland* est de l'art très petit, de l'art absolument inférieur ; et attendez vingt ans, vous verrez ce qu'en penseront nos fils. Je donnerais ce paquet informe de mauvais vers, pour deux vers d'un vrai poète. Non, mille fois non ! le grand art n'est pas l'art monté sur des échasses, l'art en tartines, l'art qui tient de la place et qui fait les grands bras, en roulant les yeux. Je préfère un vaudeville amusant à une tragédie imbécile. Le grand art, c'est l'épanouissement du génie, pas autre chose, quel que soit le cadre choisi par le génie. *La Noce juive*, de Delacroix, un tableau d'intérieur large comme la main, est du grand art, tandis que les toiles immenses de nos Salons annuels sont généralement de l'art odieux et lilliputien.

Et j'affirme que le naturalisme autant que l'idéalisme aspire au grand art. M. de Lapommeraye s'est débarrassé du naturalisme de la façon la plus commode du monde. « Quand vous êtes au bord de la mer, a-t-il dit à peu près, ne préférez-vous pas vous perdre dans la contemplation de l'infini, de l'horizon lointain où le ciel et l'eau se confondent? n'êtes-vous pas plus ému par ce spectacle que par le spectacle de la plage, où rôdent des pêcheurs sordides? » Sans doute, l'horizon lointain, c'est l'idéalisme, tandis que la plage, c'est le naturalisme.

Voilà une belle comparaison, mais le malheur est que le naturalisme est partout, aussi bien à cinq lieues qu'à cinq mètres. Il n'exclut rien, il accepte tout, il peint tout.

Je ne puis m'empêcher de m'égayer honnêtement, en pensant que M. de Lapommeraye a cru tuer le naturalisme avec une comparaison. Il s'attaque à l'esprit moderne tout entier, et il n'a qu'une belle comparaison pour arme. Imaginez une rose pour barrer le chemin à un torrent. Veut-on savoir ce que c'est que le naturalisme, tout simplement? Dans la science, le naturalisme, c'est le retour à l'expérience et à l'analyse, c'est la création de la chimie et de la physique, ce sont les méthodes exactes qui, depuis la fin du siècle dernier, ont renouvelé toutes nos connaissances; dans l'histoire, c'est l'étude raisonnée des faits et des hommes, la recherche des sources, la résurrection des sociétés et de leurs milieux; dans la critique, c'est l'analyse du tempérament de l'écrivain, la reconstruction de l'époque où il a vécu, la vie remplaçant la rhétorique; dans les lettres, dans le roman surtout, c'est la continuelle compilation des documents humains, c'est l'humanité vue et peinte, résumée en des créations réelles et éternelles. Tout notre siècle est là, tout le travail gigantesque de notre siècle, et ce n'est pas une comparaison de M. de Lapommeraye qui arrêtera ce travail.

Certes, je reconnais moi-même l'inutilité de ces polémiques. Le naturalisme se produira au théâtre, cela est indéniable pour moi, parce que cela est dans la loi même du mouvement qui nous emporte. Mais, au lieu de donner ici de bonnes raisons, j'aimerais mieux que de grandes œuvres naturalistes parussent au théâtre. M. de Lapommeraye, si elles réussissaient, serait le premier à les applaudir et à les louer devant son public. Alors, nous serions parfaitement d'accord, ce que je désire de tout mon cœur.

Un autre critique, M. Poignand, veut bien également n'être pas de mon avis. Je néglige les attaques qu'il dirige contre mes propres œuvres; c'est là un massacre enfantin, auquel je m'habitue, et dont je souris. Je ne m'arrête pas également à son amusant paradoxe, par lequel ce sont les personnages historiques qui sont vivants, tandis que nous autres, vivants, nous sommes morts. Mais il fait sur le drame historique des réflexions qui m'intéressent.

Je crois avoir moi-même indiqué que le drame historique prendrait seulement de l'intérêt, le jour où les auteurs, renonçant aux pantins de fantaisie, s'aviseront de ressusciter les personnages réels, avec leurs tempéraments et leurs idées, avec toute l'époque qui les entoure. M. Poignand annonce la venue d'une jeune école, qui songe à ces résurrections de l'histoire. Voilà qui est parfait. L'entreprise est formidable, car elle nécessitera des recherches immenses et un talent d'évocation rare. Mais j'applaudirai très volontiers, si elle réussit. D'ailleurs, M. Poignand ne s'aperçoit peut-être pas que le drame dont il parle serait le drame historique naturaliste. Gustave Flaubert n'a pas suivi une autre méthode pour écrire *Salammbô*. J'accepte parfaitement le drame historique, ainsi compris, parce qu'il mène tout droit au drame moderne, tel que je le demande. On ne peut pas être exclusif : si l'on ressuscite le passé, c'est tout le moins qu'on laisse vivre le présent.

IV

M. Henri de Lapommeraye a fait une nouvelle conférence sur le naturalisme au théâtre.

La thèse de M. de Lapommeraye est des plus simples. Il a apporté, sur sa table de conférencier, un tas énorme de livres, et il a dit à son auditoire, dont il est l'enfant gâté : « Je vais vous prouver, en vous lisant des passages de Diderot, de Mercier, d'autres critiques encore, que le naturalisme n'est pas né d'hier et que, de tout temps, on a réclamé ce que M. Zola réclame aujourd'hui. » Il est parti de là, il a lu des pages entières, il a prouvé de la façon la plus complète que j'ai le très grand honneur de continuer la besogne de Diderot.

J'avoue que je m'en doutais bien un peu. Mais je ne l'en remercie pas moins de l'aide précieuse qu'il a bien voulu m'apporter. Mon Dieu! oui, je n'ai rien inventé; jamais, d'ailleurs, je n'ai eu l'outrecuidance de vouloir inventer quelque chose. On n'invente pas un mouvement littéraire : on le subit, on le constate. La force du naturalisme, c'est qu'il est le mouvement même de l'intelligence moderne.

Ainsi donc, il est bien entendu que Diderot a soutenu les mêmes idées que moi, qu'il croyait lui aussi à la nécessité de porter la vérité au théâtre; il est bien entendu que le naturalisme n'est pas une invention de ma cervelle, un argument de circonstance que j'emploie pour défendre mes propres œuvres. Le naturalisme nous a été légué par le dix-huitième siècle ; je crois même que, si l'on cherchait bien, on le retrouverait, plus ou moins confus, à toutes les périodes de notre histoire littéraire. Voilà ce que M. de Lapommeraye a établi, et il ne pouvait me faire un plus vif plaisir.

Seulement, où M. de Lapommeraye a voulu m'être désagréable, c'est lorsqu'il a ajouté que toutes les réformes demandées par Diderot ont été prises en considération, et qu'il n'y a pas lieu aujourd'hui de tenir compte des idées exprimées dans ma critique dramatique. Il fait ses politesses à Diderot, ce qui est naturel, puisque Diderot est mort. Mais ne se doute-t-il pas que les confrères de Diderot disaient dans leur temps, des théories de celui-ci, ce qu'il dit lui-même à cette heure de mes théories à moi? C'est un sentiment commun à toutes les générations : les aînés ont eu raison, les contemporains ne savent ce qu'ils disent. Comme l'a tranquillement déclaré M. de Lapommeraye, le théâtre est parfait aujourd'hui, il doit rester immobile, la plus petite réforme en gâterait l'excellence.

Vraiment? M. de Lapommeraye feint d'ignorer que tout marche, que rien ne reste stationnaire. Il est commode de dire : « Les améliorations réclamées par Diderot ont eu lieu, » ce qui, d'ailleurs, est radicalement faux, car Diderot voulait la vérité humaine au théâtre, et je ne sache pas que la vérité humaine trône sur nos planches. En tous cas si les améliorations avaient eu lieu, elles ne nous suffiraient plus, voilà tout. Il y a une somme de vérités pour chaque époque. Toujours des évolutions s'accompliront. Il faut qu'une langue meure pour qu'on dise à une littérature : « Tu n'iras pas plus loin. »

LES EXEMPLES

LA TRAGÉDIE

I

Pendant la première représentation, au Théâtre-Français, de *Rome vaincue*, la nouvelle tragédie de M. Alexandre Parodi, rien ne m'a intéressé comme l'attitude des derniers romantiques qui se trouvaient dans la salle. Ils étaient furibonds ; mais, en petit nombre, noyés dans la foule, ils restaient impuissants et perdus. Voilà donc où nous en sommes, la grande querelle de 1830 est bien finie, une tragédie peut encore se produire sans rencontrer dans le public un parti pris contre elle ; et demain un drame romantique serait joué, qu'il bénéficierait de la même tolérance. La liberté littéraire est conquise.

A vrai dire, je veux voir dans le bel éclectisme du public un jugement très sain porté sur les deux formes dramatiques. La formule classique est d'une fausseté ridicule, cela n'a plus besoin d'être démontré. Mais la formule romantique est tout aussi fausse; elle a simplement substitué une rhétorique à une rhétorique, elle a créé un jargon et des procédés plus intolérables encore. Ajoutez que les deux formules sont à peu près aussi vieilles et démodées l'une que l'autre. Alors, il est de toute justice de tenir la balance égale entre elles. Soyez classiques, soyez romantiques, vous n'en faites pas moins de l'art mort, et l'on ne vous demande que d'avoir du talent pour vous applaudir, quelle que soit votre étiquette. Les seules pièces qui réveilleraient, dans une salle, la passion des querelles littéraires, ce seraient les pièces conçues d'après une nouvelle et troisième formule, la formule naturaliste. C'est là ma croyance entêtée.

M. Alexandre Parodi ne va pas moins être mis bien au-dessous de Ponsard et de Casimir Delavigne par les amis de nos poètes lyriques. J'ai déjà entendu nommer Luce de Lancival. On l'accuse de ne pas savoir faire les vers, ce qui est certain, si le vers typique est ce vers admirablement forgé et ciselé des petits-fils de Victor Hugo. On lui reproche encore d'être retourné aux Romains, d'avoir dramatisé une fois de plus l'antique et barbare histoire de la vestale enterrée vive, pour s'être oubliée dans l'amour d'un homme. Tout cela est bien grossi par l'ennui légitime que les derniers romantiques ont dû éprouver en voyant réussir une tragédie. Il est bon de remettre les choses en leur place.

L'auteur, en effet, a choisi un sujet fort connu. Seulement, il serait injuste de ne pas lui tenir compte de la façon dont il a mis ce sujet en œuvre. On est au lendemain de la bataille de Cannes, Rome est perdue, lorsque les augures annoncent qu'une vestale a trahi son vœu et qu'il faut apaiser les dieux, si l'on désire sauver la patrie. Voilà, du coup, le cadre qui s'élargit. Opimia, la vestale parjure, grandit et devient brusquement héroïque. Il y a bien à côté un drame amoureux : elle aime le soldat Lentulus, qui est venu annoncer la défaite de Paul-Émile. Mais l'idée patriotique domine, et si Opimia revient se livrer après s'être sauvée avec son amant, c'est que la patrie la réclame.

Et je veux répondre aussi à la ridicule querelle qu'on fait à l'auteur, en lui reprochant d'avoir pris pour nœud de son drame une superstition odieuse. Cette superstition s'appelait alors une croyance, et dès lors la question s'élève. Si tout le peuple de Rome croyait fermement acheter la victoire par l'ensevelissement épouvantable d'Opimia, cet ensevelissement prenait aussitôt un caractère de nécessité grandiose. Elle-même, si elle avait la foi, se sacrifiait avec autant de noblesse que le soldat donnant son sang à la patrie. Je vais même plus loin, j'admets que l'oncle d'Opimia, Fabius, qui la juge et l'envoie à la mort, soit assez éclairé et assez sceptique pour ne pas croire à l'efficacité matérielle de l'agonie affreuse d'une pauvre enfant ; il agit cependant en ardent patriote, en consentant à cette agonie, qui peut rendre le courage au peuple et faire sortir de terre de nouveaux défenseurs.

Certes, on restreindrait fort le domaine dramatique, si l'on refusait la foi comme moyen. L'auteur est à Rome et non à Paris. Je trouve même fâcheux son personnage du poète Ennius qu'il a créé uniquement pour plaider les droits de l'humanité. Ennius m'a paru singulièrement moderne. Cela prouve que M. Alexandre Parodi a prévu l'objection des personnes sensibles, et qu'il a voulu leur faire une concession. Je crois que la tragédie aurait encore gagné en largeur, en acceptant l'horreur entière du sujet. On tue Opimia parce que la patrie d'alors veut qu'on la tue, et c'est tout, cela suffit.

D'ailleurs, le mérite de *Rome vaincue* est surtout dans le développement de l'idée première. Opimia a pour aïeule une vieille femme aveugle, Postumia, qui vient la disputer à ses juges avec un emportement superbe. De ses bras tendus, de ses mains tremblantes, elle cherche sa fille, la serre avec des cris de révolte. Elle supplie les juges, se traîne à leurs genoux, puis les insulte, quand ils se montrent impitoyables. La scène a fait un grand effet. Mais elle n'est que la préparation d'une autre scène, que je trouve plus large encore. Quand Postumia voit Opimia perdue, elle veut tout au moins abréger son agonie, elle lui apporte un poignard. Et, comme la pauvre fille a les mains liées et qu'elle ne peut se frapper elle-même, l'aïeule lui demande où est la place de son cœur, puis la tue. Au dénoûment, lorsque la nouvelle de la retraite d'Annibal fait courir tout le peuple aux remparts, Postumia, restée seule à la porte du caveau d'Opimia, y descend, pour mourir à côté du corps de l'enfant.

Eh bien, cela est absolument grand. L'homme qui a trouvé cela est un tempérament dramatique de première valeur. Si une pareille situation se trouvait dans un drame, accommodée au ragoût romantique, nos poètes n'auraient pas assez d'exclamations pour crier au génie. Sans doute, la forme classique me gêne; mais la forme romantique me gênerait tout autant. Je ne puis donc que trouver très remarquable l'invention de la vieille aveugle, disputant sa fille à la mort jusqu'à la dernière heure, et la tuant elle-même pour que la mort lui soit plus douce. Cette figure est posée avec beaucoup de puissance

Je n'ai pas cru devoir raconter la pièce en détail. Au courant de la discussion, l'analyse se fait d'elle-même. C'est ainsi que je dois parler d'un esclave gaulois, Vestæpor, employé dans le temple de Vesta, et qui favorise les amours et la fuite d'Opimia et de Lentulus. M. Alexandre Parodi semble avoir voulu marquer encore dans ce personnage la force de la foi. Vestæpor aide les amants à se sauver, parce qu'il déteste Rome et qu'il croit à la colère des dieux; si les dieux n'ont pas leur victime, ils consommeront la perte des Romains, ils vengeront l'esclave et le réuniront à ses deux fils, qui combattent dans l'armée d'Annibal. Ce personnage est d'invention ordinaire, légèrement mélodramatique même; mais je voulais le signaler, pour montrer l'idée de foi et de patriotisme qui plane sur toute l'œuvre.

Le succès a été grand, surtout pour les deux derniers actes. Voici, d'ailleurs, exactement le bilan de la soirée.

Un premier acte très large, le Sénat assemblé pour délibérer après la défaite de Cannes, et l'arrivée de Lentulus, qui raconte la bataille dans un long récit fortement applaudi. Un second acte dans le temple de Vesta, décor superbe, mais action lente et d'intérêt médiocre; c'est là qu'Opimia se trahit. Un troisième acte dans le bois sacré de Vesta, le moins bon des cinq; Opimia et Lentulus, aidés par Vestæpor, se sauvent, grâce à un souterrain. Un quatrième acte, d'une grande beauté ; Opimia est revenue se livrer, on la condamne, et Postumia la dispute à ses juges. Enfin, un cinquième acte, dont le dénoûment reste superbe, encore un décor magnifique, le Champ Scélérat, avec le caveau où l'on descend le corps de la vestale tuée par l'aïeule.

Le vers de M. Alexandre Parodi n'a pas, je le répète, la facture savante de nos poètes contemporains. Il manque de lyrisme, cette flamme du vers sans laquelle on semble croire aujourd'hui que le vers n'existe pas. Quant à moi, je suis persuadé que M. Alexandre Parodi a réussi justement parce qu'il n'est pas un poète lyrique. Il fabrique ses hexamètres en homme consciencieux qui tient à être correct; parfois, il rencontre un beau vers, et c'est tout. Aucun souci de décrocher les étoiles. Oserai-je l'avouer? cela ne me fâche pas outre mesure. Il n'est pas poète comme nous l'entendons depuis une cinquantaine d'années ; eh bien, il n'est pas poète, c'est entendu. Mettons qu'il écrit en prose. Ce qui me blesse davantage, c'est l'amphigouri classique dans lequel il se noie, et j'arrive ici à la seule querelle que je veuille lui faire.

Comment se fait-il qu'un jeune homme de trente-quatre ans, dit-on, un écrivain qui paraît avoir une vaste ambition, puisse ainsi claquemurer son vol dans une formule devenue grotesque? Je ne lui conseille pas, ah! certes, non! de tomber dans l'autre formule, la formule romantique, peut-être plus grotesque encore ; mais je fais appel à toute sa jeunesse, à toute son ambition, et je le supplie d'ouvrir les yeux à la vérité moderne. Il y a une place à prendre, une place immense, écrire la tragédie bourgeoise contemporaine, le drame réel qui se joue chaque jour sous nos yeux. Cela est autrement grand, vivant et passionnant, que les guenilles de l'antiquité et du moyen âge. Pourquoi va-t-il s'essouffler et fatalement se rapetisser dans un genre mort? Pourquoi ne tente-t-il pas de renouveler notre théâtre et de devenir un chef, au lieu de patauger dans le rôle de disciple? Il a de la volonté et une véritable largeur de vol. C'est ce qu'il faut avoir pour aborder le vrai, au-dessus des écoles et du raffinement des artistes simplement ciseleurs.

II

La tragédie en quatre actes et en vers, *Spartacus*, que M. Georges Talray vient de faire jouer à l'Ambigu, a une histoire qu'il est bon de conter pour en tirer des enseignements.

L'auteur, m'a-t-on dit, est un homme riche, bien apparenté, qui a été mordu de la passion du théâtre, comme d'autres heureux de ce monde sont mordus de la passion du jeu, des femmes ou des chevaux. Certes, on ne saurait trop le féliciter et l'encourager.

Un homme qui s'ennuie et qui songe à écrire des tragédies en quatre actes, lorsqu'il pourrait donner des hôtels à des danseuses, est à coup sûr digne de tous les respects. Pouvoir être Mécène et consentir à devenir Virgile, voilà qui dénote une noble activité d'esprit, un souci des amusements les plus dignes et les plus élevés.

Naturellement, M. Talray entend être maître absolu dans le théâtre où on le joue. Quand on a le moyen de mettre ses pièces dans leurs meubles, on serait bien sot de les loger en garni à la Comédie-Française ou à l'Odéon. Cela explique pourquoi M. Talray s'est adressé une première fois au théâtre-Déjazet, et la seconde fois à l'Ambigu. Seules les méchantes langues laissent entendre que M. Perrin et M. Duquesnel auraient pu refuser ses pièces, fruits d'un noble loisir. M. Talray veut simplement passer de son salon sur la scène, sans quitter son appartement; et, s'il n'a pas bâti un théâtre, c'est que le temps a dû lui manquer. Il cherche donc une salle à louer, accepte le premier théâtre en déconfiture qui se présente, en se disant que les chefs-d'œuvre honorent les planches les plus encanaillées.

Une légende s'est formée sur la façon magnifique dont il s'est conduit au théâtre-Déjazet. Il s'agissait seulement d'un petit acte, je crois; et les ouvreuses elles-mêmes ont reçu en cadeau des bonnets neufs. A l'Ambigu, la solennité s'élargit. Songez donc! une tragédie en quatre actes, quelque chose comme dix-huit cents vers! Aussi le bruit s'est-il répandu que le directeur a demandé au poète quinze mille francs, pour jouer sa pièce quinze fois; je ne parle pas des décors, des costumes, des accessoires. Les chiffres ne sont peut-être pas exacts; mais il n'en est pas moins certain que l'auteur paye les frais et présente son œuvre au public, directement, sans l'avoir soumise au jugement de personne.

Ah! c'est le rêve, et les gens très riches peuvent seuls se permettre une pareille tentative. J'ai entendu soutenir brillamment cette opinion, que l'auteur devait avoir un théâtre à lui et jouer lui-même ses pièces, s'il voulait donner sa pensée tout entière, dans sa verdeur et sa vérité. Les deux plus grands génies dramatiques, Shakespeare et Molière, ont entendu ainsi le théâtre, et ne s'en sont pas mal trouvés. Seulement, cette trinité de l'auteur, du directeur et de l'acteur réunis en une seule personne, n'est pas dans nos mœurs, et tous les essais qu'on a pu tenter de nos jours ont échoué misérablement.

Je suis allé à l'Ambigu avec une grande curiosité, très décidé à m'intéresser au *Spartacus* de M. Talray: Notez qu'il faut un certain courage pour aborder ainsi le public, quand on est un simple amateur : on s'expose aux plaisanteries de ses amis, aux rudesses de la critique, aux rires de la foule. Il est entendu qu'un auteur qui paye et qui tombe, est doublement ridicule. Châtiment mérité, dira-t-on. Peut-être. Mais j'aime cette belle confiance des poètes qui risquent ainsi tranquillement le ridicule, et qui souvent même l'achètent très cher.

J'arrive et j'écoute religieusement. Il faut vous dire, avant tout, que M. Talray s'est absolument moqué de l'histoire. Son *Spartacus* est d'une grande fantaisie. J'avoue que cela ne me fâche pas outre mesure. Les auteurs dramatiques ont toujours traité l'histoire avec tant de familiarité, qu'un mensonge de plus ou de moins importe peu. Nous sommes en pleine imagination, c'est chose convenue. Seulement, ce qu'on peut demander, c'est que l'imagination ne batte pas la campagne, au point d'ahurir le monde. Or, M. Talray a une façon de traiter le théâtre très dangereuse pour le public bon enfant, qui vient naïvement voir ses pièces, avec l'intention de les comprendre.

Je vais tenter d'analyser son *Spartacus* en quelques mots ; et je demande à l'avance pardon si je me trompe, car ce ne serait vraiment pas ma faute. Spartacus a pour père un prêtre d'Isis, nommé Séphare, qui nourrit les plus grands projets ; on ne sait pas bien lesquels, il parle du bonheur du genre humain, il lance l'anathème sur Rome, et je suis porté à croire qu'il rêve l'affranchissement des esclaves, avec des vues particulières et lointaines sur la Révolution française. Bref, ce Séphare, entré comme intendant chez le consul Crassus, commence son beau rôle de régénérateur en donnant Camille, la fille de son maître, pour maîtresse à son fils Spartacus, alors gladiateur. Voilà qui n'est pas propre ; mais la passion du sectaire est, à la rigueur, une excuse.

Il y a une autre femme dans l'aventure, Myrrha, une courtisane à ce qu'on peut croire. Séphare est aussi très bien avec celle-là, si bien même qu'ils complotent ensemble l'empoisonnement du gardien des jeux. Décidément, ce prêtre d'Isis manque de sens moral. Quand le gardien des jeux est mort, Myrrha obtient du préteur Métellus son amant la place du défunt pour Spartacus. Le héros, ramassant sous ses ordres les gladiateurs et la plèbe de la ville, suscite alors une révolte, brûle Rome, se bat pour l'affranchissement des esclaves. Rien de stupéfiant comme la mise en œuvre dramatique de cet épisode. Le préteur Métellus est gris, la courtisane Myrrha embellit la fête, on voit Rome brûler sur un transparent, et un chœur arrive, on ignore pourquoi, qui chante, je crois, le bon vin et la liberté.

Cependant, Camille, la maîtresse de Spartacus, joue

là dedans un rôle symbolique. Elle doit être la liberté
en personne, j'imagine. Au dénoûment, Spartacus,
après avoir battu les Romains, est à son tour sur le
point d'être vaincu. Il se tue d'un coup de poignard
en pleine poitrine; Camille devient folle sur son cadavre; et, quand le consul Crassus se présente,
Séphare le traite de la belle façon, lui montre sa fille
folle, et lui annonce qu'un jour le fils de Spartacus
et de Camille reprendra l'œuvre de délivrance. Sur
quoi, un chœur envahit de nouveau la scène, et la
toile tombe sur la reprise des couplets du troisième
acte.

J'écoutais donc attentivement. L'impression des
premières scènes était assez agréable. Le carnaval
romain, ce décor large et à style sévère, ces personnages aux draperies de couleur tendre, me reposaient
du carnaval romantique, des guenilles et des armures
du moyen âge. Vraiment, les femmes sont adorables,
les cheveux cerclés d'or, les bras nus, dans ces étoffes
souples, où leur corps libre roule si voluptueuse-
ment. Puis, j'attrapais par-ci par-là un bout de vers
assez mal rimé, mais d'une musique sonore et écla-
tante. Enfin, je ne m'ennuyais pas, j'attendais de
comprendre sans trop d'impatience.

Au milieu du premier acte, cependant, comme
j'étais de plus en plus attentif, j'ai commencé à
éprouver une légère douleur aux tempes. Une cons-
ternation peu à peu m'envahissait, car je ne com-
prenais toujours pas, malgré mes efforts. J'avais beau
ouvrir les oreilles, tendre l'esprit, répéter tout bas
les mots que je saisissais, le sens m'échappait, les
paroles tombaient comme des bruits qui s'envolaient,
avant d'avoir formé des phrases. Maintenant, la pe-

santeur des tempes me gagnait le crâne et me roidissait le cou.

Alors, l'ennui est arrivé, d'abord discret, un léger bâillement dissimulé entre les doigts, une envie sourde de penser à autre chose; puis, il s'est élargi, il est devenu immense, insondable, sans borne. Oh! l'ennui sans espoir, l'ennui écrasant qui descend dans chaque membre, dont on sent le poids dans les mains et dans les pieds! Et impossible d'échapper à ce lent écrasement, les personnages s'imposent; on les hait, on voudrait les supprimer, mais leur voix est comme un flot entêté qui bat, qui entame et qui noie les têtes les plus dures; même quand on baisse les yeux pour ne plus les voir, on les sent, on croit les avoir sur les épaules. Un malheur public, un deuil, sont moins lourds.

Ce qui me consternait surtout, c'était Séphare, le prêtre d'Isis. Pourquoi un prêtre d'Isis? Sans doute l'auteur avait mis là-dessous le sens philosophique de son œuvre. La pièce restait tellement incompréhensible, qu'elle devait cacher quelque vérité supérieure. Les scènes se déroulaient: je songeais aux hypogées, aux pyramides, aux secrets que le Nil roule dans ses eaux boueuses. Je me sentais très bête, je tournais à l'ahurissement. Lorsqu'on s'est mis à chanter, j'ai eu l'envie ardente de me sauver, parce que tout espoir de comprendre s'en allait décidément. Mais j'étais trop engourdi; j'appartenais à l'ennui vainqueur.

J'ai promis de tirer des enseignements de cette histoire. Le premier est que la tentative de M. Talray reste en elle-même excellente, et qu'on ne saurait trop engager les auteurs riches à l'imiter. Mais le point sur lequel je veux surtout insister est que, désormais, les gens du monde devront avoir pour les simples écrivains quelque respect ; car, si j'ai vu parfois des écrivains ressembler à des princes dans un salon, je n'ai jamais vu un homme du monde qui ne se rendît parfaitement ridicule, en écrivant un roman ou une pièce de théâtre.

Certes, je le répète, je ne veux en aucune façon décourager M. Talray. La distraction qu'il a choisie est louable. Ses vers sont médiocres, mais pleins de bonne volonté. Puis, j'aurais peur d'enlever leur dernière planche de salut aux théâtres menacés de faillite. Les auteurs sont rares qui consentent à payer chèrement leurs chutes. En somme, des pièces comme *Spartacus* ne font de mal à personne. On sait de quelle façon on doit les prendre. M. Talray lui-même, si son échec le contrarie, peut dire à ses amis qu'il a simplement voulu tenir une gageure. Mon Dieu ! oui, il aurait parié, après un déjeuner de garçons, d'ennuyer le public et d'ahurir la critique ; et son pari serait gagné, oh ! bien gagné !

LE DRAME

I

On nous a donné des détails touchants sur M. Paul Delair. Il aurait trente-sept ans, il serait sans fortune et aurait dû prendre sur ses nuits pour écrire *Garin*, le drame en vers joué à la Comédie-Française; cette œuvre, écrite il y a huit ou neuf ans déjà, reçue à correction, puis récrite en partie et montée enfin, représenterait de longs efforts, une grande somme de courage, et serait une de ces parties décisives où un écrivain joue sa vie. Eh bien ! tous ces détails me troublent, et je n'ai jamais senti davantage combien la vérité est parfois douloureuse à dire. Heureusement, je suis peut-être le seul à pouvoir la dire, sans trop de remords, car mon autorité est fort discutée, et jusqu'à présent on a paru croire que ma franchise ne faisait de tort qu'à moi-même.

Nous sommes au commencement du treizième

siècle, dans une de ces lointaines époques historiques qui justifient au théâtre toutes les erreurs et toutes les fantaisies. Herbert, baron de Sept-Saulx, un burgrave selon le poncif romantique, a auprès de lui son neveu Garin, homme farouche, et un fils bâtard, Aimery, homme tendre, qu'il a eu d'une serve. Or, un jour d'ennui, Herbert, ayant fait entrer dans son château une bande d'Égyptiens, s'éprend de la belle Aïscha, qu'il épouse séance tenante. Et voilà le crime dans la maison, Aïscha pousse Garin, qui l'adore, à tuer Herbert, dont la vieillesse l'importune sans doute. Mais, au lendemain du meurtre, le soir des noces, lorsque les deux coupables vont se prendre aux bras l'un de l'autre, le spectre du vieillard se dresse entre eux, Garin a des hallucinations vengeresses qui lui montrent chaque nuit Aïscha au cou d'Herbert assassiné. Aimery, chassé par son père, revient alors comme un justicier. Il provoque Garin, il va le tuer, lorsque celui-ci revoit la terrible vision et tremble ainsi qu'un enfant. Aïscha, qui s'est empoisonnée, avoue le crime ; Garin se tue sur son cadavre ; et Aimery peut ainsi épouser une sœur de l'assassin, Alix, dont je n'ai pas parlé. Voilà.

Mon Dieu ! le sujet m'importe peu. On a fait remarquer avec raison que c'était là un mélange de *Macbeth,* des *Burgraves* et d'une autre pièce encore. La seule réponse est qu'on prend son bien où on le trouve ; Corneille et Molière ont écrit leurs plus belles œuvres avec des morceaux pillés un peu partout. Mais il faut alors apporter une individualité puissante, refondre le métal qu'on emprunte et dresser sa statue dans une attitude originale. Or, M. Paul Delair s'est contenté de ressasser toutes les situations connues, sans en tirer un seul effet qui lui soit personnel. Cela est long, terriblement long, sans accent nouveau, d'une extravagance entêtée dans le sublime, d'une conviction qui m'a attristé, tellement elle est naïve parfois.

Faut-il discuter? Rien ne tient debout dans cette fable extraordinaire. C'est un cauchemar en pleine obscurité. Les personnages sont découpés dans ce romantisme de 1830, si démodé à cette heure. Ils n'ont d'autre raison d'être que des formules toutes faites, ils portent des étiquettes dans le dos : le seigneur, le bâtard, la serve, le manant; et cela doit nous suffire, l'auteur se dispense dès lors de leur donner un état civil, de leur souffler une personnalité distincte. Ce sont des marionnettes convenues qu'il manœuvre imperturbablement, en dehors de toute vérité historique et de toute analyse humaine. Voilà le côté commode du drame romantique, tel que le comprend encore la queue de Victor Hugo. Il ne demande ni observation ni originalité; on en trouve les morceaux dans un tiroir, et il ne s'agit que de les ajuster, avec plus ou moins d'adresse. Je me rappellerai toujours la belle réponse de ce poète auquel je demandais : « Mais pourquoi ne faites-vous pas un drame moderne? » et qui me répondit, effaré : « Mais je ne peux pas, je ne saurais pas, il me faudrait dix ans d'études pour connaître les hommes et le monde! » Sans doute, si je l'interrogeais, M. Paul Delair me ferait aussi cette réponse.

Et même, en acceptant le cadre qu'il a choisi, que de défauts, que d'erreurs dramatiques! Lorsque ses personnages sortent du poncif, on ne les comprend plus. Ainsi la serve est très nette, parce qu'elle est simplement la marionnette classique des mélodrames de Bouchardy et d'Hugo, la paysanne violée par le seigneur et devenue folle, qui se promène dans l'action en prophétisant le dénoûment et en aidant la Providence. Herbert, le seigneur, est également une bonne ganache de loup féodal qui se laisse injurier par le premier bourgeois venu, entré chez lui pour lui dire ses quatre vérités et lui annoncer la Révolution française. On les comprend, ceux-là, parce qu'ils sont tout bêtement les vieux amis du public, sur le ventre desquels le public a tapé bien souvent. Mais passez aux personnages que le poète a rêvé de faire originaux, et vous cessez de comprendre, vous entrez dans un fatras de vers stupéfiants où leur humanité se noie, vous ne les voyez plus nettement, parce que ce ne sont pas des figures observées, mais des pantins inventés qui se démentent d'une tirade à l'autre. Ou des figures poncives, ou des figures fantasmagoriques, voilà le choix.

Ainsi, prenons Garin et Aïscha, les deux figures centrales, celles où M. Paul Delair a certainement porté son effort. Je défie bien qu'au sortir de la représentation, on puisse évoquer distinctement ces figures ; et cela vient de ce qu'elles n'ont pas de base humaine, de ce que le poète ne nous les a pas expliquées par une analyse logique et claire. Il ne suffit pas de dire qu'Aïscha aime les hommes rouges de sang, pour nous la faire accepter, dans les invraisemblances où elle se meut. C'est elle qui pousse Garin ; puis, elle s'efface, elle ne paraît plus être du drame ; a-t-elle des remords, n'en a-t-elle pas ? Nous l'ignorons, faute immense de l'auteur, car, si elle ne frissonne pas comme Garin, ou bien si elle ne reste pas

violente et superbe, le dominant, devenant le mâle,
elle ne nous intéresse plus, elle s'effondre. Et c'est ce
qui arrive, le rôle est très mauvais, une actrice de
génie n'en tirerait pas un cri humain. Garin de même
reste un fantoche ; sa lutte avec le remords ne se
marque pas assez, on ne voit pas ses états d'âme, sa
passion, sa fureur, puis son affolement ; tout cela
se fond et se brouille dans une phraséologie étonnante,
où une fausse poésie délaye à chaque minute
la situation dramatique. Au dénoûment surtout, les
deux héros m'ont paru pitoyables. Cette femme qui
s'empoisonne de son côté, cet homme qui se poignarde
du sien, pour finir la pièce, ne meurent pas
logiquement, par la force même de la situation ; je
veux dire que leur mort n'est pas une conséquence
inévitable de l'action, une mort analysée et déduite,
ce qui la rend vulgaire.

Un autre point m'a beaucoup frappé. Après le troisième
acte, je me demandais avec curiosité comment
M. Paul Delair allait encore trouver la matière de
deux actes. Un acte d'exposition, un acte pour le
meurtre, un acte pour les remords, enfin un acte
pour la punition : cela me semblait la seule coupe
possible. Mais cela ne faisait que quatre actes, et
j'étais d'autant plus surpris que le gros du drame, le
spectre et tout le tremblement se trouvaient au troisième
acte, ce qui demandait, pour la bonne distribution
d'une pièce, un dénoûment rapide, dans un
quatrième acte très court. M. Paul Delair voulait cinq
actes, et il a tout bonnement rempli son quatrième
acte par un interminable couplet patriotique. J'avoue
que je ne m'attendais pas à cela. Tout devait y être,
jusqu'au drapeau français.

Parler de la France, sous Philippe-Auguste ! prononcer le grand mot de patrie qui n'avait alors aucun sens! nous montrer un bon jeune homme qui s'indigne au nom de l'Allemagne, comme après Sedan! Quand donc les auteurs dramatiques comprendront-ils le profond ridicule de ce patriotisme à faux, de cette sottise historique dans laquelle ils s'entêtent? Et cela n'est guère honnête, je l'ai déjà dit, car je ne puis voir là qu'une façon commode de voler les applaudissements du public.

Mais ces choses ne sont rien encore, le pis est que M. Paul Delair fait des vers déplorables. Il est certainement un poète plus médiocre que M. Lomon et M. Deroulède, ce qui m'a stupéfié. On ne saurait s'imaginer les incorrections grammaticales, les tournures baroques, les cacophonies abominables qui emplissent le drame. Les termes impropres y tombent comme une grêle, au milieu de rencontres de mots, d'expressions qui tournent au burlesque. A notre époque où la science du vers est poussée si loin, où le premier parnassien venu fabrique des vers superbes de facture et retentissants de belles rimes, on reste consterné d'entendre rouler pendant quatre heures un pareil flot de vers rocailleux et mal rimés. Si M. Paul Delair croit être un poète parce qu'il a abusé là dedans des lions et des étoiles, du soleil et des fleurs, il se trompe étrangement. Au théâtre, on ne remplace pas l'humanité absente par des images. Les tirades glacent l'action, et je signale comme exemple la scène de Garin et d'Aïscha devant la chambre nuptiale, la grande scène, celle qui devait tout emporter, et qui a paru mortellement froide et ennuyeuse. Comment voulez-vous qu'on s'intéresse à ces poupées qui ne disent pas ce qu'elles devraient dire et qui enguirlandent ce qu'elles disent de divagations poétiques absolument folles? J'avoue que ce lyrisme à froid me rend malade.

En somme, il faut avoir le vers puissant de Victor Hugo pour se permettre un drame de cette extravagance. Je ne prétends pas que *Ruy Blas* et *Hernani* soient d'une fable beaucoup plus raisonnable. Mais ces œuvres demeureront quand même des poèmes immortels. Quant à M Paul Delair, du moment où il n'a pas le génie lyrique de Victor Hugo, il devrait rester à terre ; la folie lui est interdite. Dans son cas, un peu de raison est simplement de l'honnêteté envers le public.

Ce n'est pas gaiement que je triomphe ici. Je n'osais espérer une pièce comme *Garin* pour montrer le vide et la démence froide des derniers romantiques. Toute la misère de l'école est dans cette œuvre. Mais je suis attristé de voir une scène comme la Comédie-Française risquer une partie pareille, perdue à l'avance. Sans doute M. Perrin et le comité n'ont pu se méprendre. *Garin*, avec le truc de son spectre, avec ses continuelles sonneries de trompettes, avec sa mise en scène de loques et de ferblanterie romantiques, aurait tout au plus été à sa place à la Porte-Saint-Martin ; et, certes, ce ne sont pas les vers qui rendent la pièce littéraire. Seulement, on reproche si souvent à la Comédie-Française de ne pas s'intéresser à la jeune génération, qu'il faut bien lui pardonner, lorsqu'elle fait une tentative, même si elle se trompe. Peut-être n'y a-t-il pas mieux, et alors en vérité le romantisme est bien mort. Je préfère les élèves de M. Sardou, s'il en a.

Voilà mon jugement dans toute sa sévérité. J'ai
mieux aimé dire nettement à M. Paul Delair ce que je
pense. Il est dans une voie déplorable, il s'apprête
de grandes désillusions. Le premier acte de *Garin* a
de la couleur, et çà et là on peut citer quelques
beaux vers; mais c'est tout. Une pièce pareille enterre
un homme. Si M. Paul Delair en produit une seconde
taillée sur le même patron, il ne retrouvera même
pas la première indulgence du public. Ne vaut-il pas
mieux l'avertir, quitte à le blesser cruellement? C'est
lui éviter de nouveaux efforts inutiles. Huit ans de
travail croulent avec *Garin*. Le pire malheur qui lui
puisse arriver est de perdre encore huit années dans
une tentative sans espoir.

II

M. Catulle Mendès est une figure littéraire fort intéressante. Pendant les dernières années de l'Empire,
il a été le centre du seul groupe poétique qui ait
poussé après la grande floraison de 1830. Je ne lui
donne pas le nom de maître ni celui de chef d'école.
Il s'honore lui-même d'être le simple lieutenant des
poètes ses aînés, il s'incline en disciple fervent devant MM. Victor Hugo, Leconte de Lisle, Théodore
de Banville, et s'est efforcé avant tout de maintenir
la discipline parmi les jeunes poètes, qu'il a su, depuis près de quinze ans, réunir autour de sa personne.

Rien de plus digne, d'ailleurs. Le groupe auquel
on a donné un moment le nom de parnassien représentait en somme toute la poésie jeune, sous le second empire. Tandis que les chroniqueurs pullulaient,

que tous les nouveaux débarqués couraient à la publicité bruyante, il y avait, dans un coin de Paris, un salon littéraire, celui de M. Catulle Mendès, où l'on vivait de l'amour des lettres. Je ne veux pas examiner si cet amour revêtait d'étranges formes d'idolâtrie. La petite chapelle était peut-être une cellule étroite où le génie français agonisait. Mais cet amour restait quand même de l'amour, et rien n'est beau comme d'aimer les lettres, de se réfugier même sous terre pour les adorer, lorsque la grande foule les ignore et les dédaigne.

Depuis quinze ans, il n'est donc pas un poète qui soit arrivé à Paris sans entrer dans le cercle de M. Catulle Mendès. Je ne dis point que le groupe professât des idées communes. On s'entendait sur la supériorité de la forme poétique, on en arrivait à préférer M. Leconte de Lisle à Victor Hugo, parce que le vers du premier était plus impeccable que le vers du second. Mais chacun gardait à part soi son tempérament, et il y avait bien des schismes dans cette église. Je n'ai d'ailleurs pas à raconter ce mouvement poétique, qui a copié en petit et dans l'obscurité le large mouvement de 1830. Je veux simplement établir dans quel milieu M. Catulle Mendès a vécu.

Ses théories sont que l'idéal est le réel, que la légende l'emporte sur l'histoire, que le passé est le vrai domaine du poète et du romancier. Ce sont là des opinions aussi respectables que les opinions contraires. Seulement, lorsque M. Catulle Mendès aborde un sujet moderne et accepte ainsi notre milieu contemporain, il a certainement tort de le faire sans modifier ses croyances. Dans un sujet moderne, l'idéal n'est plus le réel, et cet idéal devient un singulier embarras. Pour obtenir du réel, il faut avoir surtout du réel plein les mains. Selon moi, *Justice* est l'œuvre d'un poète qui n'a pas songé à couper ses ailes, et que ses ailes font trébucher. Nous retrouvons là le chef de groupe, grandi dans un cénacle, avec le clou d'une idée fixe enfoncé dans le crâne.

Je commencerai par les éloges. Dans *Justice*, l'effort littéraire me trouve plein de sympathie. On joue tant de pièces odieusement pensées et écrites, qu'il y a un véritable charme à tomber sur l'œuvre voulue d'un poète. Cette œuvre peut soulever en moi les plus vives objections, elle n'en est pas moins du monde de ma pensée, elle m'occupe et me passionne. Fût-elle tout à fait mauvaise, elle resterait pleine de saveur. J'aime cette histoire, ce médecin qui a volé et qui est venu se laver de sa faute par de bonnes œuvres, dans une province perdue ; j'aime cette fille de notaire, qui parle et agit comme une création du rêve ; j'aime ces deux amoureux, que le monde gêne, et qui se débarrassent du monde, en mourant aux bras l'un de l'autre. Oui, j'aime ces choses, malgré leur folie, parce qu'elles sont la volonté d'un artiste, et que dans leur incohérence même on sent l'enfantement d'un esprit qui n'a rien de vulgaire.

Malheureusement, il faudrait m'en tenir là. Si j'arrive à l'analyse de la pièce, en dépit de toute ma sympathie, je me sens devenir grave et sévère. M. Catulle Mendès a eu le tort de plaisanter avec la réalité. Il aurait dû habiller ses personnages de justaucorps et de pourpoints, et nous lui aurions tout pardonné. Mais entrer dans la vie moderne en poète lyrique, voilà qui est grave ! Il se tromperait, s'il

croyait que rien n'est plus commode à trousser que
la vérité; la vie de tous les jours est là, comme comparaison, et l'on ne peut pas mettre debout une fille
de notaire de fantaisie, comme on planterait une
damoiselle, avec une jupe de satin et une coiffure
copiée dans les livres du temps. En un mot, il faut
avoir le sens de la modernité, quand on aborde un
sujet contemporain. Les romantiques, qui s'imaginent pouvoir peindre la vie actuelle en se jouant, et
par farce pure, s'exposent aux échecs les plus piteux.
Rien n'est sévère et rien n'est haut comme la peinture de ce qui est.

Le grand défaut de *Justice* est d'être une création
en l'air, tout comme s'il s'agissait d'un poème. Voici,
par exemple, le plus grand effet de la pièce. Le docteur Valentin a volé pour sauver sa sœur de la prostitution, — une invention fâcheuse, par parenthèse,
— et il est aimé de Geneviève, la fille du notaire Suchot. Lui-même l'adore; mais il va fuir, pour ne pas
révéler son passé, lorsque Georges, le frère de Geneviève, le surprend avec celle-ci et le force à une explication. Dès que Georges connaît le secret de Valentin, il raconte à la jeune fille que ce dernier est
marié, pour qu'elle rompe plus aisément avec lui. De
là, grande douleur de Geneviève. Puis, à l'acte suivant, lorsqu'un gredin lui dénonce le vol de Valentin,
elle dit avec force : « Je le savais depuis quatre ans,
et je vous aime, Valentin, je vous aime! »

Certes, le mot est très beau et devrait produire un
grand effet d'admiration et d'émotion. Eh bien! je
crois que l'effet est surtout un effet de surprise. Cela
vient de ce que chaque spectateur fait cette réflexion
rapide : « Comment Geneviève n'a-t-elle pas compris

ce dont il s'agissait, lorsque Georges lui a dit que Valentin était marié? Puisqu'elle connaissait le vol, elle devait se douter tout de suite de l'obstacle qui se présentait. » Elle n'a pas parlé alors et l'on s'étonne qu'elle parle plus tard. Au théâtre, toute scène qui n'est point préparée, détonne et peut même avoir de fâcheuses conséquences.

Il n'y a là qu'un défaut de construction. Je pourrais indiquer des invraisemblances. Ainsi, on voit rôder dans l'étude le clerc du notaire, Pigalou, un gredin qui a volé autrefois un curé et qui est menacé par un complice, dupé dans le partage ; s'il ne donne pas immédiatement trois mille francs à ce complice, il sera dénoncé par lui. Or, Pigalou a appris la faute de Valentin, et dans une scène fort originale, violente et invraisemblable, il le traite en camarade et veut le forcer à voler les trois mille francs au notaire Suchot. C'est surtout dans cette scène qu'on peut surprendre le procédé de M. Catulle Mendès. Il se moque des vérités ambiantes, il va droit dans ce qu'il croit être la vérité absolue. De là un manque d'équilibre qui a failli faire siffler la scène.

J'insiste, parce que cette question de détail me paraît caractéristique. A la répétition générale, la scène m'avait beaucoup frappé. Je prévoyais bien qu'elle ne marcherait pas facilement, mais je la trouvais hardie et d'une belle allure. Elle est pleine de mots excellents, et n'a qu'un défaut, celui de tourner un peu trop sur elle-même. D'ailleurs, ce que j'avais prévu est arrivé : le public n'a pas compris l'intention de M. Catulle Mendès, qui est de montrer les conséquences fatales et ignominieuses d'une première faute. Je suis persuadé que la scène aurait produit un effet énorme, si l'auteur l'avait présentée autrement, dans la réalité logique de la situation. Telle qu'elle est, elle reste inadmissible. Vingt fois Valentin serait sorti ou aurait chassé Pigalou. Les motifs pour lesquels l'auteur le retient là, sont des ficelles dramatiques par trop visibles.

A vrai dire, je n'aime guère cette étude de notaire, où se développe une action si bizarre. Je sais bien que M. Catulle Mendès a choisi cette étude pour que l'antithèse fût plus forte. Il a voulu peut-être aussi montrer que le cadre le plus banal ne l'effrayait pas. Seulement, dans ce cas-là, il aurait fallu empoigner la réalité d'une main puissante et ne pas la lâcher. Tous les personnages marchent à plusieurs mètres du sol. Geneviève et Valentin sont dans les étoiles ; ils ne s'en cachent pas, même ils s'en vantent. Quant à maître Suchot, il n'est guère qu'un fantoche, sur la tête duquel M. Catulle Mendès a accumulé tout son dédain de la prose.

Le troisième acte, que l'on redoutait, est précisément celui qui a sauvé la pièce. Cela montre une fois de plus quel est le flair des directeurs. Il n'y a qu'un monologue et une scène dans cet acte. Valentin, seul dans son laboratoire, prépare sa mort, en chimiste habile. Il a établi, sur un fourneau, un appareil qui dégage dans la pièce un gaz d'asphyxie. Geneviève arrive pour se sauver avec son amant ; mais il lui explique que leur bonheur est désormais impossible, et elle va se retirer, lorsqu'elle comprend qu'il est en train de se donner la mort. Alors, elle referme la porte et la fenêtre, elle l'endort un instant par ses paroles douces ; puis, quand il s'aperçoit qu'elle veut mourir avec lui, elle s'oppose violemment à ce qu'il la sauve. Et ils meurent.

L'effet a été grand, le soir de la première représentation. La lutte de Geneviève pour mourir, le consentement arraché par elle à Valentin, la mort qui vient comme une délivrance et qui ravit les deux amants dans les espaces, tout cela est large et remarquable. Certes, je ne crois pas qu'on se suicide avec de pareils élans ; mais la situation est extrême, et le poète peut intervenir sans trop blesser la vérité. Quant à la thèse, à la souillure ineffaçable d'une première faute, au suicide employé comme une rédemption, peut-être cette thèse a-t-elle été dans les intentions de l'auteur, mais je veux l'ignorer, pour ne pas retomber dans mes sévérités. A quoi bon une thèse, lorsque la vie suffit? Comment M. Catulle Mendès, qui est avant tout un homme d'art, a-t-il pu vouloir descendre jusqu'à jouer le rôle d'un avocat?

Je finirai par un étrange reproche. Pour moi, la pièce est trop bien écrite. Je veux dire qu'on y sent les phrases presque continuellement. Le style ne consiste pas en belles images, pas plus que la peinture ne consiste en belles couleurs. En enfilant des comparaisons ingénieuses jusqu'à demain, on n'obtiendrait qu'une œuvre monstrueuse et illisible. Le style est l'expression logique et originale du vrai. Dire ce qu'il faut dire, et le dire d'une façon personnelle, tout est là. Les écrivains qui s'imaginent bien écrire parce qu'ils enlèvent une fin de tirade à l'aide de mots poétiques, sont dans la plus déplorable erreur. Au théâtre surtout, bien écrire, c'est écrire logiquement et fortement.

III

Ah ! quelle longue, écrasante, monotone soirée, à la Porte-Saint-Martin ! Je suis sorti de la première représentation de *Coq-Hardy*, le drame en sept actes de M. Poupart-Davyl, brisé de fatigue, hébété d'ennui. Certes, notre métier de critique dramatique comporte beaucoup d'indulgence ; on recule souvent devant le résumé exact de son impression. Mais qu'il me soit permis au moins une fois de ne rien cacher, de dire ma révolte intérieure contre un de ces drames de la queue romantique, qui se moquent du style, de la vérité et du simple bon sens.

Je ne chercherai pas à analyser la pièce dans son intrigue puérile et compliquée. Il y a là dedans un duc de Brennes, un prince de Bretagne, que sa femme trahit au prologue, et que nous retrouvons dix ans plus tard, simple capitaine d'aventure, sous le nom de Coq-Hardy. Naturellement, ce capitaine se trouve mêlé à l'inévitable imbroglio historique, où sonnent les grands noms de Louis XIV, d'Anne d'Autriche, de Mazarin, de Condé. Il va presque jusqu'à prendre le menton d'Anne d'Autriche et à tutoyer Condé. Au dénoûment, il redevient nécessairement le duc de Brennes, il sauve Louis XIV, la monarchie, la France, avec l'unique regret de n'avoir pas à sauver Dieu lui-même. J'oubliais de dire qu'en chemin, il retrouve sa femme et sa fille. Inutile d'ajouter que le traître meurt, quand l'auteur n'a plus besoin de lui.

N'est-ce pas que le besoin d'un drame où l'on parlât de Mazarin se faisait absolument sentir ? Comment la statistique ne s'est-elle pas occupée encore de relever le nombre de pièces où l'on prononce le nom de Mazarin ? Un seul personnage historique a été plus exploité, le cardinal de Richelieu. Et que c'est gai, cet éternel cours d'histoire sur Anne d'Autriche, Louis XIII, Louis XIV et les cardinaux ! Quel intérêt prodigieux et passionnant pour des spectateurs de notre époque, dans le perpétuel défilé de ces marionnettes d'un autre âge, qui laissent, à chaque coup d'épée, couler le son de leur ventre ! Comme nous pouvons partager les joies et les douleurs de ces poupées, dont nous nous moquons si parfaitement !

Je ne parle pas de la façon odieuse dont ces drames accommodent l'histoire. Ils sont pour le peuple une véritable école de mensonges historiques. Dans nos faubourgs, ils ont répandu les idées les plus stupéfiantes sur les grandes figures et les grands événements qu'ils ont mis si ridiculement à la scène. Grâce à eux, des légendes grotesques se sont formées, l'histoire apparaît aux ignorants comme une parade, avec des paillasses richement vêtus qui tapent des pieds et qui déclament. Je ne comprends pas comment la salle entière n'éclate pas d'un fou rire, en face des monstrueux pantins qu'on lui présente sous des noms retentissants.

Par exemple, dans *Coq-Hardy*, peut-on trouver quelque chose de plus profondément comique que les scènes entre le capitaine d'aventure et Anne d'Autriche ? Le capitaine entre chez la reine comme chez lui, et il lui parle avec des effets de hanche, des ronflements de voix, une familiarité de bon garçon, qui sont à mon sens le comble de la drôlerie. Et quelle merveille encore, cet acte où l'on voit la reine et

Louis XIV errer la nuit dans les rues de Paris, en se tordant les bras, comme deux locataires louches que le patron de quelque garni a flanqués à la porte ! ajoutez que Coq-Hardy survient, qu'il démolit une maison afin de construire une barricade, et qu'il se retranche avec Louis XIV derrière cette barricade, d'où ils opèrent tous les deux des sorties pour tuer deux ou trois douzaines d'hommes. Quel cerveau a jamais inventé des folies plus extravagantes ? Cela me donne froid au dos, me glace de ce petit frisson de peur et de honte que j'ai parfois éprouvé en face des infirmités humaines.

Il y a encore une scène incroyable que je veux signaler. Anne d'Autriche a chargé le capitaine Coq-Hardy de négocier avec le grand Condé, qui revient de Lens chargé de gloire. Jolie situation, invention ingénieuse et d'une vraisemblance étonnante. Alors, le capitaine parle en maître à Condé. Il le subjugue, le rend petit garçon, l'écrase devant toute la salle qui applaudit. Et, lorsque Condé ose demander une parole, le capitaine lui répond à peu près ceci :

— Vous avez la mienne !

Rien de plus royal. Voyez vous ce routier se promenant avec des blancs-seings de la reine, faisant la leçon aux grands capitaines, donnant sa parole avec des gestes de matamore ! C'est de la farce lugubre.

D'ailleurs, il est inutile de discuter. Un drame historique, bâti sur ce plan, ne soutient pas la discussion. Toutes les démences s'y abattent. Il serait impossible de prendre un personnage et de l'analyser, sans voir tout de suite qu'on a une marionnette dans les mains. Ainsi, je ne connais pas de figure plus décourageante que la duchesse, cette femme qui trompe son mari qui se sauve avec sa fille pour suivre un amant indigne, le traître de la pièce, et que nous retrouvons dans les larmes, dans le remords, dans tout le tra la la des beaux sentiments. J'ai dit le mot juste, elle est décourageante, car rien n'est plus attristant et malsain que le mensonge. L'auteur a dû vouloir créer l'adultère sympathique, l'ange des épouses infidèles, l'héroïne impeccable des femmes tombées. Et il a accouché de cette pleurnicheuse, dont ni la faute ni le repentir ne nous touchent, et qui se traîne aux pieds de son mari, sans que la salle soit émue. Pourquoi nous intéresserions-nous à elle, puisqu'elle est une poupée dont nous apercevons toutes les ficelles?

Dirai-je un mot du style, maintenant? Ici, je me sens les bras cassés. J'avais véritablement l'impression d'un déluge de tuiles sur mes épaules, pendant la représentation de *Coq-Hardy*. On ne peut imaginer les étranges phrases qui tombent là dedans. L'auteur semble avoir ramassé avec soin toutes les tournures clichées, les bêtises de la rhétorique, les images que l'usage a ridiculisées, afin de les mettre à la queue les unes des autres dans son œuvre. C'est un véritable cahier de mauvaises expressions. Pas une ne manque. On aurait voulu faire un pastiche de la langue des mélodrames, qu'on ne serait certainement pas arrivé à une pareille réussite sans beaucoup d'efforts. Ce que je ne comprends pas, c'est qu'un public n'ait pas les oreilles plus sensibles. Comment se fait-il que des spectateurs, qui se fâcheraient si un orchestre jouait faux, puissent supporter patiemment toute une soirée une langue si abominablement fausse? Je sais que, pour mon compte, le style de *Coq-Hardy* m'a rendu très malade. Affaire de tempérament sans doute.

Si cela était écrit avec bonhomie encore, si l'on sentait derrière un homme simple, qui ne se pique pas d'écrire et qui dit tout rondement sa pensée! L'intolérable est qu'on devine une continuelle prétention au beau style. Les phrases ont le poing sur la hanche comme les personnages. Au dénoûment, Coq-Hardy fait un discours où il parle des Francs et des Gaulois. Il faut dire que ce duc de Brennes descend de Brennus ; Brennes, Brennus, vous comprenez, c'est fort ingénieux. Et il y a ainsi des panaches tout le long de la pièce. Parfois même on entrevoit des intentions shakespiriennes. Oh! les intentions shakespiriennes! c'est là l'écueil des faiseurs de mélodrames. La poésie les tue.

J'avouerai, d'ailleurs, que je ne puis me défendre d'un grand dédain pour les pièces où les coups d'épée et les coups de pistolet entrent pour la part la plus applaudie dans les mérites du dialogue. Le succès de *Coq-Hardy* a été le combat du cinquième acte. Si la poudre parle, c'est que l'auteur n'a rien de mieux à dire. Et quel abus aussi des beaux sentiments! Quand un acteur a un beau sentiment à émettre, on s'en aperçoit tout de suite ; il s'approche du trou du souffleur comme un ténor qui a une belle note à pousser, il lâche son beau sentiment, on l'applaudit, il salue et se retire. Cela finit par être honteux, de spéculer ainsi sur l'honneur, la patrie, Dieu et le reste. Le procédé est trop facile, il devrait répugner aux esprits simplement honnêtes.

La stricte vérité est que, le premier soir, la salle s'ennuyait. Toutes les fois que des personnages historiques étaient en scène et se perdaient dans des considérations sur la Fronde, je voyais les spectateurs ne plus écouter, lever le nez, s'intéresser au lustre ou aux peintures du plafond. Je vous demande un peu à quoi rime la Fronde pour nous? Il fallait qu'un choc d'épée ou la déclamation d'une tirade vertueuse ramenât l'attention sur la scène. Alors, on applaudissait, pour se réveiller sans doute. Je jurerais que les deux tiers des spectateurs n'ont pas compris la pièce. *Coq-Hardy* n'en a pas moins marché jusqu'à la fin, et le nom de l'auteur a été acclamé. On en est arrivé à un grand mépris des jugements sincères.

Certes, je souhaite tous les succès à M. Poupart-Davyl. Il y avait des choses très acceptables dans sa *Maîtresse légitime*, à l'Odéon. Je suis certain que la forme de notre mélodrame historique est surtout la grande coupable, dans cette affaire de *Coq-Hardy*. On ne ressuscite pas un genre mort. J'entendais bien, dans la salle, les romantiques impénitents rejeter toute la faute sur M. Poupart-Davyl, en l'accusant d'avoir gâché un bon sujet. Mais la vérité est qu'il est impossible aujourd'hui de refaire les pièces d'Alexandre Dumas. Il faudrait tout au moins renouveler le cadre, chercher des combinaisons, choisir des époques inexplorées. Voyez les faits : M. Poupart-Davyl a un grand succès avec la *Maîtresse légitime*, et je doute qu'il fasse autant d'argent avec *Coq-Hardy*. Ouvrira-t-on les yeux, comprendra-t-on qu'on doit laisser au magasin des accessoires toutes les guenilles historiques, pour entrer définitivement dans le drame moderne, qui est fait de notre chair et de notre sang?

Dernièrement, les romantiques impénitents se fâchaient contre *Rome vaincue*. Comment ! une tragédie, cela était intolérable ! Et ils se chatouillaient pour rire, ils plaisantaient M. Parodi sur la formule démodée qu'il avait ressuscitée. Eh bien ! en toute conscience, je trouve les Romains de *Rome vaincue* autrement vivants que les frondeurs de *Coq-Hardy*. Certes, la tragédie, que les romantiques avaient tuée, se porte beaucoup mieux à cette heure que le drame. Je ne veux pas même établir un parallèle entre les deux pièces, car d'un côté il y a le souffle d'un tempérament dramatique, tandis que, de l'autre, je ne vois que le pastiche banal de tous les mélodrames odieux qui m'assomment depuis quinze ans. Ici, la question d'art s'élève au-dessus des formules. Et combien je préfère la langue incorrecte de M. Parodi au ron-ron de M. Poupart-Davyl !

IV

M. Poupart-Davyl a fait jouer à l'Ambigu un drame en six actes : *les Abandonnés*, qui a eu un très vif succès le soir de la première représentation.

Guillaume Aubry est un ouvrier serrurier qui a épousé à Tours une fille superbe, Nanine, laquelle l'a abandonné après quelques mois de mariage. Vainement il l'a cherchée, fou de tendresse et de rage ; elle roule le monde, elle est faite pour les amours cosmopolites et pour les aventures. Guillaume est venu à Paris, où il a fini par s'établir. La loi est là qui l'empêche de se remarier, mais son cœur s'est donné à une honnête blanchisseuse, Ursule, avec laquelle il vit maritalement, et dont il a deux petits garçons.

Il y a même, dans la maison, un troisième enfant, Robert, qu'Ursule dit avoir recueilli par pitié, en le voyant maltraité par les personnes qui le gardaient ; et Guillaume regarde cet enfant d'un œil jaloux, car son idée fixe est que le petit est la preuve vivante d'une première faute, d'une faute ancienne, qu'Ursule ne veut pas avouer.

Voilà une des actions du drame. Un autre action est fournie par Nanine, qui a été en Angleterre la maîtresse de lord Clifton. Un fils est né de cette liaison, et Nanine, en abandonnant lord Clifton, a emporté cet enfant. Depuis cette époque, le père, qui a hérité d'une fortune colossale, vit dans les regrets et parcourt l'Europe en cherchant son fils. Naturellement, ce fils n'est autre que Robert, recueilli par Ursule. Le bâtard de la femme vit ainsi sous le toit du mari, entre les deux bâtards que celui-ci a eus de son côté ; et tout cela sans que personne s'en doute le moins du monde.

Si j'ajoute que Nanine, pour faire peau neuve, a fait annoncer sa mort dans les journaux de San Francisco, et qu'elle ressuscite à Paris sous le nom de madame veuve Perkins ; si je dis qu'elle est associée avec un certain Morgane, un gredin de la haute société qui vole au jeu et qui ne recule pas devant les coups de couteau : j'aurai indiqué tous les éléments du drame, et il sera aisé d'en comprendre les péripéties assez compliquées.

A la nouvelle de la mort de Nanine, Guillaume et Ursule sont dans une joie profonde. Enfin, ils vont pouvoir se marier ! Cependant, Nanine, en retrouvant lord Clifton affolé par la mort de son fils, ourdit toute une trame. Elle vient trouver son ancien amant et lui offre de lui rendre son fils, s'il consent à se marier avec elle. Celui-ci, après s'être révolté, consent. Nanine se met alors à la recherche de Robert et arrive ainsi chez Guillaume. Ursule, devant son visage froid, ses yeux mauvais, refuse violemment de lui rendre le petit. Puis, Guillaume se présente, et la reconnaissance entre le mari et la femme a lieu. Dès lors, tout croule, plus de mariage possible ni d'un côté ni de l'autre. Mais Nanine ne renonce pas à la lutte, elle volera Robert et elle fera assassiner Guillaume par Morgane. Le malheur pour elle est que Morgane se doute qu'elle le dupe et qu'elle l'emploie comme un instrument dont on se débarrasse ensuite. Au dénoûment, lorsqu'elle s'entête à ne pas le suivre, il la frappe d'un coup de couteau. Et c'est ainsi que les méchants sont punis, pendant que les bons se réjouissent.

On voit quelle complication extraordinaire. Le hasard joue dans tout cela un rôle vraiment trop considérable. Je ne discute pas la vraisemblance. Rien de plus étrange que cette aventurière qui, en quittant lord Clifton, emporte son fils comme un colis encombrant qu'on abandonne à la première station. Il y a aussi, dans le drame, des idées bien singulières sur la législation qui régit les questions de paternité. La seule querelle que je veuille chercher à M. Louis Davyl est de lui demander pourquoi il a mis en œuvre toutes les vieilles machines de l'ancien mélodrame, lorsqu'il lui était si facile de faire plus simple, plus nature, et d'obtenir par là même un succès plus légitime et plus durable.

Car les faits sont là, ce qui a pris le public, ce sont les scènes entre Guillaume et Ursule, c'est la peinture de ce monde ouvrier, étudié dans ses mœurs et dans son langage. Là étaient la nouveauté et la hardiesse, là a été le succès. Dès que Nanine se montrait, dès qu'on voyait reparaître ce lord de convention qui se promène d'un air dolent parmi les serruriers et les peintres en bâtiment, l'intérêt languissait, on souriait même, on écoutait d'une oreille distraite des scènes interminables, connues à l'avance. Il fallait que Guillaume et qu'Ursule reparussent, pour que la salle fût de nouveau prise aux entrailles.

Le pis est que M. Louis Davyl a certainement mis là les figures démodées et ridicules de son aventurière, de son lord, de son bandit du grand monde, pour faire accepter ses ouvriers du public. Il s'est dit, j'en jurerais, que, par le temps qui court, le public ne voulait pas trop de vérité à la fois, et qu'il fallait être habile en ménageant les doses. Alors, il a accepté la recette connue, qui consiste à ne pas mettre que des ouvriers sur la scène, à les mêler dans une savante proportion à de nobles personnages. Et il a obtenu cette singulière mixture qui rend son drame boiteux et qui en fait une œuvre mal équilibrée et d'une qualité littéraire inférieure.

Je crois que le public lui aurait été reconnaissant de rompre tout à fait avec la tradition. Pourquoi un lord ? Elles sont rares les femmes d'ouvriers qui montent dans les lits des grands de la terre. Le plus souvent, elles trompent un serrurier avec un maçon. Transportez ainsi toute l'action des *Abandonnés* dans le peuple, et vous obtiendrez une pièce vraiment originale, d'une peinture vraie et puissante. Je répète que les seules parties de l'œuvre qui ont porté sont les parties populaires. C'est là une expérience dont le résultat m'a enchanté, parce que j'y ai vu une confirmation de toutes les idées que je défends.

Déjà, lorsque M. Louis Davyl fit jouer à la Porte-Saint-Martin ce drame stupéfiant de *Coq-Hardy*, où l'on voyait Louis XIV enfant se promener la nuit dans les rues de Paris en jouant de sa petite épée de gamin, j'ai dit combien les vieilles formules sont délicates à employer. L'auteur était là dans la pièce de cape et d'épée, cherchant le succès avec une bonne foi et un courage méritoires. Le drame ne réussit pas, il comprit qu'il se trompait, il frappa ailleurs. Je lui avais conseillé de s'attaquer au monde moderne. Il vient de donner les *Abandonnés*, et il doit s'en trouver bien. Maintenant, s'il veut prendre une place tout à fait digne et à part, il faut qu'il fasse encore un pas, il faut qu'il accepte franchement les cadres contemporains et qu'il ne les gâte pas, en y introduisant des éléments poncifs. C'est lorsqu'on veut ménager le public qu'on se le rend hostile.

Sérieusement, croit-on qu'une œuvre d'une complication si laborieuse, avec des histoires folles qui ont traîné partout, avec ces trois bâtards qui passent comme des muscades sous les gobelets du dramaturge, ait quelque chance de laisser une petite trace ? On la jouera quarante, cinquante fois ; puis, elle tombera dans un oubli profond, et si par hasard quelqu'un la déterre un jour, il sourira du lord et de l'aventurière en disant : « C'est dommage, les ouvriers étaient intéressants. » A la place de M. Louis Davyl, j'aurais une ambition littéraire plus large, je voudrais tenter de vivre. Il est homme de travail et de conscience. Pourquoi ne jette-t-il pas là toute la prétendue science du théâtre, qui jusqu'ici l'a empêché de faire un drame vraiment neuf et vivant ?

Chaque fois qu'un mélodrame réussit, il y a des critiques qui s'écrient : « Eh bien ! vous voyez que le mélodrame n'est pas mort. » Certes, il n'est pas mort et il ne peut mourir. Par exemple, jamais un public ne résistera à une scène comme celle des deux mères, dans les *Abandonnés*. Nanine vient réclamer Robert à Ursule, la mère adoptive se sent pleine de tendresse à côté de la véritable mère, et elle lui crie, en montrant les trois enfants qui jouent : « Votre fils est là, choisissez dans le tas ! » L'effet a été immense. Cela prend les spectateurs par les nerfs et par le cœur. Toujours, de pareilles combinaisons dramatiques, qui mettent en jeu les profonds sentiments de l'homme, remueront puissamment une salle.

Ce qui meurt, au théâtre comme partout, ce sont les modes, les formules vieillies. Il est certain que le dernier acte des *Abandonnés*, ce pavillon où Morgane vient assassiner Nanine, est de l'art mort. On le tolère, parce qu'il faut bien accepter un dénoûment quelconque. Mais on est fâché que l'auteur n'ait pas trouvé quelque chose de neuf pour finir sa pièce. Le mélodrame est mort, si l'on parle des recettes mélodramatiques connues, des combinaisons qui défrayent depuis quarante ans les théâtres des boulevards et dont le public ne veut plus. Le mélodrame est vivant, et plus vivant que jamais, s'il est question des pièces qu'on peut écrire sur l'éternel thème des passions, en employant des cadres nouveaux et en renouvelant les situations. Nous sommes emportés vers la vérité ; qu'un dramaturge satisfasse le public en lui présentant des peintures vraies, et je suis persuadé qu'il obtiendra des succès immenses. Le tort est de croire qu'il faut rester dans les ornières de l'art dramatique pour être applaudi. Adressez-vous aux habiles, et vous verrez qu'eux surtout sentent la nécessité d'une rénovation.

V

M. Ernest Blum est un fervent du mélodrame. Il avait obtenu un beau succès avec *Rose Michel*. Aujourd'hui, il vient de tenter la fortune avec un drame historique, *l'Espion du roi*, mais je serais très surpris que le succès fût égal, car le public m'a paru bien froid et singulièrement dépaysé, en face des personnages, empruntés à une Suède de fantaisie. Entendons-nous, on a applaudi les mots sonores d'honneur, de patrie et de liberté; mais les spectateurs n'étaient pas « empoignés », et se moquaient parfaitement de la Suède, au fond de leur cœur.

L'avouerai-je? J'ai à peine compris les deux premiers tableaux. Rien n'accrochait mon attention. Il y avait là un amas d'explications nécessaires, pour indiquer le moment historique et l'affabulation compliquée du drame, qui lassait évidemment la patience de toute la salle. Les visages semblaient écouter, mais n'entendaient certainement pas. Aussi, quelle étrange idée, d'être allé choisir la Suède, qui compte si peu dans les sympathies populaires de notre pays! Ce choix malheureux suffit à reculer l'action dans le brouillard. On raconte que M. Ernest Blum a promené son drame de nationalités en nationalités, avant de le planter à Stockholm. Il a eu ses raisons sans doute ; mais je lui prédis qu'il ne s'en repentira pas moins d'avoir poussé le dédain de nos préoccupations quotidiennes jusqu'à nous mener dans une contrée dont la grande majorité des spectateurs ne sauraient indiquer la position exacte sur la carte de l'Europe. Nous rions et nous pleurons où est notre cœur.

Je connais le raisonnement qui fait de nous les frères de tous les peuples opprimés. Cela est vague. On peut applaudir une tirade contre la tyrannie, sans s'intéresser autrement au personnage qui la lance. Je vous demande un peu qui s'inquiète de Christian II, un roi conquérant, une sorte de fou imbécile et féroce, tombé sous la domination d'une favorite, et qui ensanglantait la Suède par des exécutions continuelles, afin d'affermir par la terreur son trône chancelant? Lorsque, au dénoûment, Gustave Wasa, le libérateur, le roi aimé et attendu, délivre Stockholm, on prend son chapeau et on s'en va, bien tranquille, sans la moindre émotion. Est-ce que ces gens-là nous touchent? Si le génie leur soufflait sa flamme, ils pourraient ressusciter du passé et nous communiquer leurs passions. Seulement, le génie, dans les mélodrames, n'est d'ordinaire pas là pour accomplir ce miracle. Quand un auteur a simplement de l'intelligence et de l'habileté, il découpe les personnages historiques, comme les enfants découpent des images.

Je trouve donc le cadre fâcheux, et je maintiens qu'il nuira au drame. La principale situation dramatique sur laquelle l'œuvre repose avait une certaine grandeur. Il s'agit d'une mère, Marthe Tolben, qui adore ses fils; le plus jeune, Karl, meurt dans ses bras, tué par un officier du tyran; l'aîné, Tolben, est arrêté et va être exécuté, si Marthe ne trahit pas les patriotes de Stockholm, qui conspirent pour la délivrance du pays. Mais sa trahison tourne contre la malheureuse femme; Tolben lui-même est accusé de son crime et veut se faire tuer, pour se laver d'une telle accusation aux yeux de ses compagnons d'armes. Alors, cette mère, qui a sacrifié la patrie à ses fils, se sacrifie elle-même pour la patrie, meurt en ouvrant une des portes de Stockholm à Gustave Wasa; et c'est là une expiation très haute, qui devrait donner une grande largeur au dénoûment.

M. Ernest Blum ne s'est point contenté de cette figure. Il a imaginé une création énigmatique, Ruskoé, un bossu, un chétif, qui, ne pouvant servir son pays par l'épée, le sert à sa manière en se faisant espion. Pour tout le monde, il est l'espion du roi; mais, en réalité, il travaille à la délivrance de la patrie, il est l'espion de Wasa. Certes, la figure était faite pour tenter un dramaturge : ce pauvre être hué, lapidé, vivant dans le mépris de ses frères, poussant le dévouement jusqu'à accepter l'infamie, attendant des semaines, des mois, avant de pouvoir se redresser dans son honneur et dire son long héroïsme. J'estime cependant que Ruskoé n'a pas donné tout ce que l'auteur en attendait, et cela pour diverses raisons.

La première est que l'intérêt hésite entre lui et Marthe. Sans doute ces deux personnages se rencontrent, lorsque, au quatrième acte, Ruskoé vient offrir le pardon à la femme qui a trahi, en lui donnant les moyens de sauver Stockholm. La scène est fort belle.

Seulement, le lien reste bien faible en eux, l'attention se porte de l'un à l'autre, sans pouvoir se fixer d'une manière définitive. Mais la principale raison est que Ruskoé n'agit pas assez. L'auteur, en voulant le rendre intéressant à force de mystère, l'a trop effacé. Pendant quatre tableaux, on attend l'explication que Ruskoé donne au cinquième; tout le monde a deviné, il n'a plus rien à nous apprendre, quand il laisse échapper son secret, dans un élan de douleur et d'espoir. Puis, sa confidence faite, il retourne au second plan. Le dénoûment appartient à Marthe, et non à lui. Il sort de l'ombre, récite son affaire, et rentre dans l'ombre. Cela lui ôte toute hauteur. Il aurait fallu, j'imagine, le montrer plus actif dans le dénoûment. Au théâtre, ce qu'on dit importe peu; l'important est ce qu'on fait. Ruskoé est une draperie, rien de plus; il n'y a pas dessous un personnage vivant.

Je néglige les rôles secondaires : Hedwige, la fille noble, au cœur de patriote, qui aime Tolben; le chevalier de Soreuil, le gentilhomme français de rigueur, qui se promène dans tous les drames russes, américains ou suédois, en distribuant de grands coups d'épée. Mon opinion, en somme, est celle-ci. Les deux premiers tableaux sont lents, embarrassés, d'un effet presque nul. Au troisième tableau, mademoiselle Angèle Moreau, qui joue Karl, meurt d'une façon dramatique, et madame Marie Laurent, Marthe Tolben, pousse des sanglots si vrais et si déchirants, que le public commence à s'émouvoir. Au quatrième, il y a un double duel admirablement réglé, et enlevé avec une grande bravoure par M. Deshayes, le chevalier de Soreuil. Le meilleur tableau est le cinquième, où l'on compte deux belles scènes, la terrible scène entre Marthe et son fils Tolben qui lui arrache le secret de sa trahison, et la grande scène qui suit, dans laquelle Ruskoé se dévoile et apporte à Marthe le rachat. Quant au sixième, il escamote simplement le dénoûment; la pièce est finie, d'ailleurs; il aurait fallu un vaste décor, un tableau mouvementé, montrant Marthe ouvrant la porte aux libérateurs, au milieu des coups de feu et des acclamations; et rien n'est plus froid que de la voir arriver blessée à mort, dans un décor triste et étroit, le coin de forteresse où Tolben, Hedwige et d'autres patriotes attendent leur exécution.

Je vois là quelques belles situations, gâtées par des parties grises et mal venues. Je ne parle pas de la langue, qui est bien médiocre. M. Ernest Blum porte la peine du milieu romantique dans lequel il vit. Il patauge dans une formule morte, malgré sa réelle habileté d'auteur dramatique; il est gêné et raidi, comme les hommes d'armes qu'il nous a montrés, enfermés dans des cuirasses de fer-blanc, pareilles à des casseroles fraîchement étamées.

VI

Je n'avais pu assister à la première représentation du drame en cinq actes de MM. Malard et Tournay : *le Chien de l'Aveugle*, joué au Troisième-Théâtre-Français. Mais les articles extraordinairement élogieux, presque lyriques de certains de mes confrères, m'ont fait un devoir d'assister à une des représentations suivantes; les critiques les plus influents décla-

raient que c'était enfin là du théâtre, et que depuis
vingt ans on n'avait pas joué un drame mieux fait
ni plus intéressant. J'ai donc écouté avec tout le
recueillement possible, et j'ai en effet trouvé la pièce
habilement charpentée, offrant quelques scènes heureuses, lente pourtant dans certaines parties et fort
mal écrite. Cela est d'une moyenne convenable, du
d'Ennery qui aurait besoin de coupures. Mais je me
refuse absolument à m'extasier, à m'écrier : « Enfin,
voilà une œuvre, voici ce qu'il faut faire; jeunes
auteurs, étudiez et marchez! »

Quelle est donc cette rage de la critique dramatique, de nier tous les efforts originaux, et de se pâmer
d'aise, dès que se produit une œuvre médiocre,
coupée sur les patrons connus! Ainsi voilà des critiques, la plupart fort intelligents, qui montrent la
sévérité la plus grande pour les tentatives dramatiques des poètes et des romanciers, et qui saluent
avec des yeux mouillés de larmes le retour de toutes
les vieilleries du boulevard du Crime, surtout lorsqu'elles sont en mauvais style. Je connais leur raisonnement : « Nous sommes au théâtre, faites-nous
du théâtre. Nous nous moquons du talent, du bon
sens et de la langue française, du moment où nous
nous asseyons dans notre fauteuil d'orchestre. Nous
préférons un imbécile qui nous fera du théâtre, à un
homme de génie qui ne nous fera pas du théâtre. »
Telle est la théorie. Elle suppose un absolu, le
théâtre, une chose qui est à part, immuable, à jamais
fixée par des règles. C'est ce qui m'enrage.

Et, d'ailleurs, je veux bien que le théâtre soit à
part, qu'il y faille des qualités particulières, qu'on s'y
préoccupe des conditions où l'œuvre dramatique se

produit. Mais, pour l'amour de Dieu ! que le talent, la personnalité et l'audace de l'auteur comptent aussi un peu dans l'affaire. Nous ne sommes pas dans la mécanique pure. Il s'agit de peindre des hommes et non de faire mouvoir des pantins. La nécessité de la situation s'impose, soit; mais encore faut-il, pour que l'œuvre ait une réelle valeur humaine, que la situation se présente comme une résultante des caractères; si elle est simplement une aventure, nous tombons au roman-feuilleton, à la plus basse production littéraire.

Voici, par exemple, *le Chien de l'Aveugle*. Ce drame est la mise en œuvre d'une cause célèbre, l'affaire Gras, qui est encore présente à toutes les mémoires. Je constate d'abord un changement qui me gâte la réalité. La femme Gras avait pour complice un ouvrier sans éducation, qu'elle avait affolé d'amour au point de le pousser au crime. Les auteurs, qui sont des gens de théâtre, ont eu peur de cet ouvrier, de cette brute docile; comment écrire des scènes avec un pareil complice, comment intéresser et attendrir? Et ils ont eu la belle imagination de changer l'ouvrier en un chirurgien du plus rare mérite, Octave Froment, un amoureux décent, facile à manier, et qui ne peut blesser personne. Eh bien, cette transformation tue le sujet. L'héroïne est diminuée, car elle n'est plus la seule volonté; tout se trouve déplacé, c'est Octave Froment qui commet le crime, nous n'avons plus le beau cas de cette femme usant de la toute-puissance de son sexe. La madame de La Barre des auteurs devient sympathique. C'est là le triomphe du théâtre.

Mais où l'admiration des critiques a éclaté, c'est dans ce qu'ils ont nommé la trouvaille de MM. Malard et Tournay. Il paraît que ces messieurs ont eu un coup de génie en imaginant, après la réussite du crime, les deux derniers actes, où l'on voit Octave Froment, sorti de prison, venir réclamer le payement de son crime à madame de La Barre, qui s'est faite le bon ange de son amant devenu aveugle. La grande scène est celle-ci : à la suite d'une longue et pénible discussion entre les deux complices, Octave va se résigner et s'éloigner de nouveau, lorsque l'amant, Lucien d'Alleray, arrive et reconnaît la voix de l'homme qui lui a ôté la vue. Il s'approche, pose la main sur l'épaule de cet homme et y trouve le bras de la femme qu'il adore ; de là des soupçons, une instruction nouvelle, et finalement le suicide de madame de La Barre, qui se jette par une fenêtre. Cette situation du quatrième acte a exalté les critiques. Il paraît que cela est du théâtre, et du meilleur.

Voyons, tâchons d'être juste. D'abord, nous avons vu cela cent fois. Ensuite, nous sommes simplement ici dans un fait-divers, et encore bien invraisemblable. Il faut que madame de La Barre y mette de la complaisance, pour que Lucien trouve son bras au cou d'Octave ; elle supplie ce dernier de se taire, je le sais, elle se pend à ses épaules, et le groupe est intéressant ; mais tout cela n'en reste pas moins une combinaison scénique, où l'étude humaine, les caractères et les passions des personnages n'ont rien à voir. Si ce qu'on nomme le théâtre est réellement dans cette seule mécanique des faits, ni Molière, ni Corneille ni Racine n'ont fait du théâtre.

Il faudrait s'entendre une bonne fois sur la situation au théâtre. La situation s'impose, si l'on entend par elle le fait auquel arrivent deux personnages qui marchent l'un vers l'autre. Elle est dès lors, comme je l'ai dit plus haut, la résultante même des personnages. Selon les caractères et les passions, elle se posera et se dénouera. C'est l'analyse qui l'amène et c'est la logique qui la termine. Au fond, le drame n'est donc qu'une étude de l'homme. Remarquez que j'appelle situation tout fait produit par les personnages. Il y a, en outre, le milieu et les circonstances extérieures, qui au contraire agissent sur les personnages. Rien de plus poignant que cette bataille de la vie, les hommes soumis aux faits et produisant les faits : c'est là le vrai théâtre, le théâtre de tous les grands génies. Quant à cette mécanique théâtrale dont on nous rebat les oreilles, à ces situations qui réduisent les personnages à de simples pièces d'un jeu de patience, elles sont indignes d'une littérature honnête. C'est de la fabrication, c'est de l'arrangement plus ou moins habile, mais ce n'est pas de l'humanité ; et il n'y a rien en dehors de l'humanité.

Un exemple m'a beaucoup frappé. Dans *les Noces d'Attila*, on voit qu'au dernier acte Ellack, un fils du conquérant, apprend de la bouche même d'Hildiga, que celle-ci veut tuer son père. Justement, à la scène suivante, il se trouve en face d'Attila. Les critiques en question se sont allumés : voilà, selon eux, une situation superbe. Comment Ellack va-t-il en sortir? De la façon la plus simple du monde. Au moment où il est sur le point de tout dire à Attila, celui-ci s'avise de l'avertir que le lendemain matin il fera tuer sa mère, une de ses épouses qu'il retient en prison pour une faute ancienne. Et, dès lors, Ellack, forcé de choisir entre son père et sa mère, se décide pour celle-ci. Il se retire. C'est du théâtre, paraît-il. Les critiques les plus durs pour la pièce ont ici retiré leur chapeau.

Eh bien, cela me met hors de moi. Je trouve cela puéril, fou, exaspérant. Si réellement la situation au théâtre doit consister dans de pareilles devinettes, monstrueuses et enfantines, rien n'est plus facile que d'en inventer, et de plus stupéfiantes encore. Quoi! il y aura du talent à résoudre des problèmes sans issue raisonnable, à poser des cas qui ne sauraient se présenter et à se tirer ensuite d'affaire par des lieux communs! Et le pis est que, dans ces aventures extraordinaires, le personnage disparaît fatalement. Sommes-nous ensuite plus avancés sur le compte d'Ellack? Pas le moins du monde. Ce garçon aime mieux sa mère, parce que son père se conduit mal. Cela est d'une psychologie médiocre. Aucune analyse, d'ailleurs. Les faits mènent les personnages comme des marionnettes. Il n'y a pas là une étude humaine. Il y a simplement des abstractions qui se promènent, au gré de l'auteur, dans des casiers étiquetés à l'avance.

Qui dit théâtre, dit action, cela est hors de doute. Seulement, l'action n'est pas quand même l'entassement d'aventures qui emplit les feuilletons des journaux. Dans toute œuvre littéraire de talent, les faits tendent à se simplifier, l'étude de l'homme remplace les complications de l'intrigue; et cela est d'une vérité aussi évidente au théâtre que dans le roman. Pour moi, toute situation qui n'est pas amenée par des caractères et qui n'apporte pas un document humain, reste une histoire en l'air, plus ou moins intéressante, plus ou moins ingénieuse, mais d'une qualité radicalement inférieure. Et c'est ce que je reproche aux critiques de n'avoir pas dit, en parlant du *Chien de l'aveugle*.

Comment! voilà un drame estimable assurément, mais un drame comme nous en avons une centaine peut-être dans notre répertoire, et vous criez tout de suite à la merveille, vous semblez le proposer en modèle à nos jeunes auteurs dramatiques! C'est du théâtre, criez-vous, et il n'y a que ça. Eh bien! s'il n'y a que ça, il vaut mieux que le théâtre disparaisse. Votre rôle est mauvais, car vous découragez toutes les tentatives originales, pour n'appuyer que les retours aux formules connues. Qu'on nous ramène à *Lazare le Pâtre*, puisque la situation telle que vous l'entendez ou plutôt l'aventure, règne sur les planches en maîtresse toute-puissante.

LE DRAME HISTORIQUE

I

Les Mirabeau, le drame de M. Jules Claretie, viennent de soulever la grave question du drame historique moderne. J'ai lu à ce sujet, dans les feuilletons de mes confrères, des opinions bien étonnantes; je sais que ces opinions sont celles du plus grand nombre; mais elles ne m'en paraissent que plus étonnantes encore.

Ainsi, voici toute une théorie, qui, paraît-il, nous vient d'Aristote en passant par Lessing. Ce sont là des autorités, je pense, et qui comptent aujourd'hui, dans nos idées modernes. Donc la vérité historique est impossible au théâtre; il n'y faut admettre que la convention historique. Le mécanisme est bien simple: vous voulez, par exemple, parler de Mirabeau; eh bien, vous ne dites pas du tout ce que vous pensez de Mirabeau, vous auteur dramatique, parce que le public se moque absolument de ce que vous pensez, des vérités que vous avez acquises, de la lumière que vous pouvez faire ; ce qu'il faut que vous disiez, c'est ce que le public pense lui-même, de façon à ce que vous ne blessiez pas ses opinions toutes faites et qu'il puisse vous applaudir.

Voilà ! Rien de plus amusant comme mécanique. Représentons-nous l'auteur dramatique dans son cabinet ; il est entouré de documents, il peut reconstruire, planter debout sur la scène, un personnage réel, tout palpitant de vie ; mais ce n'est pas là son souci, il ne se pose que cette question : « Qu'est-ce que mes contemporains pensent du personnage ? Diable ! je ne veux pas contrarier mes contemporains, car je les connais, ils seraient capables de siffler. Donnons-leur le bonhomme qu'ils demandent. » Et voilà la vérité historique tranchée au théâtre. Le théorème se résume ainsi : ne jamais devancer son époque, être aussi ignorant qu'elle, répéter ses sottises, la flatter dans ses préjugés et dans ses idées toutes faites, pour enlever le succès. Certes, il y a là un manuel pratique du parfait charpentier dramatique, qui a du bon, si l'on veut battre monnaie. Mais je doute qu'un esprit littéraire ayant quelque fierté s'en accommode aujourd'hui.

Cela me rappelle la théorie de Scribe. Comme un ami s'étonnait un jour des singulières paroles qu'il avait prêtées à un chœur de bergères, dans une pièce quelconque : « Nous sommes les bergères, vives et légères, etc. » il haussa les épaules de pitié. Sans doute, dans la réalité, les bergères ne parlaient pas ainsi ; seulement, il ne s'agissait pas de mettre des paroles exactes dans la bouche des bergères, il s'agissait de leur prêter les paroles que les spectateurs pensaient eux-mêmes en les voyant : « Nous sommes les bergères, vives et légères, etc. » Toute la théorie de la convention au théâtre est dans cet exemple.

Ce qui me surprend toujours, dans ces règles données pour un art quelconque, c'est leur parfait enfantillage et leur inutilité absolue. Rien n'est plus vide que ce mot de convention, dont on nous bat les oreilles. La convention de qui? la convention de quoi? Je connais bien la vérité; mais la convention m'échappe, car il n'y a rien de plus fuyant, de plus ondoyant qu'elle. Elle se transforme tous les ans, à chaque heure. Elle est faite de ce qu'il y a de moins noble en nous, de notre bêtise, de notre ignorance, de nos peurs, de nos mensonges. Le seul rôle d'une intelligence qui se respecte est de la combattre par tous les moyens, car chaque pas gagné sur elle est une conquête pour l'esprit humain. Et ils sont là une bande, des hommes honorables, très consciencieux, animés des meilleures intentions, dont l'unique besogne est de nous jeter la convention dans les jambes! Quand ils croient avoir triomphé, quand ils nous ont prouvé que nous sommes uniquement faits pour le mensonge, que nous pataugerons toujours dans l'erreur, ils exultent, ils prennent des airs de magisters tout orgueilleux de leur besogne. Il n'y a vraiment pas de quoi.

Mais ils se trompent. La marche vers la vérité est évidente, aveuglante. Pour nous en tenir au théâtre, prenez une histoire de notre littérature dramatique nationale, et voyez la lente évolution des mystères à la tragédie, de la tragédie au drame romantique, du drame romantique aux comédies psychologiques et physiologiques de MM. Augier et Dumas fils. Remarquez qu'il n'est pas question ici du talent, du génie qui éclate dans les œuvres, en dehors de toute formule. Il s'agit de la formule elle-même, du plus ou du moins de convention admise, de la part faite à la vérité humaine. Un rapide examen prouve que la convention au théâtre s'est transformée et s'est réduite à chaque siècle; on pourrait compter les étapes, on verrait la vérité s'élargissant de plus en plus, s'imposant par des nécessités sociales. Sans doute il existera toujours des fatalités de métier, des réductions et des à peu près matériels, imposés par la nature même des œuvres. Seulement, la question n'est pas là, elle est dans les limites de notre création humaine; dire qu'une œuvre sera vraie, ce n'est pas dire que nous la créerons à nouveau, c'est dire que nous épuiserons en elle nos moyens d'investigation et de réalisation. Et, quand on voit le chemin parcouru sur la scène, depuis les *Mystères* jusqu'à la *Visite de Noces*, de M. Dumas, on peut bien espérer que nous ne sommes pas au bout, qu'il y a encore de la vérité à conquérir, au delà de la *Visite de Noces*.

Cependant, lorsque je dis ces choses, cela semble très comique. Je ne suis qu'un historien, et l'on me change en apôtre. Je tâche simplement de prévoir ce qui sera par ce qui a été, et l'on me prête je ne sais quelle imbécile ambition de chef d'école. Tout ce que j'écris exclut l'idée d'une école : aussi se hâte-t-on de m'en imposer une. Un peu d'intelligence pourtant suffirait.

Pour en revenir au drame historique, la question de la convention s'y présente justement d'une façon très caractéristique. Dans ces pages écrites au cou-

rant de la plume, je ne puis qu'indiquer les sujets
d'étude qu'il faudrait approfondir, si l'on voulait
éclairer tout à fait les questions. Ainsi rien ne serait
plus intéressant que d'étudier la marche de notre
théâtre historique vers les documents exacts. On
sait quelle place l'histoire tenait dans la tragédie;
une phrase de Tacite, une page de tout autre historien, suffisait; et là-dessus l'auteur écrivait sa pièce,
sans se soucier le moins du monde de reconstituer
le milieu, prêtant les sentiments contemporains aux
héros de l'antiquité, s'efforçant uniquement de peindre l'homme abstrait, l'homme métaphysique, selon
la logique et la rhétorique du temps. Quand le drame
romantique s'est produit, il a eu la prétention justifiée de rétablir les milieux; et, s'il a peu réussi à faire
vivre les personnages exacts, il ne les a pas moins humanisés, en leur donnant des os et de la chair. Voilà
donc une première conquête sur la convention, très
certaine, très marquée. Et je n'indique que les grandes
lignes; cela s'est fait lentement, avec toutes sortes
de nuances, de batailles et de victoires.

Aujourd'hui, nous en sommes là. La pièce historique, qui n'était qu'une dissertation dialoguée sur un
sujet quelconque, devient de jour en jour une étude
critique. Et c'est le moment qu'on choisit pour nous
dire : « Restons dans la convention, la vérité historique est impossible. » Vraiment, c'est se moquer du
monde. Le pis est que les critiques pratiques qui
donnent de pareils conseils aux jeunes auteurs, les
égarent absolument. Il faut toujours se reporter
à l'expérience, à ce qui se passe sous nos yeux. Nous
ne sommes même plus au temps où Alexandre
Dumas accommodait l'histoire d'une si singulière et si

amusante façon. Voyez ce qui a lieu, chaque fois qu'on reprend un de ses drames : ce sont des sourires, des plaisanteries, des chicanes dans les journaux. Cela ne supporte plus l'examen, et cela achèvera de tomber en poussière avant trente ans. Mais il y a plus : les critiques qui sont les champions enragés de la convention, ne laissent pas jouer un drame historique nouveau, sans l'éplucher soigneusement, sans en discuter la vérité, tellement ils sont emportés eux-mêmes par le courant de l'époque.

Que se passe-t-il donc? Mon Dieu, une chose bien visible. C'est que nous devenons de plus en plus savants, c'est que ce besoin croissant d'exactitude qui nous pénètre malgré nous, se manifeste en tout, aussi bien au théâtre qu'ailleurs. Tel est le courant naturaliste dont je parle si souvent, et qui fait tant rire. Il nous pousse à toutes les vérités humaines. Quiconque voudra le remonter sera noyé. Peu importe la façon dont la vérité historique triomphera un jour sur les planches ; la seule chose qu'on peut affirmer, c'est qu'elle y triomphera, parce que ce triomphe est dans la logique et dans la nécessité de notre âge. Prendre des exemples dans les pièces nouvelles pour démontrer que la vérité n'est pas commode à dire, c'est là une besogne puérile, une façon aisée de plaider son impuissance et ses terreurs. Il vaudrait mieux montrer ce que les pièces nouvelles apportent déjà de décisif au mouvement, appuyer sur les tâtonnements, sur les essais, sur tout cet effort si méritoire que nos jeunes auteurs, et M. Jules Claretie le premier, font eu ce moment.

La question est facile à résumer. Toutes les pièces historiques écrites depuis dix ans sont médiocres et ont fait sourire. Il y a évidemment là une formule épuisée. Les gasconnades d'Alexandre Dumas, les tirades splendides de Victor Hugo ne suffisent plus. Nous sentons trop à cette heure le mannequin sous la draperie. Alors, quoi? faut-il écouter les critiques qui nous donnent l'étrange conseil de refaire, pour réussir, les pièces de nos aînés que le public refuse? faut-il plutôt marcher en avant, avec les études historiques nouvelles, contenter peu à peu le besoin de vérité qui se manifeste jusque dans la foule illettrée? Évidemment, ce dernier parti est le seul raisonnable. C'est jouer sur les mots que de poser en axiome : Un auteur dramatique doit s'en tenir à la convention historique de son temps. Oui, si l'on veut; mais comme nous sortons aujourd'hui de toute convention historique, notre but doit donc être de dire la vérité historique au théâtre. Il ne s'agit que de choisir les sujets où l'on peut la dire.

D'ailleurs, à quoi bon discuter? Les faits sont là. Notre drame historique ne serait pas malade, si le public mordait encore aux conventions. On est dans un malaise, on attend quelque œuvre vraie qui fixera la formule. Faites des drames romantiques, à la Dumas ou à la Hugo, et ils tomberont, voilà tout. Cherchez plus de vérité, et vos œuvres tomberont peut-être tout de même, si vous n'avez pas les épaules assez solides pour porter la vérité; mais vous aurez au moins tenté l'avenir. Tel est le conseil que je donne à la jeunesse.

II

M. Émile Moreau, un débutant, je crois, a fait jouer au Théâtre des Nations une pièce historique, intitulée : *Camille Desmoulins*. Cette pièce n'a pas eu de succès. On a reproché à *Camille Desmoulins* de présenter une débandade de tableaux confus et médiocrement intéressants ; on a ajouté que les personnages historiques, Danton, Robespierre, Hébert et les autres, perdaient beaucoup de leur hauteur et de leur vérité ; on a blâmé enfin le bout d'intrigue amoureuse, une passion de Robespierre pour Lucile, qui mène toute l'action. Ces reproches sont justes. Seulement, les critiques qui défendent la convention au théâtre, ont profité de l'occasion pour exposer une fois de plus leur thèse des deux vérités, la vérité de l'histoire et la vérité de la scène. Voyons donc le cas.

M. Emile Moreau, dit-on, a suivi l'histoire le plus strictement possible. Il a pris des morceaux à droite et à gauche, dans les documents du temps, et il les a intercalés entre des phrases à lui. Or, ces morceaux ont paru languissants. Donc, les documents vrais ne valent pas les fables inventées.

Voilà un bien étrange raisonnement. Certes, oui, il est puéril d'aller faire un drame à coups de ciseaux dans l'histoire. Mais qui a jamais demandé de la vérité historique pareille ? Les documents vrais sont seulement là comme le sol exact et solide sur lequel on doit reconstruire une époque. La grosse affaire, celle justement qui demande du talent, un talent très fort de déduction et de vie originale, c'est l'évocation des années mortes, la résurrection de tout un âge, grâce aux documents. Comme Cuvier, vous avez une dent, un os, et il vous faut retrouver la bête entière. Ici, l'imagination, j'entends le rêve, la fantaisie, ne peut que vous égarer. L'imagination, comme je l'ai dit ailleurs, devient de la déduction, de l'intuition ; elle se dégage et s'élève, elle est l'opération la plus délicate et la plus merveilleuse du cerveau humain. Donc, dans un drame historique, comme dans un roman historique, on doit créer ou plutôt recréer les personnages et le milieu ; il ne suffit pas d'y mettre des phrases copiées dans les documents ; si l'on y glisse ces phrases, elles demandent à être précédées et suivies de phrases qui aient le même son. Autrement, il arrive en effet que la vérité semble faire des trous dans la trame inventée d'une œuvre.

Et nous touchons ici du doigt le défaut capital de *Camille Desmoulins*. Ce qui a eu un son singulier aux oreilles du public, c'est ce mélange extraordinaire de vérité et de fantaisie. J'ai lu que M. Émile Moreau se défendait d'avoir imaginé la passion de Robespierre pour Lucile ; certains documents permettraient de croire à la réalité de cette passion. Je le veux bien. Mais, certainement, c'est forcer les textes que de baser sur le dépit de Robespierre la mort des dantonistes. Puis, quel étrange Robespierre, et quel Danton d'opéra-comique, et quel Hébert faussement drapé dans des guenilles ! Tout cela est une fantaisie bâtie sur la légende révolutionnaire. On ne sent pas des hommes.

Je répondrai donc aux critiques que, si le drame de M. Émile Moreau est tombé, c'est justement parce que la fantaisie y règne encore en maîtresse trop absolue. Les demi-mesures sont détestables en littérature. Voyez le gai mensonge de *la Dame de Monsoreau*, reprise dernièrement au théâtre de la Porte-Saint-Martin, ce mensonge qui se moque parfaitement de l'histoire : comme il a une logique qui lui est propre, comme il est complet en son genre, il intéresse. Voyez maintenant *Camille Desmoulins*, dont certaines parties sont aussi fausses, et dont d'autres parties contiennent textuellement des documents : la pièce n'est plus qu'un monstre, le mélange manque d'équilibre et arrive à ne contenter personne. Tel est le cas. Il est d'une bonne foi douteuse, en cette affaire, de vouloir faire payer les pots cassés à la formule naturaliste.

Je conclurai en répétant que le drame historique est désormais impossible, si l'on n'y porte pas l'analyse exacte, la résurrection des personnages et des milieux. C'est le genre qui demande le plus d'étude et de talent. Il faut non seulement être un historien érudit, mais il faut encore être un évocateur nommé Michelet. La question de mécanique théâtrale est secondaire ici. Le théâtre sera ce que nous le ferons.

III

Il me reste à parler de deux gros drames, *la Convention nationale* et *l'Inquisition*. Au Château-d'Eau, *la Convention nationale* a tué par le ridicule le drame historique. En vérité, nos auteurs n'ont pas de chance avec l'histoire de notre Révolution. Ils ne peuvent y toucher sans ennuyer profondément ou sans faire rire aux éclats les spectateurs. Si l'on excepte *le Chevalier de Maison-Rouge*, qui pourrait aussi bien se passer sous Louis XIII que sous la Terreur, pas une pièce sur la Révolution, qu'elle soit signée d'un nom inconnu ou d'un nom connu, n'a remporté un véritable succès. Et cela s'explique aisément : la Révolution est encore trop voisine de nous, pour que notre système de mensonge, dans les pièces historiques, puisse lui être sérieusement appliqué. Ce mensonge va librement de Mérovée à Louis XV. Puis, dès qu'ils entrent dans la France contemporaine, qui commence à 89, les auteurs perdent pied fatalement, parce que nous ne pouvons plus adopter leurs calembredaines romantiques sur une époque dont nous sommes. Aussi n'a-t-on jamais risqué des drames historiques, en dehors du Cirque, sur Napoléon Ier, Charles X, Louis-Philippe, Napoléon III et les deux dernières Républiques. Le drame historique actuel, étant basé sur les erreurs les plus grossières, en est réduit à montrer au peuple l'histoire que le peuple ne connaît pas, uniquement parce qu'il peut alors la travestir à l'aise.

L'épreuve est concluante, la possibilité du mensonge s'arrête à la Révolution. Pour que le drame historique s'attaquât à notre histoire contemporaine, il lui faudrait renouveler sa formule, chercher ses effets dans la vérité, trouver le moyen de mettre sur les planches les personnages réels dans les milieux exacts. Un homme de génie est nécessaire, tout bonnement. Si cet homme de génie ne naît pas bientôt, notre drame historique mourra, car il est de plus en plus malade, il agonise au milieu de l'indifférence et des plaisanteries du public.

Quant à *l'Inquisition*, de M. Gelis, jouée au Théâtre des Nations, c'est un mélodrame noir qui arrive quarante ans trop tard. Cela ne vaut pas un compte rendu. Je n'en parlerais même pas, sans la mort terrible de M. Jean Bertrand, ce drame réel et poignant qui s'est joué à côté de ce mélodrame imbécile, et qui lui a donné une affreuse célébrité d'un jour.

On se souvient des espérances qui avaient accueilli M. Bertrand, à son entrée comme directeur a t Théâtre des Nations. Il semblait que notre République elle-même s'intéressât à l'affaire ; des personnages puissants patronnaient, disait-on, le nouveau directeur ; on allait enfin avoir une scène nationale, on élèverait les âmes, on élargirait l'idéal, on continuerait 1830, mais un 1830 républicain, qui achèverait devant le trou du souffleur la besogne commencée à la tribune de la Chambre. Hélas ! M. Bertrand dort aujourd'hui dans la terre, empoisonné.

C'était un honnête homme. Il avait cru à toutes les belles phrases, il arrivait réellement pour relever l'idéal avec des tirades patriotiques. Son idée était que notre jeune littérature attendait l'ouverture d'un théâtre républicain pour produire des chefs-d'œuvre. Et il s'était mis ardemment à la besogne. Quelques mois ont suffi pour le désespérer et le tuer. Toutes ses tentatives échouaient ; *Camille Desmoulins* et *les Mirabeau* étaient bien empruntés à notre Révolution, mais le public ne voulait pas de notre Révolution accommodée à cette étrange sauce ; *Notre-Dame de Paris* elle-même, qui aurait pu être une bonne affaire pour la direction, si elle s'était arrêtée à la cinquantième représentation, l'avait laissée, après la centième, dans des embarras d'argent. Jamais on n'a vu des ambitions plus généreuses aboutir si vite à une catastrophe plus lamentable.

On dit que M. Bertrand avait la tête faible, qu'il n'était pas fait pour être directeur et qu'il a quitté la vie dans un désespoir d'enfant malade. Savons-nous de quelles espérances on l'avait grisé ? Il comptait sûrement sur beaucoup d'appuis, qui lui ont fait défaut au dernier moment. A force d'entendre répéter, dans son milieu, que la littérature dramatique mourait faute d'un théâtre ouvert aux nobles tentatives, à force d'écouter ceux qui vivent d'un idéal nuageux et pleurnicheur, cet homme s'était lancé, en faisant appel à toutes les forces vives, dont on lui affirmait l'existence. On sait aujourd'hui les forces vives qui lui ont répondu. Il n'était pas plus mauvais directeur qu'un autre, il avait mis sur son affiche le nom de Victor Hugo, celui de M. Jules Claretie; il faisait appel aux jeunes, il était en somme le directeur qu'on avait voulu qu'il fût. Sans doute, à la dernière heure, il aurait pu montrer plus d'énergie devant son désastre. Mais pouvons-nous descendre dans cette conscience et dire sous quelle amertume cet homme a succombé!

M. Bertrand ne s'est pas tué tout seul, il a été tué par les faiseurs de phrases qui se refusent à voir nettement notre époque de science et de vérité, par les chienlits politiques et romantiques qui se promènent dans des loques de drapeau, en rêvant de battre monnaie avec les sentiments nobles. S'il ne s'était pas cru soutenu par tout un gouvernement, s'il n'avait pas espéré devenir le directeur du théâtre de notre République, si on ne lui avait pas persuadé que tous les petits-fils de 1830 allaient lui apporter des chefs-d'œuvre, il ne se serait sans doute jamais risqué dans une telle entreprise. La vérité, je le répète, est qu'il a été la victime de la queue romantique et des hommes politiques qui songent à régenter l'art. Ceux dont il attendait tout, ne lui ont rien donné. C'est alors qu'il a perdu la tête devant cet effondrement du patriotisme, de l'idéal, de toutes les phrases creuses dont on lui avait gonflé le cœur ; du moment que l'idéal et le patriotisme ne faisaient pas recette, il n'avait plus qu'à disparaître. Et il s'est tué.

Les autres vivent toujours, lui est mort. C'est une leçon.

LE DRAME PATRIOTIQUE

I

La solennité militaire à laquelle l'Odéon nous a conviés me paraît pleine d'enseignements. Pour moi, le très grand succès que M. Paul Deroulède vient de remporter avec *l'Hetman* prouve avant tout que le fameux métier du théâtre n'est point nécessaire, puisque voilà un drame en cinq actes, fort lourd, très mal bâti et complètement vide, qui a été acclamé avec une véritable furie d'enthousiasme.

Le cas de M. Paul Deroulède est un des cas les plus curieux de notre littérature actuelle. Il s'est fait une jolie place dans les tendresses de la foule, en prenant la situation vacante de poète-soldat. Nous avions le soldat-laboureur, d'Horace Vernet; nous avons aujourd'hui le soldat-poète. Je viens de nommer Horace Vernet, ce peintre médiocre qui a été si cher au chauvinisme français. M. Paul Deroulède est en train de le remplacer. Ajoutez que nos désastres font en ce moment de l'armée une chose sacrée. Cela rend la position de poète-soldat absolument inexpugnable. Il est très difficile d'insinuer qu'il fait des vers médiocres, sans passer aussitôt pour un mauvais citoyen. On vous regarde, et on vous dit : « Monsieur, je crois que vous insultez l'armée ! »

Certes, M. Paul Deroulède fait bien mal les vers, mais il a de si beaux sentiments! Ah! les beaux sentiments, on ne se doute pas de ce qu'on peut en tirer, quand on sait les employer avec adresse. Ils sont une réponse à tout, ils sont « la tarte à la crème » de notre grand comique. « La pièce me paraît faible. — Mais l'honneur, Monsieur! — Il n'y la pas d'action du tout. — Mais la patrie, Monsieur! — L'intrigue recommence à chaque acte. — Mais le dévouement, Monsieur! — Enfin, je m'ennuie. — Mais Dieu, Monsieur! Vous osez dire que Dieu vous ennuie! » Cette façon d'argumenter est sans réplique. Il est certain que l'honneur, la patrie, le dévouement et Dieu sont des preuves écrasantes du génie poétique de M. Paul Deroulède.

Et il faut voir le bonheur de la salle. Il y a bien quelques gredins parmi les spectateurs. Ceux-là applaudissent plus fort. C'est si bon de se croire honnête, de passer une soirée à manger de la vertu en tirades, quitte à reprendre le lendemain son petit négoce plus ou moins louche! Qu'importe l'œuvre! Il suffit que l'auteur jette des gâteaux de miel au public. Le public se donne une indigestion de flatteries. Il est grand, il est noble, il est honnête. C'est un attendrissement général. **Pas de vices, à peine** un coquin en carton, qui est là pour servir de repoussoir. Bravo! bravo! que tout le monde s'embrasse, et que le mensonge dure jusqu'à minuit!

La salle de l'Odéon tremblait sous l'ouragan des bravos. Chaque couplet patriotique était accueilli par des trépignements. Des personnes, je crois, ont été trouvées sous les bancs, évanouies de bonheur. La pièce n'existait plus, on se moquait bien de la pièce! La grande affaire était de guetter au passage les allusions à nos défaites et à la revanche future; et, dès qu'une allusion arrivait, la salle prenait feu, de l'orchestre au ceintre. Un monsieur en habit noir, un conférencier quelconque, aurait lu le drame devant le trou du souffleur que certainement l'effet aurait été le même. Et je pensais, assourdi par ce vacarme, que nous étions tous bien naïfs de chercher des succès dans l'amour de la langue et dans l'amour du vrai. Voilà M. Paul Deroulède qui passe du coup auteur dramatique, en criant simplement, le plus fort qu'il peut : « Je suis l'armée, je suis la vertu, l'honneur, la patrie, je suis les beaux sentiments! »

Pauvres écrivains que nous sommes, quelle leçon! Je sais des poètes qui, depuis vingt ans, étudient l'art délicat de forger le vers français. Ceux-là ont à peine des succès d'estime. Je sais des auteurs dramatiques qui se mangent le cerveau pour trouver une nouvelle formule, pour élargir la scène française. Ceux-là sont bafoués, et on les jette au ruisseau. Les maladroits! Pourquoi ne battent-ils pas du tambour et ne jouent-ils pas du clairon ? C'est si facile !

La recette est connue. On sait à l'avance que tel beau sentiment doit provoquer telle quantité de bravos. On peut même doser le succès qu'on désire.

Les modestes mettent le mot « patrie » cinq ou six fois ; cela fait cinq ou six salves de bravos. Les vaniteux, ceux qui rêvent l'écroulement de la salle, prodiguent le mot « patrie », à la fin de toutes les tirades ; alors, c'est un feu roulant, on est obligé de payer la claque double. Vraiment, la méthode est trop commode ! Dans ces conditions, on se commande un succès, comme on se commande un habit. Cela rappelle les ténors qui n'ont pas de voix, et qui laissent aux cuivres de l'orchestre le soin d'enlever les hautes notes. La littérature n'est plus que pour bien peu de chose dans tout ceci.

J'arrive à *l'Hetman*. Voici, en quelques lignes, le sujet du drame. Un roi polonais du dix-septième siècle, Ladislas IV, a soumis les Cosaques. Deux des vaincus, le vieux chef Froll-Gherasz et le jeune Stencko, sont même à la cour de ce roi, où se trouve aussi un traître, un parjure, Rogoviane. Ce dernier, qui rêve de devenir gouverneur de l'Ukraine, pousse les Cosaques à une révolte, et travaille de façon à ce que Stencko s'échappe pour être le chef des révoltés. Mais Froll-Gherasz n'approuve pas cette prise d'armes. Il accepte une mission du roi, celle de pacifier l'Ukraine, et il laisse à la cour sa fille Mikla comme otage. Stencko et Rogoviane, naturellement, aiment Mikla. Dès lors, la seule situation dramatique est celle du père et de l'amant, pris entre l'amour de la patrie et l'amour qu'ils éprouvent pour la jeune fille. Au dénoûment, la patrie l'emporte, Stencko et Mikla meurent, mais les Cosaques sont victorieux.

La situation principale ne fait que se déplacer, pas davantage. D'abord, c'est Froll-Gherasz qui arrive dans un campement cosaque et qui adjure ses anciens soldats de ne pas recommencer une lutte insensée ; mais, lorsque Stencko, en apprenant que Mikla est restée comme otage, refuse le commandement et retourne à la cour de Ladislas IV pour la sauver, le vieux chef oublie sa mission, oublie sa fille, et saisit le sabre de chef suprême, par amour de la patrie en larmes. Ensuite, c'est Stencko, qui veut enlever Mikla; là, apparaît Marutcha, une sorte de prophétesse qui conduit les Cosaques au combat, et Marutcha décide les jeunes gens à se sacrifier pour leur pays. Mikla reste à la cour afin d'endormir les soupçons de Ladislas. Enfin, le quatrième acte est vide d'action, on y voit simplement Froll-Gherasz préparant la victoire par des tirades sur les devoirs du soldat. Puis, au cinquième acte, nous retombons de nouveau dans l'unique situation, Stencko a été blessé, Mikla a été sauvée de l'échafaud par Rogoviane qui veut se faire aimer d'elle, et elle expire sur le corps de Stencko, elle tombe assassinée par le traître, lorsque celui-ci entend arriver les Cosaques vainqueurs.

Je ne puis m'arrêter à discuter les détails, la maladresse de certaines péripéties. Le point de départ est singulièrement faible ; ce père, qui laisse sa fille en otage, devrait se connaître et ne pas jouer si aisément les jours de son enfant. On n'est pas ému le moins du monde de la douleur de Froll-Gherasz, parce qu'en somme il a voulu cette douleur. Agamemnon sacrifiant Iphigénie est beaucoup plus grand. Mais ce qui me frappe surtout, c'est le cercle dans lequel tourne la pièce. Comme je l'ai dit en commençant, *l'Hetman* a eu du succès, en dehors de toutes les règles. Il ne devait pas avoir de succès, puisque les critiques enseignent qu'une pièce ne peut réussir sans action, sans situations variées et combinées. Les cinq actes se répètent, et pourtant les bravos n'ont pas cessé une minute. Voilà un fait troublant pour les magisters du feuilleton. La seule explication raisonnable est que le succès de *l'Hetman* n'est pas un succès littéraire, mais un succès militaire, ce qu'il ne faut pas confondre. Qu'un jeune auteur ait la naïveté de s'autoriser de l'exemple, d'écrire un drame où l'action ne marchera pas, où des actes entiers ne seront qu'une composition de rhétoricien sur un sujet quelconque; qu'il fasse cela, sans y mettre les fameux beaux sentiments, et nous verrons s'il ne remporte pas un échec honteux.

Quelques observations de détails sur les personnages, avant de finir. Le roi Ladislas est stupéfiant. J'ignore si l'artiste qui joue le rôle est le seul coupable, mais on dirait vraiment un roi de féerie; on s'attend à chaque instant à voir son nez s'allonger brusquement, sous le coup de baguette de quelque méchante fée. Quant à la Marutcha, elle a trouvé une merveilleuse interprète dans madame Marie Laurent. Mais quel personnage rococo! combien peu elle tient à l'action, et comme chacune de ses tirades est attendue à l'avance! J'entendais une dame dire près de moi, en parlant de tous ces héros : « Ils crient trop fort. » Le mot est juste et contient la critique de la pièce. Personne ne parle dans ce drame, tout le monde y crie. On sort les oreilles cassées, et le fiacre qui vous emporte semble continuer les cahots des tirades, sur le pavé de Paris. Toute la nuit, Stencko a hurlé ses beaux sentiments à mes oreilles, tandis que le vieux Froll-Gherasz psalmodiait les siens d'une voix de basse. Le drame de M. Paul Deroulède est comme un corps d'armée qui défilerait dans ma rue. Je ferme ma fenêtre, agacé par le vacarme, qui m'empêche d'avoir deux idées justes l'une après l'autre.

Je suis peut-être très sévère. M. Paul Deroulède est jeune et mérite tous les encouragements. Il a du talent, d'ailleurs. Je n'aime pas ce talent, voilà tout. Je crois qu'un peu de vérité dans l'art est préférable à tout ce tra la la des beaux sentiments. Les bonshommes en bois, même lorsque le bois est doré, ne font pas mon affaire. Je préfère à *l'Hetman* un petit acte fin et vrai du Palais-Royal, *le Roi Candaule*, par exemple. Au moins, nous sommes là avec des créatures humaines. Qu'est-ce que c'est que Froll Gherasz? Un père et un patriote. Mais quel père et quel patriote? Nous n'en savons rien. Froll-Gherasz est une abstraction, il ressemble à un de ces personnages des anciennes tapisseries, qui ont une banderole dans la bouche, pour nous dire quels héros ils représentent. Pas d'observation, pas d'analyse, pas d'individualité. Le théâtre ainsi entendu remonte par delà la tragédie, jusqu'aux mystères du moyen âge.

Ah! je suis bien tranquille, d'ailleurs. Ce n'est pas *l'Hetman* qui ressuscitera le drame historique. Il est un exemple de la pauvreté et de la caducité du genre. Laissez passer cette tempête de bravos patriotiques, laissez refroidir ces tirades, et vous vous trouverez en face d'un drame dans le genre des drames, aujourd'hui glacés, de Casimir Delavigne, beaucoup moins bien fait et d'un ennui mortel.

II

Je viens de dire mon opinion sur les drames patriotiques. Je ne nie pas l'excellente influence que ces sortes de pièces peuvent avoir sur l'esprit de l'armée française ; mais, au point de vue littéraire, je les considère comme d'un genre très inférieur. Il est vraiment trop aisé de se faire applaudir, en remuant avec fracas les grands mots de patrie, d'honneur, de liberté. Il y a là un procédé adroit, mais commode, qui est à la portée de toutes les intelligences.

Voici, par exemple, un jeune homme, M. Charles Lomon. On me dit qu'il a écrit à vingt-deux ans le drame : *Jean Dacier*, joué solennellement à la Comédie-Française. La grande jeunesse du débutant me le rend très sympathique, et j'ai écouté la pièce avec le vif désir de voir se révéler un homme nouveau.

Mais, quoi ! avoir vingt-deux ans, et écrire *Jean Dacier !* Vingt-deux ans, songez donc ! l'âge de l'enthousiasme littéraire, l'âge où l'on rêve de fonder une littérature à soi tout seul ! Et refaire un mauvais drame de Ponsard, une pièce qui n'est ni une tragédie ni un drame romantique, qui se traîne péniblement entre les deux genres !

Je m'imagine M. Lomon à sa table de travail. Il a vingt-deux ans, l'avenir est à lui. Dans le passé, il y a deux formes dramatiques usées, la forme classique et la forme romantique. Avant tout, M. Lomon devait laisser ces guenilles dans le magasin des accessoires, aller devant lui, chercher, trouver une forme nouvelle, aider enfin de toute sa jeunesse au mouvement contemporain. Non, il a pris les guenilles, il les a prises même sans passion littéraire, car il les a mêlées, il a tâché de rafraîchir toutes ces vieilles draperies des écoles mortes pour les jeter sur les épaules de ses héros. Une tragédie glaciale, un drame échevelé, passe encore! on peut être un fanatique ; mais une œuvre mixte, un raccommodage de tous les débris antiques, voilà ce qui m'a fâché !

Il est inutile d'avoir vingt-deux ans pour écrire une œuvre pareille. Cela me consterne que l'auteur n'ait que vingt-deux ans ; j'aurais compris qu'il en eût au moins cinquante. Serait-il donc vrai que les débutants, même ceux qui ont soif d'originalité et de nouveauté, se trouvent fatalement condamnés à l'imitation? Peut-être M. Lomon ne s'est-il pas aperçu des emprunts qu'il a faits de tous les côtés, du cadre vermoulu dans lequel il a placé sa pièce, des lieux communs qui y traînent, de la fille bâtarde, en un mot, dont il est accouché. La jeunesse n'a pas conscience des heures qu'elle perd à se vieillir.

Je sais que le patriotisme répond à tout. M. Lomon a écrit un drame patriotique, cela ne suffit-il pas à prouver l'élan généreux de sa jeunesse? Je dirai une fois encore que le véritable patriotisme, quand on fait jouer une pièce à la Comédie-Française, consiste avant tout à tâcher que cette pièce soit un chef-d'œuvre. Le patriotisme de l'écrivain n'est pas le même que celui du soldat. Une œuvre originale et puissante fait plus pour la patrie que de beaux coups d'épée, car l'œuvre rayonne éternellement et hausse la nation au-dessus de toutes les nations voisines. Quand vous aurez fait crier sur la scène : *Vive la France !* ce ne sera là qu'un cri banal et perdu. Quand vous aurez écrit une œuvre immortelle, vous aurez réellement prolongé la vie de la France dans les siècles. Que nous reste-t-il de la gloire des peuples morts? Il nous reste des livres.

Jean Dacier est, paraît-il, une œuvre républicaine. Je demande à en parler comme d'une œuvre simplement littéraire. Le sujet est l'éternelle histoire du paysan vendéen qui se fait soldat de la République et qui se retrouve en face de ses anciens seigneurs, lorsqu'il est devenu capitaine. Naturellement, Jean aime la comtesse Marie de Valvielle, et naturellement aussi il se montre deux fois magnanime envers son ennemi et rival, Raoul de Puylaurens, le cousin de la jeune dame. L'originalité de la pièce consiste dans le nœud même du drame. Jean retrouve la comtesse juste au moment où elle passe dans la légendaire charrette pour aller à l'échafaud. Or, un homme peut la sauver en l'épousant. Jean lui offre son nom, et la comtesse accepte, en croyant qu'il agit pour le compte de Raoul. On comprend le parti dramatique que M. Lomon a pu tirer de cette situation : une comtesse mariée à un de ses anciens domestiques, se révoltant, puis finissant par l'aimer au moment où il a donné pour elle jusqu'à sa vie.

Je ne chicanerai pas l'auteur sur ce mariage singulier. Il peut se faire qu'on trouve dans l'histoire de l'époque un fait semblable; seulement, il ne s'agissait certainement pas d'une femme de la qualité de l'héroïne. N'importe, il faut accepter ce mariage, si étrange qu'il soit. Ce qui est plus grave, c'est la création même du personnage.

Voici Jean Dacier, un paysan qui s'est instruit et qui représente l'homme nouveau. Il n'a pas une

tache, il est grand, héroïque, sublime. Quand il a
épousé la comtesse pour la sauver, et qu'elle l'écrase
de son mépris, c'est à peine s'il laisse percer une révolte. Il fait échapper une première fois son rival
Raoul, qu'il tient entre ses mains. A l'acte suivant, la
situation recommence : Raoul tombe de nouveau à
sa merci, et, cette fois, non seulement Jean le fait
évader, mais encore il lui donne rendez-vous le lendemain sur le champ de bataille, et, en donnant ce
rendez-vous, il trahit les siens, car l'attaque devait
rester secrète. Jean passe devant un conseil de guerre,
et on le fusille, pendant que Marie se lamente.

Vraiment, il est bon d'être un héros, mais il y a
des limites. En temps de guerre, ouvrir continuellement la porte aux prisonniers, cela ne s'appelle plus
de la grandeur d'âme, mais de la bêtise. Pour que
nous nous intéressions aux pantins sublimes, il faut
leur laisser un peu d'humanité sous la pourpre et
l'or dont on les drape. On finit par sourire de ces
héros magnanimes qui ne s'emparent de leurs ennemis que pour les relâcher. Il y a là une fausse grandeur dont on commence, au théâtre, à sentir le côté
grotesque.

Le pis est qu'on s'intéresse médiocrement à Jean
Dacier. Cette façon de sauver une femme en l'épousant, le met dans une position singulièrement fausse.
Il se conduit en enfant. La seule chose qu'il aurait à
faire, après avoir arraché Marie à la guillotine, ce
serait de la saluer et de lui dire : « Madame, vous
êtes libre. Vous me devez la vie, je vous confie mon
honneur. » Mais alors toutes les querelles dramatiques du second acte et du troisième n'existeraient
pas. La situation est si bien sans issue que Jean

meurt à la fin avec une résignation de mouton, pour finir la pièce. Cette mort est également amenée par une péripétie trop enfantine. Jean, ce lion superbe, trahit les siens sans paraître se douter un instant de ce qu'il fait, ce qui rapetisse tout le dénoûment.

Quant à la comtesse, elle est bâtie sur le patron des héroïnes, avec trop de mépris et trop de tendresse à la fois. Lorsque Jean l'a sauvée, elle se montre d'une cruauté monstrueuse, blessant inutilement son libérateur, se conduisant d'une si sotte façon qu'elle mériterait simplement une paire de gifles, malgré toute sa noblesse. Puis, au dernier acte, elle se pend au cou de Jean et lui déclare qu'elle l'adore. Le quatrième acte a suffi pour changer cette femme. C'est toujours le même système, celui des pantins que l'on déshabille et que l'on rhabille à sa fantaisie, pour les besoins de son œuvre. Marie a compris la grandeur de Jean, et cela suffit : elle est comme frappée par la baguette d'un enchanteur, la couleur de ses cheveux elle-même a dû changer.

Je ne parle point des autres personnages, de ce Raoul de Puylaurens, qui passe sa vie à tenir son salut de son rival, ni du conventionnel Berthaud, qui traverse l'action en récitant des tirades énormes. Oh! les tirades! elles pleuvent avec une monotonie désespérante dans *Jean Dacier*. On essuie une trentaine de vers à la file, on courbe le dos comme sous une averse grise, on croit en être quitte; pas du tout, trente autres vers recommencent, puis trente autres, puis trente autres. Imaginez une grande plaine plate, sans un arbre, sans un abri, que l'on traverse par une pluie battante. C'est mortel. Je préfère, et de beaucoup, les vers rocailleux de M. Parodi.

Que dirai-je du style? Il est nul. Nous avons, à l'heure présente, cinquante poètes qui font mieux les vers que M. Lomon. Ce dernier versifie proprement, et c'est tout. Il tient plus de Ponsard que de Victor Hugo.

Je me montre très sévère, parce que *Jean Dacier* a été pour moi une véritable désillusion. Comme j'attaquais vivement le drame historique, on m'avait fait remarquer qu'on pouvait très bien appliquer à l'histoire la méthode d'analyse qui triomphe en ce moment, et renouveler ainsi absolument le genre historique au théâtre. Il est certain que, si des poètes abandonnent le bric-à-brac romantique de 1830, les erreurs et les exagérations grossières qui nous font sourire aujourd'hui, ils pourront tenter la résurrection très intéressante d'une époque déterminée. Mais il leur faudra profiter de tous les travaux modernes, nous donner enfin la vérité historique exacte, ne pas se contenter de fantoches et ressusciter les générations disparues. Rude besogne, d'une difficulté extrême, qui demanderait des études considérables.

Or, j'avais cru comprendre que le *Jean Dacier*, de M. Lomon, était une tentative de ce genre. Et quelle surprise, à la représentation ! Ça, de l'histoire, allons donc ! C'est un placage, exécuté même par des mains maladroites. Pas un des personnages ne vit de la vie de l'époque. Ils se promènent comme des figures de rhétorique, ils n'ont que la charge de réciter des morceaux de versification. Et le milieu, bon Dieu ! Ce village breton, où Berthaud vient procéder aux enrôlements volontaires, cette mairie de Nantes où l'on marie les comtesses qui vont à la guillotine, seraient à peine suffisants pour la vraisemblance d'un opéra-comique. Vraiment, *Jean Dacier* sera un bon argument pour les défenseurs du drame historique ! Il achève le genre, il est le coup de grâce.

Je songeais à *la Patrie en danger*, de MM. Edmond et Jules de Goncourt. Voilà, jusqu'à présent, le modèle du genre historique nouveau, tel que je l'exposais tout à l'heure. Aussi les directeurs ont-il tremblé devant une œuvre qui avait le vrai parfum du temps, et les auteurs ont-ils dû publier la pièce, en renonçant à la faire jouer. Il y aurait un parallèle bien curieux à établir entre *la Patrie en danger* et *Jean Dacier* ; les deux sujets se passent à la même époque et ont plus d'un point de ressemblance. La première est une œuvre de vérité, tandis que la seconde est faite « de chic », comme disent les peintres, uniquement pour les besoins de la scène.

Au demeurant, la salle a failli craquer sous les applaudissements, le premier soir. Vive la France !

III

J'arrive au *Marquis de Kénilis*, le drame en vers que M. Lomon a fait jouer au théâtre de l'Odéon. Je n'analyserai pas la pièce. A quoi bon? Le sujet est le premier venu. Il se passe en Bretagne, à l'époque de la Révolution, ce qui permet d'y prodiguer les mots de patrie, d'honneur, de gloire, de victoire. Nous y voyons l'éternelle intrigue des drames faits sur cette époque : un enfant du peuple aimant une fille d'aristocrate, devenant plus tard capitaine, puis épousant la demoiselle ou mourant pour elle. La situation forte consiste à mettre le capitaine entre son amour et son devoir ; il ouvre en mer un pli cacheté qui lui ordonne de fusiller le père de sa bien-aimée; heureusement, ce père se fait tuer noblement, ce qui simplifie la question. Qu'importe le sujet, d'ailleurs! La prétention des poètes comme M. Lomon est d'écrire de beaux vers et de pousser aux belles actions.

Hélas! les vers de M. Lomon sont médiocres. Beaucoup ont fait sourire. Les meilleurs frappent l'oreille comme des vers connus; on les a certainement lus ou entendus quelque part, ils circulent dans l'école, tout le monde s'en est servi. Ne serait-il pas temps de chercher une poésie, en dehors de l'école lyrique de 1830? Je me borne à un souhait, car je ne vois rien de possible dans la pratique. Ce que je sens, c'est que tous nos poètes répètent Musset, Hugo, Lamartine ou Gautier, et que les œuvres deviennent de plus en plus pâles et nulles. Nous avons aujourd'hui une fin d'école romantique aussi stérile que la fin d'école classique qui a marqué le premier empire.

Pendant qu'on jouait l'autre soir *le Marquis de Kénilis*, je pensais à un poète de talent, à Louis Bouilhet, qu'on oublie singulièrement aujourd'hui. Celui-là se produisait encore à son heure, et il est telle de ses œuvres qui a de la force et même une note originale. Eh bien, si personne ne songe plus aujourd'hui à Louis Bouilhet, si aucun théâtre ne reprend ses pièces, quel est donc l'espoir de M. Lomon en chaussant des souliers qui ont mené à l'oubli des poètes mieux doués que lui, et venus en tout cas plus tôt dans une école agonisante? Quel est cet entêtement de faire du vieux neuf, de ramasser les rognures d'hémistiches qui traînent, et dont le public lui-même ne veut plus?

On répond par la dévotion à l'idéal. En face de notre littérature immonde, à côté de nos romans du ruisseau, il faut bien que des jeunes gens tendent vers les hauteurs et produisent des œuvres pour enflammer le patriotisme de la nation. Nous autres naturalistes, nous sommes le déshonneur de la France ; les poètes, M. Lomon et d'autres, sont chargés devant l'Europe d'honorer le pays et de le remettre à son rang. Ils consolent les dames, ils satisfont les âmes fières, ils préparent à la République une littérature qui sera digne d'elle.

Ah! les pauvres jeunes gens! S'ils sont convaincus, je les plains. J'ai déjà dit que je regardais comme une vilaine action de voler un succès littéraire, en lançant des tirades sur la patrie et sur l'honneur. Cela vraiment finit par être trop commode. Le premier imbécile venu se fera applaudir, du moment où la recette est connue. Si les mots remplacent tout, à quoi bon avoir du talent?

Et puis, causons un peu de cette littérature qui relève les âmes. Où sont d'abord les âmes qu'elle a relevées? En 1870, nous étions pleins de patriotisme contre la Prusse; un peu de science et un peu de vérité auraient mieux fait notre affaire. J'ai remarqué que les dames qui travaillaient dans l'idéal, étaient le plus souvent des dames très émancipées. Au fond de tout cela, il y a une immense hypocrisie, une immense ignorance. Je ne puis ici traiter la question à fond. Mais il faut le déclarer très nettement : la vérité seule est saine pour les nations. Vous mentez, lorsque vous nous accusez de corrompre, nous qui nous sommes enfermés dans l'étude du vrai ; c'est vous qui êtes les corrupteurs, avec toutes les folies et tous les mensonges que vous vendez, sous l'excuse de l'idéal. Vos fleurs de rhétorique cachent des cadavres. Il n'y a, derrière vous, que des abîmes. C'est vous qui avez conduit et qui conduisez encore les sociétés à toutes les catastrophes, avec vos grands mots vides, avec vos extases, vos détraquements cérébraux. Et ce sera nous qui les sauverons, parce que nous sommes la vérité.

N'est-ce pas la chose la plus attristante qu'on puisse voir? Voilà un jeune homme, voilà M. Lomon. Il débute, il a peut-être une force en lui. Eh bien, il commence par s'enfermer dans une formule morte ; il fait du romantisme, à l'heure où le romantisme agonise. Ce n'est pas tout, il croit qu'il sauve la France, parce qu'il vient corner les mots de patrie et d'honneur dans une salle de théâtre, parce qu'il invente une intrigue puérile et qu'il écrit de mauvais vers. Et le pis, c'est qu'il se montrera dédaigneux pour nous, c'est que ses amis mentiront au point de nous traiter en criminels et d'insinuer que sa pauvre pièce est une revanche du génie français !

J'ai d'autres désirs pour notre jeunesse. Je la voudrais virile et savante. D'abord, elle devrait se débarrasser des folies du lyrisme, pour voir clair dans notre époque. Ensuite, elle accepterait les réalités, elle les étudierait, au lieu d'affecter un dégoût enfantin. A cette condition seule, nous vaincrons. Le vrai patriotisme est là, et non dans des déclamations sur la patrie et la liberté. Jamais je n'ai vu un spectacle plus comique ni plus triste : tout un gouvernement républicain convoqué à l'Odéon, des ministres, des sénateurs, des députés, pour y entendre un coup de canon. Eh! bonnes gens, ce n'est pas la formule romantique, c'est la formule scientifique qui a établi et consolidé la République en France!

IV

Personne n'ignore qu'Attila, c'est M. de Bismark. Du moins, nul doute ne peut nous rester à cet égard, après la première représentation des *Noces d'Attila*, le drame en quatre actes que M. Henri de Bornier a fait jouer à l'Odéon. La salle l'a compris et a furieusement applaudi les passages où les alexandrins du poète, en rangs pressés, font aisément mordre la poussière aux ennemis de la France. Je n'insiste pas.

Mais ce que je veux répéter encore, c'est ce que j'ai déjà dit à propos de *l'Hetman* et de *Jean d'Acier*. Pour un poète, l'œuvre vraiment patriotique est de laisser un chef-d'œuvre à son pays. Molière, qui n'a pas agité de drapeaux, qui n'a pas joué des fanfares devant sa baraque avec les mots d'honneur et de patrie, reste la souveraine gloire de notre nation; et il a vaincu toutes les nations voisines, sur le champ de bataille du génie. Nous triomphons continuellement par lui. Quant à cet autre prétendu patriotisme, à ce boniment qui jongle avec de grands mots, qui enlève les applaudissements d'une salle par des tirades, il n'est pas autre chose qu'une spéculation plus ou moins consciente. Il y a une improbité littéraire absolue à faire ainsi acclamer des vers médiocres. C'est mettre le chauvinisme sur la gorge des gens : applaudissez, ou vous êtes de mauvais citoyens. C'est forcer le succès et bâillonner la critique, c'est se faire sacrer grand homme à bon compte, en déplaçant la question du talent et de la morale. Voilà ce que je répéterai chaque fois que j'aurai assisté à un de ces succès où il est impossible de juger le véritable mérite d'un auteur.

Je me sens donc, dès l'abord, très gêné devant la nouvelle œuvre de M. de Bornier, car il semble avoir compté sur nos bons sentiments pour que nous la considérions comme une œuvre noble et vengeresse. Moi qui la trouve beaucoup trop noble et insuffisamment vengeresse, je demande avant tout de négliger le patriotisme, dans une question où il n'a que faire, et de juger le drame au strict point de vue dramatique.

Voici le sujet, brièvement. Attila, après sa campagne dans les Gaules, campe au bord du Danube, où il attend la fille de l'empereur Valentinien, qu'il a fait demander en mariage. Il traîne derrière lui tout un troupeau de prisonniers, dans lequel se trouvent le roi des Burgondes, Herric, et sa fille Hildiga, sans compter une Parisienne, une femme du peuple, Gerontia. En outre, un général franc, Walter, qui aime Hildiga, commet l'imprudence de se présenter pour traiter de sa rançon et de celle de son père. Attila prend l'argent et le retient prisonnier. Puis, le drame se noue, dès que Maximin, ambassadeur de Rome, vient annoncer à Attila que l'empereur lui refuse sa fille. Attila, exaspéré, veut épouser Hildiga, je n'ai pas trop compris pourquoi; il l'aime sans doute, mais l'outrage de Valentinien n'avait rien à voir là dedans. D'ailleurs, non content de désespérer Hildiga par sa proposition, il pousse le raffinement jusqu'à vouloir être aimé devant tous ; et il menace la jeune fille de massacrer son père, son amant, ses compatriotes, si elle ne feint pas pour sa personne la passion la plus aveugle. Hildiga doit accepter. Herric,

Gérontia, d'autres encore la maudissent, sans qu'elle puisse relever la tête. Walter seul croit toujours en elle, et Attila finit par le faire décapiter devant Hildiga, qui se contente de se couvrir le visage de ses mains. Enfin, au dénoûment, lorsqu'il vient la retrouver dans la chambre nuptiale, la jeune épouse le tue d'un coup de hache.

Tel est, en gros, le drame. Dans une étude qu'il a publiée sur son œuvre, M. de Bornier a écrit ceci : « L'idée des *Noces d'Attila* est fort simple ; tout vainqueur se détruit lui-même par l'abus de sa victoire, voilà l'idée philosophique ; un tigre veut manger une gazelle, mais la gazelle se fâche, voilà le fait dramatique. » Acceptons cela, et examinons la mise en œuvre.

M. de Bornier ne nous a pas montré du tout un vainqueur se détruisant par l'abus de sa victoire, car Attila meurt d'un accident en pleines conquêtes, au milieu de ses armées victorieuses. Reste la fable du tigre et de la gazelle. J'admets que Hildiga soit une gazelle ; ailleurs, M. de Bornier l'appelle une colombe ; c'est plus tendre encore, et cela convient mieux aux grâces bien portantes de mademoiselle Rousseil. Mais quant au tigre, il est vraiment trop bon enfant et trop rageur à la fois. Je demande à m'expliquer longuement sur son compte.

Cette figure d'Attila emplit le drame, et c'est, en somme, juger l'œuvre que de l'étudier. M. de Bornier paraît avoir voulu reconstituer autant que possible la figure historique d'Attila, telle que nous la montrent les rares documents historiques. Son barbare est civilisé, l'homme de guerre est doublé en lui d'un diplomate aussi rusé que peu scrupuleux. Seulement, à côté de quelques traits acceptables, quelle étrange résurrection de ce terrible conquérant! Tout le monde l'insulte pendant quatre actes. Les prisonniers, Herric, Hildiga, Gerontia, Walter, d'autres encore, défilent devant lui, en lui jetant à la face les plus sanglantes injures, sans qu'il se mette une seule fois dans une bonne et franche colère. Ce n'est pas tout, Maximin vient le braver au nom de Rome, avec un étalage d'insolence lyrique, et il se contente de lutter de lyrisme avec l'insulteur. De temps à autre, il est vrai, il se dresse sur la pointe des pieds, en disant : « C'est trop de hardiesse ! » Mais il s'en tient là, les hardiesses continuent, les plus humbles lui lavent la tête, on le traite à bouche que veux-tu de bourreau, de tyran, d'assassin; une vraie cible aux tirades patriotiques de chacun, un fantoche criblé de vers, lardé des mots de patrie et d'honneur. Ah! la bonne ganache de barbare! A coup sûr, le tigre ne s'est pas défendu contre M. de Bornier, qui, avant de le faire manger par sa gazelle, l'a accommodé sans péril à la sauce des beaux sentiments.

Cet Attila est donc un brave homme. Ajoutons qu'il a des mouvements d'humeur. Ainsi, s'il tolère autour de lui les gens qui l'injurient, il fait crucifier ceux de ses soldats qui gardent le silence; voir l'épisode du premier acte. D'autre part, il donne l'ordre de couper le cou de Walter, dans un moment de vivacité; mais, en vérité, ce Walter a bien mérité son sort; on n'« embête » pas un tyran à ce point, le moindre tigre en chambre n'aurait certainement pas attendu d'être provoqué deux fois. La bonhomie imbécile de Géronte, jointe à la folie meurtrière de Polichinelle, voilà l'Attila de M. de Bornier. Dès qu'il a besoin de faire injurier son despote, le poète l'asseoit sur son trône et le tient immobile et patient, tant que la tirade se développe. Ensuite, il pousse un ressort, et le pantin lâche le fameux : « C'est trop de hardiesse ! » Une seule fois, le pantin tue un homme, non pas parce que cet homme lui dit depuis huit heures du soir des choses excessivement désagréables, mais parce qu'il abuse de sa situation de noble prisonnier et de belle âme pour vouloir lui prendre sa femme. C'en est trop, le tigre est dans le cas de légitime défense.

Je me laisse aller à la plaisanterie. Mais, en vérité, comment prendre au sérieux une pareille psychologie. Voilà le grand mot lâché : Toute cette tragédie, déguisée en drame romantique, est d'une psychologie enfantine. Essayez un instant de reconstituer les mouvements d'âme des personnages, de savoir à quelle logique ils obéissent, et vous arriverez à une analyse stupéfiante. Nous sommes ici dans une abstraction quintessenciée. Ce n'est plus la machine intellectuelle si bien réglée du dix-septième siècle. C'est un casse-cou continuel au milieu de nos idées modernes habillées à l'antique. On est en l'air, partout et nulle part, parmi des ombres qui cabriolent sans raison, qui marchent tout d'un coup la tête en bas, sans nous prévenir. Les personnages sont extraordinaires, mais ils pourraient être plus extraordinaires encore, et il faut leur savoir gré de se modérer, car il n'y a pas de raison pour qu'ils gardent le moindre grain de bon sens. Nous sommes dans le sublime.

Oui, dans le sublime, tout est là. M. de Bornier tape à tous coups dans le sublime. Ses personnages sont sublimes, ses vers sont sublimes. Il y a tant de sublime là dedans, qu'à la fin du quatrième acte, j'aurais donné volontiers trois francs d'un simple mot qui ne fût pas sublime. Mais c'est justement au quatrième acte que le sublime déborde et vous noie. Ainsi je n'ai pas parlé d'Ellak, ce fils d'Attila qui a le cœur tendre et qui veut sauver Hildiga ; quand il comprend, dans la chambre nuptiale, qu'elle va tuer son père, il est torturé par la pensée de prévenir celui-ci et de la livrer ainsi à sa fureur ; mais Attila parle justement de faire mourir la mère d'Ellak pour une faute ancienne, et alors le jeune homme n'hésite plus, il livre son père à Hildiga pour sauver sa mère. Sublime, vous dis-je, sublime ! Si ce n'était pas sublime, ce serait bête.

Et quel coup de sublime encore que le dénoûment ! Attila raconte à Hildiga le rêve qu'il a fait, en la voyant en vierge qui foulait au pied le serpent. Hildiga, flairant un piège, lui répond par un autre songe : elle a rêvé qu'elle l'assassinait d'un coup de sa hache. Vous croyez qu'Attila va se méfier et prendre ses précautions avec cette faible femme qu'il peut écraser d'une chiquenaude. Allons donc ! Il passe avec elle derrière un rideau, et nous l'entendons tout de suite glousser comme un poulet qu'on égorge. C'est sublime !

Le sublime, voilà la seule excuse, à ce point de dédain absolu pour tout ce qui est vrai et humain. D'ailleurs, M. de Bornier ne se défend pas d'avoir voulu se mettre en dehors de l'humanité. « Après bien des hésitations, dit-il, j'ai choisi le temps et le personnage d'Attila, précisément parce que le temps est obscur et le personnage peu connu. » Il insiste beaucoup sur ce point que personne ne peut pénétrer une âme comme celle d'Attila. Le despote lui-même, en parlant de l'histoire, dit qu'elle pourra le condamner, mais non pas le connaître.

Dès lors, le poète est libre, il va se permettre toutes les gambades sur le dos d'Attila. Et c'est ainsi qu'il nous a donné ce stupéfiant barbare, qui a des allures de romantique de 1830, qui rappelle ces personnages d'un drame de Ponson du Terrail, je crois, disant : « Nous autres, gens du moyen âge... » Oui, Attila se traite lui même de barbare, parle de l'histoire et de la décadence, prédit tout ce qui doit arriver, porte sur ses actions les jugements que nous portons aujourd'hui. Et il n'y a pas qu'Attila, les autres personnages ne sont également que des chienlits modernes, lâchés dans une action baroque, et s'y conduisant avec nos idées et nos mœurs. Tous les mensonges sont accumulés : non seulement la psychologie de ces marionnettes est absurde, mais encore le drame est d'une fausseté absolue, comme histoire et comme humanité.

Que reste-il ? une fable, un sujet quelconque, auquel un poète dramatique a accroché des vers. Imaginez-vous un arbre planté en l'air, sans racine dans le sol, et dont les bras morts portent des drapeaux. Cela claque dans le vide, et le peuple applaudit.

Dès lors, j'en suis amené à ne plus juger que les vers de M. de Bornier. Je sais des poètes qui se sont indignés. Ils refusent à l'auteur des *Noces d'Attila* le don de poésie. Cela me touche moins. Au théâtre, dans une étude de caractères et de passions, j'estime que le lyrisme est un don bien dangereux. Mais il est certain que M. de Bornier obtient une étrange cuisine, en passant tour à tour du procédé de Corneille au procédé de Victor Hugo. Cela me choque surtout parce que je ne crois pas à une alliance possible entre des maîtres de tempéraments différents. Les auteurs de juste milieu, ceux qui ont eu, comme Casimir Delavigne, l'ambition de concilier les extrêmes, ne sont jamais parvenus qu'à un talent bâtard et neutre n'ayant plus de sexe. C'est un peu le cas de M. de Bornier.

Le directeur de l'Odéon a monté le drame richement. Mais franchement, malgré ses soins et l'argent qu'il a dépensé, rien n'est plus triste ni plus laid que le défilé de ces costumes baroques, qu'on nous donne comme exacts. Il y a là une orgie de cheveux, de barbes et de moustaches, de l'effet le plus extravagant. Du côté des Francs, tout le monde est blond, un ruissellement de filasse; du côté des Huns, tout le monde est brun, des poils trempés dans de l'encre et balafrant les visages comme des traits de cirage. C'est enfantin et lugubre. Quant à l'exactitude, elle me fait un peu sourire. Elle doit ressembler au respect historique de M. de Bornier. Ainsi, on a mis un entonnoir sur la tête de M. Marais. C'est très bien. Mais alors je déclare cela faible comme imagination. Du moment qu'on avait recours aux ustensiles de cuisine, je me plains qu'on n'ait pas coiffé M. Pujol d'une casserole et M. Dumaine d'un moule à pâtisserie. Remarquez que nous n'aurions pas réclamé, et que cela peut-être aurait été plus joli.

On me trouvera sans doute bien sévère pour M. de Bornier. La vérité est que nous n'avons pas le crâne fait de même. Il me paraît être la négation de l'auteur dramatique tel que je le comprends ; et comme nous n'avons aucun engagement l'un envers l'autre, je m'exprime avec une entière franchise, je dis tout haut ce que bien du monde pense tout bas. Cela est aussi honorable pour lui que pour moi.

LE DRAME SCIENTIFIQUE

Le public des premières représentations a été bien sévère, au théâtre Cluny, pour ce pauvre M. Figuier. L'estimable savant, tenté par le succès du *Tour du monde en 80 jours* et d'*Un Drame au fond de la mer*, a eu l'idée, lui aussi, de découper une pièce à grand spectacle, dans les livres de vulgarisation scientifique qu'il publie depuis près de vingt ans, et qui se vendent à un nombre considérable d'exemplaires. Pour être chez lui, il s'est entendu avec M. Paul Clèves. Mais, grand Dieu ! jamais bouffonnerie du Palais-Royal n'a égayé une salle comme les *Six Parties du monde*.

Je ne raconterai pas la pièce, qui est taillée sur le patron du genre. Il s'agit d'un groupe de voyageurs lancés à la queue leu leu dans toutes les contrées imaginables. Une histoire quelconque relie les personnages les uns aux autres et explique tant bien que mal leur course au clocher. D'ailleurs, tout cela est le prétexte; l'intention de l'auteur est de présenter une suite de tableaux saisissants, une sorte de panorama géographique qui instruise et qui charme à la fois.

Mon Dieu! la pièce est à coup sûr mal bâtie. Elle prête à rire par des puérilités, des façons innocentes et convaincues de présenter les choses. Rien n'est drôle parfois comme ces voyageurs qui dissertent au milieu des sauvages. Mais, en vérité, M. Figuier n'est pas l'inventeur du genre, et on a eu tort de lui faire porter tout le ridicule d'une pièce dont les modèles eux-mêmes sont parfaitement grotesques.

J'avoue, quant à moi, faire une très faible différence ntre les *Six Parties du monde* et le *Tour du monde en 80 jours*. Et, puisque le titre de cette dernière pièce vient sous ma plume, je veux dire combien une œuvre pareille me paraît inférieure et drôlatique. Rien de moins scénique que l'idée sur laquelle elle repose; le héros de l'aventure, qui gagne un jour sans le savoir, peut être un monsieur intéressant pour des astronomes et des géographes, mais je jurerais bien que, sur les milliers de spectateurs qui sont allés à la Porte-Saint-Martin, quelques douzaines au plus ont compris l'ingéniosité scientifique du dénoûment. Tout le reste de l'intrigue est d'une banalité rare.

L'épisode le plus saillant est celui de la veuve du Malabar que l'on va brûler vive; et quelle étonnante histoire, grosse de comique, lorsqu'un des héros épouse cette veuve, à son retour en Angleterre! Je connais peu d'intrigues qui mettent plus de solennité dans la charge. Quand j'ai vu jouer la pièce, tout m'y a paru stupéfiant.

Certes, je m'explique parfaitement le succès. D'abord, il y avait un éléphant. Puis, deux ou trois tableaux étaient joliment mis en scène. On allait voir ça en famille, on y menait les demoiselles et les petits garçons qui avaient été sages. C'était un spectacle que les professeurs recommandaient. D'ailleurs, lorsqu'un courant de bêtise s'établit, il faut bien que tout Paris y passe. Moi, je préfère une féerie, je le confesse. Au moins une féerie n'a aucune prétention. Le côté irritant d'une machine telle que *le Tour du monde en* 80 *jours*, c'est qu'on rencontre des gens qui en parlent sérieusement, comme d'une œuvre qui aide à l'instruction des masses. J'entends la science autrement au théâtre.

Je me sens d'ailleurs beaucoup moins sévère pour *Un Drame au fond de la mer*. Il y avait là un tableau très original et d'un effet immense, celui du navire naufragé, avec ses cadavres, dans les profondeurs transparentes de l'Océan. Je sais bien que, pour arriver à ce tableau, et ensuite pour dénouer la pièce, les auteurs avaient entassé toute la friperie du mélodrame. Mais la pièce n'en contenait pas moins une trouvaille, tandis que le *Tour du monde en* 80 *jours* est un défilé ininterrompu de banalités, sans un seul tableau qui soit vraiment neuf. Si je m'explique le succès, je n'en trouve pas moins le public bon enfant et facile à contenter.

Aussi est-ce pour cela que j'ai une grande indulgence devant la tentative malheureuse de M. Figuier. Il est tombé où d'autres ont réussi; mais le talent qu'il pourrait avoir importait peu. Il y a là une question du plus ou du moins qui ne me touche pas. S'il avait fait quelques coupures, s'il avait écouté les conseils d'un ami, il aurait mis son œuvre debout, sans la rendre meilleure à mes yeux. C'est le genre qui est idiot, on doit dire cela carrément. Je vois là tout au plus des parades de foire que l'on devrait jouer dans des baraques en planches, des spectacles pour les yeux où le peuple achève de brouiller les quelques notions justes qu'il possède, des œuvres bâtardes et grossières qui gâtent le talent des acteurs et qui acheminent notre théâtre national vers les pièces d'un intérêt purement physique.

Remarquez que ce pauvre M. Figuier avait toutes sortes de bonnes intentions. Il voulait même être patriote, il avait pris des héros français, désireux de faire entendre que les Anglais et les Américains ne sont pas les seuls à courir le monde dans l'intérêt de la science. Le malheur est qu'il n'a pas su escamoter suffisamment les drôleries du genre. D'autre part, la scène étroite de Cluny ne se prêtait guère à un défilé des cinq parties du monde, augmentées d'une sixième. Fatalement, les moindres naïvetés y devenaient énormes. Il faut de la place, pour faire tenir une vaste bouffonnerie, établie sérieusement. Enfin, M. Figuier n'avait pas d'éléphant. Cela était décisif.

Pauvre science ! à quels singuliers usages on la rabaisse, pour battre monnaie ! La voilà maintenant qui remplace le bon génie et le mauvais génie de nos contes d'enfants. Certes, lorsque j'annonce que le large mouvement scientifique du siècle va bientôt atteindre notre scène et la renouveler, je ne songe guère à cette vulgarisation en une douzaine de tableaux de quelque notion élémentaire que les enfants savent en huitième. Il y a là une veine de succès que les faiseurs exploitent, rien de plus. Ce que je veux dire, c'est que l'esprit scientifique du siècle, la méthode analytique, l'observation exacte des faits, le retour à la nature par l'étude expérimentale, vont bientôt balayer toutes nos conventions dramatiques et mettre la vie sur les planches.

LA COMÉDIE

I

Mes confrères en critique dramatique ont bien voulu, pour la plupart, parler de mon dernier roman, à propos de *Pierre Gendron,* la pièce que MM. Lafontaine et Richard viennent de donner au Gymnase. Sans accuser les auteurs de plagiat, quelques-uns ont admis certaines ressemblances entre cette comédie et l'*Assommoir.* Loin de moi la pensée de me montrer plus sévère. Je tiens MM. Lafontaine et Richard pour de galants hommes qui se seraient adressés à moi, s'ils avaient eu la moindre velléité de tirer une pièce de mon livre. D'ailleurs, ils ont fait dire dans la presse que *Pierre Gendron* était écrit avant l'*Assommoir,* et cela doit suffire. Certes, je ne réclame pas une enquête. Je m'estime simplement heureux que les directeurs ne se soient pas montrés plus empressés de jouer la pièce ; car, dans ce cas, ce serait moi qui aurais pu être traité de plagiaire.

Seulement, la rencontre entre les deux œuvres est vraiment prodigieuse. Il y a là un cas littéraire sur lequel je me permets d'insister, uniquement pour la curiosité du fait.

Imaginez qu'un auteur dramatique veuille tirer un drame de l'*Assommoir*. La grosse difficulté qu'il rencontrera sera le nœud même du drame, le ménage à trois, le retour de l'ancien amant que le mari ramène auprès de sa femme, un jour de soûlerie. Dans la vie réelle, j'ai connu des Coupeau, lentement hébétés par la boisson. Mais un romancier seul peut employer aujourd'hui de tels personnages, parce qu'il a le loisir de les analyser à l'aise et de tirer d'eux les terribles leçons de la vérité. Au théâtre, ils restent encore d'un maniement presque impossible.

Tout le problème, pour un auteur dramatique, serait donc d'accommoder Coupeau et Lantier, de façon à ce qu'ils pussent paraître devant le public, sans trop le révolter. Il faudrait, tout en gardant la situation du ménage à trois, trouver un arrangement qui maintiendrait l'aventure dans cette convention d'honnêteté scénique, hors de laquelle une pièce est fort compromise. En un mot, étant donné Gervaise, Lantier et Coupeau, il s'agirait de les conserver tous les trois, et pourtant de les rendre possibles, en modifiant légèrement les données du roman.

Eh bien, MM. Lafontaine et Richard ont trouvé une solution très agréable. J'avais songé à ces choses, avant la représentation de leur pièce, et j'ai été réellement surpris de ne pas avoir eu l'idée d'une solution aussi habile. Certainement, ce qui m'a empêché de la trouver, c'est la pensée qu'un roman transporté au théâtre doit rester entier. Mais des auteurs qui ne seraient tenus à aucun respect envers l'*Assommoir*, et qui préféreraient même s'en écarter un peu, n'inventeraient pas une adaptation plus adroite que *Pierre Gendron*. Et cela est d'autant plus miraculeux que cette comédie a été écrite avant le roman.

Voici l'adaptation. Faites que Coupeau ne soit pas marié avec Gervaise, et admettez que Coupeau, tout en connaissant Lantier, ignore ses anciens rapports avec la jeune femme; dès lors, Coupeau, qui est un honnête ouvrier, pourra ramener Lantier dans son ménage, et, de ce retour, naîtront tous les éléments dramatiques nécessaires. Gervaise, naturellement, tremblera devant Lantier et refusera avec horreur le marché de honte qu'il lui offre pour garder le silence. Quant au dénoûment, il sera aimable ou triste, selon le théâtre où l'on portera la pièce.

Mais la rencontre la plus curieuse est peut-être que le retour de Lantier, dans le roman et dans le drame, a lieu pendant un repas de famille. Seulement, dans le roman, le repas est donné le jour de la fête de Gervaise; tandis que, dans le drame, il a lieu le jour de la fête de Coupeau.

Je n'ai pas besoin de faire remarquer les conséquences énormes que la légère modification du sujet amène au point de vue théâtral. Au lieu de cette déchéance lente du ménage, qui est le roman tout entier, on n'a plus qu'un honnête ménage d'ouvriers tyrannisé et menacé par un sacripant. Les auteurs ont même chargé Lantier en noir; ils en ont fait un assassin, que les gendarmes emmènent au dénoûment, ce qui est vraiment trop gros et noie leur œuvre dans les eaux vulgaires du mélodrame. Quant à Coupeau et à Gervaise, ils se marient et sont heureux. On prétend, il est vrai, que la pièce était en cinq actes et qu'on l'a réduite pour les besoins du Gymnase. Je serais bien curieux de connaître les deux actes que M. Montigny a fait couper.

Et voyez le prodige, les rencontres ne s'arrêtent pas là ! La fille des Coupeau, Nana, est aussi dans la pièce. Or, cette Nana était encore bien embarrassante ; on pouvait, à la vérité, ne pas pousser les choses jusqu'au bout, en la ramenant au bercail, avant qu'elle eût glissé à la faute ; mais elle n'en demeurait pas moins un danger, si l'on ne mettait pas à côté d'elle une consolation. Aussi Nana a-t-elle une sœur, une demoiselle bien élevée et sans tache, grandie en dehors du milieu ouvrier, et qui, au dénoûment, épousera le patron de la fabrique où travaille Coupeau. Cela compense tout.

Je ne veux pas insister davantage. Je répète une fois encore que j'accuse le hasard seul. Il m'a paru simplement intéressant de montrer comment, sans le vouloir, MM. Lafontaine et Richard ont tiré de l'*Assommoir* la pièce que des hommes de théâtre auraient pu y trouver. En outre, comme j'ai accordé de grand cœur à deux auteurs dramatiques l'autorisation de porter sur les planches le sujet de mon livre, j'ai pensé que je devais me prononcer sur la question soulevée dans la presse, à propos de *Pierre Gendron*.

Si l'on veut maintenant mon avis tout net sur cette comédie, j'ajouterai qu'elle me plaît médiocrement. Les auteurs ont dû la baser sur une situation fausse. Toute la pièce tient sur ce fait que Gervaise a refusé d'épouser Coupeau, parce qu'elle a appartenu à Lantier, et qu'elle courbe la tête sous l'éternelle honte de cette liaison. Il faut connaître bien peu le milieu où s'agitent les personnages, pour prêter un tel sentiment à Gervaise. Dans la réalité, elle serait depuis longtemps la femme légitime de Coupeau. Seulement, comme je l'ai expliqué, si elle était sa femme, les auteurs retomberaient dans la situation embarrassante du roman, et ils ont dû choisir entre la convention théâtrale et la vérité.

Je ne parle pas du dénoûment, je sais très bien que c'est là un dénoûment imposé par le Gymnase. On se marie trop à la fin, et toute cette action terrible tombe en plein dans la confiture. Voyez-vous Nana ramenée saine et sauve, comme s'il suffisait d'un tour d'escamotage pour transformer en bonne petite fille une coureuse de trottoirs, qui appartient de naissance au pavé parisien! Je voudrais que l'on sentît bien là à quel point de mensonge on a rabaissé le théâtre. Car soyez convaincus que MM. Lafontaine et Richard sont trop intelligents pour ne pas savoir eux-mêmes qu'ils mentent. La vérité est qu'ils ont eu peur, et avec raison; ils se sont dit qu'ils devaient se conformer au désir du public, qui aime les dénoûments aimables.

J'arrive ainsi au singulier jugement porté par plusieurs de mes confrères qui ont vu, dans *Pierre Gendron*, un manifeste naturaliste au théâtre. Comme toujours, c'est la forme, l'expression extérieure de la pièce qui les a trompés. Il a suffi que les personnages employassent quelques mots d'argot populaire, pour qu'on criât au réalisme. On ne voit que la phrase, le fond échappe.

Certes, on ne saurait trop louer MM. Lafontaine et

Richard, en mettant des ouvriers en scène, de leur avoir conservé certaines tournures de langage, qui marquent la réalité du milieu. C'était déjà là une audace, et il faut les en remercier. Seulement, j'aurais voulu les voir pousser plus loin l'amour du vrai, s'attaquer aux mœurs elles-mêmes, à la réalité des faits. Leur Gendron, c'est l'éternel bon ouvrier des mélodrames; leur Louvard, c'est le traître qu'on a vu tant de fois. Les bonshommes n'ont pas changé ; ils restent jusqu'au cou dans la convention. Ils commencent à parler leur vraie langue, voilà tout.

Paris a besoin d'un certain nombre de plaisanteries courantes. Que les chroniqueurs, les échotiers, tout le personnel rieur et turbulent de la petite presse, ait lancé une série de calembredaines sur le mouvement littéraire actuel, rien de plus acceptable; que l'on fasse par moquerie tenir le naturalisme dans l'argot des barrières, l'ordure du langage et les images risquées, cela s'explique, et nous tous qui défendons la vérité, nous sommes les premiers à sourire de ces plaisanteries, lorsqu'elles sont spirituelles. Mais, en France, on ne saurait croire combien est dangereux ce jeu de la raillerie. Les esprits les plus épais et les plus sérieux finissent par accepter comme des jugements définitifs les aimables bons mots de la presse légère.

Ainsi, on tend à admettre que l'argot entre comme une base fondamentale dans notre jeune littérature. On vous clôt la bouche, en disant : « Ah! oui, ces messieurs qui remplacent la langue de Racine par celle de Dumollard! » Et l'on est condamné. Vraiment! nous nous moquons bien de l'argot! Quand on fait parler un ouvrier, il est d'une honnêteté stricte, je crois, de lui conserver son langage, de même qu'on doit mettre dans la bouche d'un bourgeois ou d'une duchesse des expressions justes. Mais ce n'est là que le côté de forme du grand mouvement littéraire contemporain. Le fond, certes, importe davantage.

Par exemple, au théâtre, c'est un triomphe médiocre que de placer de loin en loin une expression populaire. J'ai remarqué que l'argot fait toujours rire à la scène, lorsqu'on le ménage habilement. Il est beaucoup plus difficile de s'attaquer aux conventions, de faire vivre sur les planches des personnages taillés en pleine réalité, de transporter dans ce monde de carton un coin de la véritable comédie humaine. Cela est même si mal commode que personne n'a encore osé, parmi les nouveaux venus, qui ne sont pourtant pas timides.

Il faut remettre l'argot à sa place. Il peut être une curiosité philologique, une nécessité qui s'impose à un romancier soucieux du vrai. Mais il reste, en somme, une exception, dont il serait ridicule d'abuser. Parce qu'il y a de l'argot dans une œuvre, il ne s'ensuit pas que cette œuvre appartient au mouvement actuel. Au contraire, il faut se méfier, car rien n'est un voile plus complaisant qu'une forme pittoresque; on cache là-dessous toutes les erreurs imaginables.

Ce qu'il faut demander avant tout à une œuvre, que le romancier ait cru devoir prendre la plume d'Henri Monnier ou celle de Bossuet, c'est d'être une étude exacte, une analyse sincère et profonde. Quand les personnages sont plantés carrément sur leurs pieds et vivent d'une vie intense, ils parlent d'eux-mêmes la langue qu'ils doivent parler.

II

La première représentation au Gymnase de *Châteaufort*, une comédie en trois actes de madame de Mirabeau, m'a paru pleine d'enseignements. Pendant que le public tournait au comique les situations dramatiques, et que les critiques se fâchaient en criant à l'immoralité, je songeais qu'il y avait là un malentendu bien grand, j'aurais voulu pouvoir transformer d'un coup de baguette cette pièce mal faite en une pièce bien faite, et changer ainsi en applaudissements les rires et les indignations; car, au fond, il s'agissait uniquement d'une question de facture.

Voici, en gros, le sujet de la pièce. Le marquis de Ponteville a donné sa fille Nadine en mariage à M. de Châteaufort, un homme de la plus grande intelligence, que le gouvernement vient même de charger d'une mission diplomatique. Puis, le marquis s'est remarié avec une demoiselle d'une réputation équivoque. Mais voilà que Nadine acquiert la preuve, par une lettre, que son mari a été l'amant de sa belle-mère. Le beau Châteaufort, l'homme irrésistible et magnifique, est un simple gredin. Précisément, il vient de commettre une première scélératesse. Aidé de la marquise, il a décidé le marquis à lui léguer le château de Ponteville, au détriment de Pierre, le frère aîné de Nadine. Celui-ci apprend tout par le notaire qui a rédigé le testament. Un singulier notaire qui, pour se venger d'avoir reçu des honoraires trop faibles, dénonce tout le monde, et apprend surtout à la marquise que Nadine a des rendez-vous avec M. de

Varennes, rendez-vous fort innocents d'ailleurs. Dès lors, la guerre est déclarée entre les deux femmes. Madame de Ponteville accuse madame de Châteaufort d'adultère, et fait prendre par le marquis une lettre que celle-ci semble vouloir dissimuler. Mais justement cette lettre est celle qui révèle la liaison de Châteaufort et de madame de Ponteville. Le marquis a un coup de sang, dont il se tire pour se lamenter. Enfin Châteaufort, auquel le gouvernement vient de retirer sa mission, comprend qu'il gêne tout le monde, qu'il n'y a pas d'issue possible, et il se décide à dénouer le drame en se faisant sauter la cervelle.

Certes, je ne défends point les inexpériences ni les maladresses de la pièce. Seulement, je me demande quelle a été la véritable intention de madame de Mirabeau. A coup sûr, son idée première a dû être de mettre debout la haute figure de Châteaufort. On dit que son héros était, dans le principe, député et ambassadeur ; la censure aurait diminué le personnage, en en faisant un simple diplomate, envoyé en mission particulière.

Mais l'indication suffit. On comprend immédiatement quel est le personnage, le type que l'auteur a voulu créer. Châteaufort n'est point l'aventurier vulgaire. Son nom est à lui ; de plus, il a une grande intelligence, une haute situation. Sa perversion est un fruit de l'époque et du milieu. Il est la pourriture en gants blancs, l'intrigue toute puissante, l'homme public qui abuse de son mandat, le cerveau vaste qui combine le mal. Cet homme, titré, occupant une des situations politiques les plus en vue, représente donc la corruption dans les hautes classes, avec ce qu'elle a d'intelligent, d'élégant et d'abominable.

Je ne sais si je me fais bien comprendre. Mais il y avait, à mon sens, une création très large à tenter avec un tel personnage. Il est de notre temps ; on l'a rencontré dans vingt procès scandaleux. Il a poussé sur les décombres des monarchies; il ne peut plus avoir de pensions sur la cassette des rois, et il bat monnaie avec ses titres et ses situations officielles. Regardez autour de vous, très haut, et vous le reconnaîtrez. Je comprends donc parfaitement que madame de Mirabeau n'ait pu résister à la tentation de mettre au théâtre une figure si contemporaine et si puissamment originale.

Maintenant, le malheur est qu'elle l'a mise sans aucune prudence. Elle avait besoin d'une histoire quelconque pour employer le héros, et l'histoire qu'elle a choisie est des moins heureuses. Encore aurait-elle pu s'en contenter, car les histoires en elles-mêmes importent peu. Mais il fallait alors souffler la vie à tous ces pantins, donner aux faits la profonde émotion de la vérité. J'arrive ici au vif de la question, et je demande à m'expliquer très nettement.

Le soir de la première représentation, le public riait et la critique se fâchait, ai-je dit. Dans les couloirs, j'entendais dire que l'immoralité de la pièce était révoltante, qu'un pareil monde n'existait pas. Surtout, c'était le langage qui blessait; des spectateurs juraient que les femmes du monde ne parlent pas avec cette crudité et ne se lancent point ainsi leurs amants à la tête. Que répondre à cela? on sourit on hausse les épaules. La brutalité est partout, en haut comme en bas. Quand les passions soufflent, les marquises deviennent des poissardes. Il n'y a que les tout jeunes gens qui se font du grand monde une idée d'Olympe, où les bouches des dames ne lâchent que des perles.

Pour mon compte, — j'ignore si j'ai l'âme plus scélérate que la moyenne du public, — je ne trouve, dans *Châteaufort*, pas plus de gredinerie que dans beaucoup d'autres pièces applaudies pendant cent représentations. Que voyons-nous donc d'épouvantable dans cette œuvre? Un homme qui a eu des relations avec sa belle-mère, et qui convoite les biens de son beau-père. Mais ce sont là de simples gentillesses, à côté de l'amas effroyable des noirs forfaits de notre répertoire. Je ne citerai pas les tragédies grecques, ni les mélodrames du boulevard, où l'on s'empoisonne en famille avec le plus belle tranquillité du monde. Je rappellerai simplement les œuvres de cette année, l'*Etrangère*, par exemple, où le duc de Septmont se conduit en vilain monsieur, tout comme Châteaufort.

Pourquoi, en ce cas, rit-on et se fâche-t-on au Gymnase? C'est uniquement parce que l'auteur a manqué de science et d'adresse. Il aurait pu nous conter une aventure dix fois plus odieuse et nous l'imposer parfaitement, s'il avait su procéder avec art. Question de facture, rien de plus, je le répète. Le public a acclamé d'autres vilenies, sans s'en douter. Les infamies ne l'effrayent pas, la façon de présenter les infamies seule le révolte.

La grande faute de madame de Mirabeau a été de bâtir son action dans le vide. Ses personnages n'ont pas d'acte civil. On ne sait d'où ils viennent, qui ils sont, comment s'est passée leur vie jusqu'au jour où on nous les présente. Châteaufort aurait eu besoin d'être expliqué dans ses antécédents. Cette grande figure devait être complète. Un drame n'est pas un coup de tonnerre dans un ciel bleu ; il faut circonstancier et amener les orages de la passion et des intérêts.

Une autre faute grave est d'avoir raidi les personnages dans une attitude. Châteaufort, à mon sens, manque surtout de souplesse. Le marquis est une ganache et la marquise une louve de mélodrame. Quant à Nadine, elle serait le seul personnage sympathique, si elle n'était pas toujours en colère. La vie a plus de bonhomie, et, même dans les crises dramatiques, il faut conserver aux personnages des échappées de repos et de détente. Une action toute nue, une abstraction pure, ne réussit au théâtre qu'à la condition d'être maniée par des mains très savantes, qui la conduisent avec une raideur de démonstration géométrique.

D'ailleurs, madame de Mirabeau est loin de manquer de talent. J'ose même confesser que son œuvre m'a beaucoup plus intéressé que certaines pièces, jouées dans ces derniers temps, et qui ont réussi. Cela est si peu ordinaire, une belle inexpérience, parlant carrément, appelant les choses par leurs noms, allant droit devant elle sans crier gare. Il y a bien des hommes, parmi nos auteurs dramatiques, auxquels je souhaiterais l'énergie de madame de Mirabeau. Et il ne faut pas ricaner, employer le gros mot de brutalité, l'énergie reste une chose rare et belle, qu'on n'acquiert pas, et qui fait les grandes œuvres. On ne devient pas fort, tandis que l'on peut émonder sa force et trouver un équilibre.

Dans tout cela, il y a une morale à tirer. La chute *Châteaufort* va être un argument de plus entre les mains de ceux qui refusent la vérité au théâtre, sous prétexte que la vérité est affligeante et que le public demande avant tout des tableaux consolants. Je les entends d'ici foudroyer les héros corrompus, déclarer que le théâtre n'est pas une dalle de dissection, réclamer des idylles qui ne contrarient pas leur digestion. Avez-vous remarqué une chose ? il est rare qu'un honnête homme se scandalise en face d'un coquin ; ce sont les coquins eux-mêmes qui crient le plus fort, comme s'ils voyaient une allusion personnelle dans le personnage qu'on leur montre.

Donc, c'est le naturalisme au théâtre qui payera une fois de plus les pots cassés. Il va être formellement conclu que toutes les plaies ne sont pas bonnes à montrer, surtout lorsqu'il s'agit des plaies du beau monde. Et l'on aura raison, dans un certain sens. Je crois qu'on peut tout dire et tout peindre, mais je commence à être persuadé aussi qu'il y a façon de tout peindre et de tout dire. Là est la solution du problème.

Ah ! comme nous serions forts, si un naturaliste, sans rien perdre de sa méthode d'analyse ni de sa vigueur de peinture, naissait avec le sens du théâtre, cette adresse du métier qui escamote les difficultés au nez du public. Il n'est pas vrai, à coup sûr, que tout le théâtre soit dans le métier, comme on le répète. Le métier suffit le plus souvent, mais le métier pourrait aussi aider simplement à rendre possible sur les planches les drames et les comédies de la vie réelle. Apporter la vérité et savoir l'imposer, tel doit être le but.

Aussi ne me lasserai-je pas de répéter aux jeunes auteurs dramatiques qui grandissent : « Voyez les chutes de toutes les pièces naturalistes tentées depuis dix ans. Est-ce à dire que le mensonge seul réussit au théâtre? Non, certes. Il faut garder sa foi dans le vrai, même quand le vrai semble crouler de toutes parts. La vérité reste supérieure, inattaquable, souveraine. C'est à notre imbécillité, à notre manque de talent, qu'il faut s'en prendre. C'est nous, et non pas la vérité, qui faisons tomber nos pièces. Etudiez donc le théâtre, comparez et cherchez. Il existe certainement une tactique pour conquérir le public, on flaire dans l'air une formule, qu'un débutant découvrira, et qui indiquera la voie à suivre, si l'on veut donner à notre théâtre une vie nouvelle. Les révolutions dans les idées ne se précisent et ne triomphent que grâce à une formule. Inventez une facture, tout est là. »

III

Deux débutants, MM. Jules Kervani et Pierre de l'Estoile, ont fait jouer au Troisième-Théâtre-Français une pièce en cinq actes : *l'Obstacle.*

Voici, en gros, le sujet. Un jeune homme, Georges de Liray, a rencontré aux bains de mer une adorable jeune fille, mademoiselle de Champlieu. Il l'aime, il demande sa main à M. de Champlieu, et là il apprend tout un drame de famille : la mère de la jeune fille n'est pas morte, comme on l'a dit, elle a fui, il y a des années, avec un amant. Georges n'en poursuit pas moins son projet de mariage; mais il se heurte contre un nouveau drame, son père lui confesse qu'il est l'amant de madame de Champlieu, laquelle a naturellement changé de nom. Dès lors, le mariage entre les jeunes gens paraît impossible. Les auteurs se sont tirés de toutes ces difficultés accumulées, en condamnant M. de Liray à un exil lointain et en empoisonnant madame de Champlieu, qui meurt pardonnée de son mari.

La critique a bien accueilli cette œuvre. Elle a fait des réserves, mais elle a été unanime à y constater des situations fortes et des scènes bien faites. Ses réserves ont surtout porté sur l'impasse dans laquelle les auteurs se sont mis, en choisissant un de ces sujets dont il est impossible de sortir. Ses éloges se sont adressés à l'habileté de l'exposition, aux coups de théâtre successifs : la confession de M. de Champlieu ; l'aveu de M. de Liray à son fils ; la rencontre des deux pères, avec la femme coupable entre eux. On a trouvé tout cela, je le répète, très bien combiné, emmanché solidement, fabriqué avec adresse. Aussi a-t-on salué MM. Jules Kervani et Pierre de l'Estoile comme des jeunes écrivains heureusement doués pour le théâtre.

J'ai eu la curiosité de lire tout ce qu'on a écrit sur *l'Obstacle*, et j'affirme que le seul regret de la critique a été que les auteurs n'eussent pas pu sortir plus brillamment du problème insoluble qu'ils s'étaient posé. Imaginez un joueur de piquet dont une nombreuse galerie suit le jeu. La galerie est émerveillée par la hardiesse de l'écart et tout à fait enchantée par deux ou trois coups successifs qui dénotent une science hors ligne. Malheureusement, la fin de la partie est moins brillante : le joueur gagne, mais grâce à des expédients dangereux, et il ne gagne que d'un point. Alors, la galerie dit : « C'est fâcheux, une partie si bien commencée ! N'importe, ce joueur n'est pas la première mazette venue. » Telle a été exactement l'attitude de la critique, à l'égard de MM. Jules Kervani et Pierre de l'Estoile.

Eh bien ! que ces messieurs me permettent de leur tenir un autre langage. Je suis le seul de mon opinion ; aussi vais-je tâcher d'être très clair et d'appuyer mon dire sur des arguments décisifs. Certes, les deux auteurs, en écrivant *l'Obstacle*, ont fait une œuvre très honorable, et je me réjouis de leur succès. Mais je crois remplir strictement mon devoir de critique, en leur disant qu'ils ont choisi là une formule dramatique inférieure, et qu'ils doivent se dégager au plus tôt de cette formule, s'ils ont la moindre ambition littéraire.

J'arrive aux preuves. Que sont leurs personnages? Des pantins, pas davantage. Les jeunes gens sont des jeunes gens, les pères sont des pères, le tout complètement abstrait, chaque figure représentant une idée et non un individu. Il me semble voir ces personnages portant chacun un écriteau sur la poitrine : « Moi je suis un jeune homme honnête qui aime une jeune fille... Moi je suis un père honnête dont la femme s'est mal conduite... » Quant à l'homme que cache l'écriteau, il nous reste profondément inconnu; nous ne voyons seulement pas le bout de son nez, nous ignorons ce qu'il a dans le ventre. Aucune analyse humaine, en somme; pas un seul document nouveau, une simple exhibition de sentiments généraux qui manquent même de tout relief artistique.

Mais les faits sont encore plus significatifs. Si les personnages restent uniquement des poupées destinées à être rangées sur une table, comme les soldats de plomb des enfants, tout l'intérêt se porte sur le drame dont ils vont être les acteurs complaisants. Ils deviennent passifs, ils subissent l'action, demeurent où on les place, font un pas en arrière ou en avant, selon les besoins de la stratégie dramatique. Or, rien n'est plus étrange que cette action qu'ils subissent. Il s'agit pour les auteurs de pousser leurs soldats de plomb, de les mettre en face les uns des autres, dans des positions critiques, de faire croire qu'ils sont perdus et qu'ils vont se manger, puis de les dégager le plus habilement possible, en sacrifiant ceux qui sont trop embarrassants, et de dire enfin au public ravi : « Mesdames et Messieurs, voilà comment la farce se joue. Tout ceci n'était que pour vous plaire et vous montrer notre adresse d'escamoteurs. » Peu importent la vie réelle, le développement logique des histoires vraies, la grandeur simple de ce qui se passe tous les jours sous nos yeux. Les hommes d'expérience et d'autorité vous répéteront qu'il faut des situations au théâtre ; entendez par là qu'il faut mener en guerre vos soldats de plomb et vous exercer à les jeter dans des bagarres, pour avoir la gloire de les en tirer sans une égratignure.

Je le dis une fois encore, l'art dramatique ainsi entendu est un art absolument inférieur, qui doit dégoûter les penseurs et les artistes. Je parlais d'une partie de piquet. Mais il est une comparaison plus juste encore, celle d'une partie d'échecs. Les personnages ne sont plus que des pions. MM. Jules Kervani et Pierre de l'Estoile ont pu se dire : « Les blancs font mat en cinq coups. » Et ils ont joué leurs cinq actes. Oui, leurs personnages sont en bois, de simples pièces de buis ; j'accorde, si l'on veut, qu'on les a sculptés et qu'ils ont des figures humaines ; mais ils n'ont sûrement ni cervelles ni entrailles. Quant au drame, il devient une combinaison, plus ou moins ingénieuse; on entend le petit claquement des pièces sur l'échiquier, et le problème est résolu, la critique se contente de déclarer le lendemain : « Bien joué! » ou : « Mal joué ! » De l'étude humaine, de l'analyse des tempéraments, de la nature des milieux, pas un mot!

Voilà, n'est-ce pas, qui est d'un grand vol, voilà qui élargit singulièrement notre littérature dramatique ! Remarquez que les pièces à situations qui règnent aujourd'hui, n'ont envahi le théâtre que depuis le commencement du siècle. Ce sont elles qui ont imposé l'étrange code auquel on veut soumettre tous les débutants. Les fameuses règles, le criterium d'après lequel on juge si tel écrivain est ou n'est pas doué pour le théâtre, viennent de ces pièces. Peu à peu, elles se sont imposées comme un amusement facile qui intéresse sans faire penser, et on a voulu plier toutes les productions dramatiques à leur formule. Il n'a plus été question que « des scènes à faire ». On a déserté la grande étude humaine pour ce joujou, mettre des bonshommes en bataille et leur faire exécuter des culbutes de plus en plus compliquées. Ajoutez que des esprits ingénieux, et même quelques esprits puissants, se sont livrés à ce jeu et y ont accompli des merveilles. Voilà comment le théâtre actuel, — une simple formule passagère dont on veut faire « le théâtre », — occupe les planches, à la grande tristesse des écrivains naturalistes.

Souvent la critique cite les maîtres. C'est pourtant peu les honorer que de ne point se montrer sévère pour les pièces à situations. Dans toutes les littératures, tous les chefs-d'œuvre dramatiques condamnent ces pièces et montrent leur infériorité. Certes, ce n'est ni dans le théâtre grec, ni dans le théâtre latin que nos auteurs habiles ont pris les règles du petit jeu de société auquel ils se livrent. Ni Shakespeare ni Schiller ne leur ont enseigné l'art de plonger un personnage dans une fable compliquée, puis de l'en retirer par la peau du cou, sans que ses vêtements eux-mêmes aient souffert. Si j'arrive à nos classiques, l'exemple devient encore plus frappant. Où prend-on que Corneille, Molière, Racine sont les maîtres du théâtre à notre époque? Les auteurs contemporains n'ont rien d'eux, je ne parle pas du talent, mais de l'entente de la scène et de la veine dramatique. Qu'on cesse donc de parler des maîtres, à propos de notre théâtre actuel, car nous les insultons chaque jour par la façon ridicule et étroite dont nous employons leur glorieux héritage.

La formule qui règne en ce moment n'a donc pas d'excuse. Elle ne saurait même invoquer en sa faveur la tradition. Elle ne se rattache en rien aux chefs-d'œuvre de notre littérature dramatique. Je ne puis développer ici les arguments que je fournis ; mais il est aisé de le faire. Cette formule est née de l'ingéniosité et de l'habileté d'une génération d'auteurs. Elle a récréé le public, car elle offre le gros intérêt du roman-feuilleton, dont l'invention a passionné la masse des lecteurs illettrés. Et c'est ainsi qu'elle s'est étalée, au point de faire dire qu'elle est tout le théâtre, et qu'en dehors d'elle il n'y a pas de succès possible. Heureusement, l'histoire littéraire est là pour affirmer que l'étude de l'homme passe avant tout, avant l'action elle-même. On a découragé les esprits supérieurs en faisant un simple échiquier de la scène. Telle est l'explication de la royauté du roman à notre époque, tandis que le théâtre se traîne et agonise.

Un grand écrivain étranger s'étonnait un jour devant moi des deux littératures si nettement tranchées qui vivent chez nous côte à côte, le roman et le théâtre. Le premier s'élargit et grandit chaque jour ; le second s'épuise et tend à retomber aux tréteaux. Cela provient, selon moi, de ce que le roman est dans le courant du siècle, dans ce courant naturaliste qui emporte tout. Au contraire, le théâtre résiste, s'entête dans des combinaisons ridicules, refuse la vie qui déborde autour de lui. La routine, les engouements du public, la complicité de la critique, l'enfoncent davantage. On prévoit le résultat : si, dans un temps donné, une rénovation n'a pas lieu, le théâtre roulera de plus bas en plus bas ; car il est impossible que la foule, nourrie des vérités du roman, ne se dégoûte pas tout à fait des enfantillages laborieux des auteurs dramatiques. D'ailleurs, de même que le théâtre a régné au dix-septième siècle, peut-être au dix-neuvième siècle le roman doit-il régner à son tour.

Je reviens à MM. Jules Kervani et Pierre de l'Estoile, et je conclus. Sans doute, ils ont fait preuve d'un effort louable en produisant *l'Obstacle*. Mais ils débutent, ils ont de l'ambition, ils désirent monter le plus haut possible. Alors, je crois devoir leur dire ce que personne ne leur a dit. La pièce à situations, si honorablement qu'on la traite, reste une œuvre inférieure. Ils auraient dénoué *l'Obstacle* d'une façon plus habile encore, qu'ils n'auraient jamais été que des joueurs d'échecs. S'ils veulent grandir, ils doivent se hausser jusqu'à l'étude de l'homme, aborder les passions, nouer et dénouer leurs drames par les seules passions. Plus haut, toujours plus haut ! Tâchez de monter dans la vérité et dans le génie ! Tel est, selon moi, le seul langage qu'un critique ait lieu de tenir aux débutants qui arrivent avec leur jeunesse et leur bonne volonté.

IV

MM. Aurélien Scholl et Armand Dartois ont donné à l'Odéon une très agréable comédie, qui a eu un joli succès d'esprit.

Le titre *le Nid des autres*, dit le sujet d'une façon charmante. Il s'agit d'une certaine Désirée Blavière, dont le passé est fort louche, et qui a pris le titre sonore et romanesque de comtesse de Villetaneuse. Cette dame, à laquelle un Russe cosmopolite et original, toujours en voyage, M. Cramer, a eu l'étrange idée de confier sa fille Mathilde, vivait à Cannes de la pension que le père lui payait, lorsque l'envie lui est venue de marier Mathilde pour se faire à elle-même un intérieur. Un garçon riche, Rodolphe, épouse l'héritière, et Désirée s'installe chez eux avec ses trois enfants. C'est là le nid des autres.

On voit dès lors comment l'action s'engage. Désirée est plus impérieuse et plus exigeante qu'une belle-mère. Elle a fait le bonheur des époux, elle le leur rappelle à chaque minute et exige une reconnaissance éternelle. C'est elle qui gouverne, qui dispose des chambres de la maison, qui se sert des voitures, qui commande les domestiques. Et, à la moindre observation, elle éclate en reproches et en lamentations.

Rodolphe sent bien vite qu'il s'est donné un maître. Mais, lorsqu'il veut sauver son bonheur menacé, tout un drame commence. Désirée exerce sur Mathilde un empire absolu. Elle fâche les époux, elle emmène la jeune femme et la pousse à plaider en séparation.

Les choses finiraient fort mal sans doute, si Rodolphe n'avait pour ami un jeune peintre, Montbrisson, qui arrive fort dépenaillé au premier acte, mais qui est un garçon de belle humeur et de talent. Rodolphe l'installe chez lui. C'est encore le nid des autres, habité seulement par un oiseau qui paye son gîte en égayant ses hôtes et en veillant sur leur bonheur. A la fin, quand Montbrisson reparaît, il s'est réconcilié avec son père et il n'a qu'un mot à dire pour confondre la prétendue comtesse de Villetaneuse, dont il vient d'apprendre l'histoire. Ai-je besoin d'ajouter que cet excellent Montbrisson épouse une sœur de Rodolphe, que les auteurs ont mise là tout exprès ? Je n'ai pas parlé non plus d'un certain Ducluzeau, un vieil ami de Désirée, qui pille aussi le nid des autres d'une façon impudente.

Il paraît que cette comédie, qui au fond n'est qu'un drame avorté, est une histoire tristement vraie, dont tout Paris s'est occupé autrefois. Et, à ce propos, M. Francisque Sarcey, le critique si écouté du *Temps*, faisait remarquer combien cette histoire portée au théâtre est devenue pauvre d'allures et même invraisemblable dans les détails. Sa remarque est fort juste, en apparence. Pendant les trois actes, j'ai été blessé par un je ne sais quoi, par des sous-entendus qui m'échappaient et qui m'empêchaient de comprendre nettement la pièce. Ainsi, je ne m'expliquais pas du tout l'empire que Désirée exerce sur Mathilde. Comment se fait-il que cette Mathilde, dont les auteurs font une charmante créature, puisse quitter de la sorte un mari qu'elle adore, pour suivre une amie et lui obéir en toutes choses ? Evidemment, cela n'est ni logique ni acceptable. Et M. Sarcey part de là pour laisser entendre que, toutes les fois qu'on porte la vérité telle quelle sur les planches, elle y paraît forcément absurde.

La conclusion est inattendue, car je soupçonne au contraire que si, dans *le Nid des autres*, la situation paraît fausse, c'est que les auteurs n'ont point osé la mettre au théâtre dans sa monstrueuse vérité. Tout cela est si délicat que je ne saurais même insister. Il n'y a qu'une débauche qui puisse donner à Désirée son empire sur Mathilde. Dès lors, on comprend tout, et le drame qui s'ouvre est d'une grandeur abominable. Sans doute, c'était un sujet impossible. Seulement, qu'on ne vienne pas dire, en s'appuyant sur cet exemple, que la vérité exacte est absurde sur les planches ; car ici, loin d'avoir reproduit la vérité exacte, les auteurs ont dû l'amputer violemment, la réduire à une fable inoffensive et peu intelligible. Imaginez certaines comédies d'Aristophane arrangées pour un public parisien.

Et l'embarras des auteurs a été si évident, lorsqu'ils ont abordé cette terrible figure de Désirée, qu'ils se sont résignés à la tourner au comique. Il faut la voir se jeter au cou de Mathilde, quand celle-ci revient de voyage ; elle pousse de petits cris, elle se pâme, si bien qu'elle soulève des rires dans la salle. Le soir de la première représentation, on a trouvé ça drôle, on ne comprenait pas. Pourtant, j'étais un peu étonné. Cette exagération devait-elle être mise au compte de l'actrice? Je ne le crois pas aujourd'hui, je pense plutôt que les auteurs ont voulu indiquer ce qu'ils ne pouvaient dire. Leur pièce me fait l'effet d'un paravent charmant, un peu rococo, bon à mettre dans un salon, et derrière lequel se passe une effroyable aventure. Certes, ce n'est pas avec de tels éléments qu'on peut expérimenter si la vérité toute crue est possible ou impossible au théâtre. La vérité du *Nid des autres* ne se dit qu'à l'oreille.

Même admettons que l'histoire soit propre, il faudra toujours faire de Mathilde une femme sotte ou une femme méchante, si l'on veut expliquer sa fuite avec Désirée. Dans la réalité, on n'a jamais vu les jeunes épouses quitter leurs maris pour suivre des dames de leur connaissance. Si cela arrive, c'est qu'il y a des raisons, et il faut mettre ces raisons en lumière; autrement, les figures ne se tiennent plus debout. C'est une surprise, lorsque Mathilde s'en va avec Désirée, parce que l'analyse du personnage ne nous a pas préparés à cette action. L'écrivain qui étudie la vie, l'explique par là même, jusque dans ses inconséquences. Quand je demande qu'on porte la réalité au théâtre, j'entends qu'on y fasse fonctionner la vie, avec tous ses rouages, dans la merveilleuse logique de son labeur.

C'est donc une singulière idée que de parler de vérité exacte à propos du *Nid des autres*. Aucune pièce, au contraire, n'a dû être plus faussée. Et je n'ai pas encore cité ce Montbrisson, qui est las de traîner partout, cet éternel Desgenais qui apporte dans sa poche un dénoûment enfantin. Est-il assez factice, celui-là! Puis, comme cette Désirée se laisse aisément écraser! Dans la réalité, les Désirée triomphent toujours. C'est que là encore les auteurs ont voulu plaire.

Décidés à rire de l'aventure, ils ont évité le drame par un tour d'escamotage. Mais, bon Dieu! sommes-nous assez loin de l'histoire dont tout Paris s'est occupé!

Et sait-on pourquoi les auteurs ont préféré une comédie aimable? C'est à coup sûr pour conquérir le public, qui exige des personnages sympathiques. On ne se doute pas de la quantité des pièces médiocres que la nécessité des personnages sympathiques fait écrire. Par exemple, on a un beau drame; seulement, on s'aperçoit que les héros ne sauraient plaire aux âmes sensibles; ce sont de grands passionnés ou de grands révoltés, qui marchent trop brutalement dans la vie; alors, on les chausse de pantoufles pour qu'ils fassent moins de bruit, on les taille, on les rogne, jusqu'à ce qu'ils soient dignes d'un prix de vertu. Et ce n'est pas tout, il faut établir une compensation, mettre deux honnêtes gens pour un gredin; c'est à peu près la proportion ordinaire. Mathilde est nulle et effacée, parce que, si elle était perverse, son mari ne pourrait la reprendre, et il faut pourtant qu'il la reprenne au dénoûment. D'autre part, les auteurs ont ajouté Montbrisson, pour compenser Désirée. Nous touchons là à la plaie de médiocrité du théâtre.

Je prends *le Nid des autres*, non comme un exemple de ce que devient la réalité au théâtre, mais comme un exemple de ce que l'on fait de la réalité au théâtre. Et cet exemple est caractéristique, lorsqu'on l'étudie.

V

Les pièces à thèse sont de fâcheuses pièces. Elles argumentent au lieu de vivre. Comme toute question a deux faces, le pour et le contre, elles ne plaident fatalement qu'une opinion, elles n'ont qu'un côté de la réalité. Or, l'art est absolu. Les pièces à thèse sont donc en dehors de l'art, ou du moins ont toute une partie de discussion qui encombre et rabaisse l'œuvre entière.

Voici, par exemple, MM. A. Decourcelle et J. Claretie qui viennent de faire jouer au Gymnase un drame en quatre actes, *le Père*, dans lequel ils ont voulu prouver des vérités délicates et fort discutables. Selon eux, le père adoptif qui élève un enfant est plus le père de cet enfant que le véritable père qui l'a abandonné. La voix du sang n'existe pas. Il ne suffit point de donner par hasard l'être à une créature pour se dire son père, il faut encore achever cette naissance en faisant une belle âme de cette créature. Tout cela est parfait en théorie, et même beau ; seulement, dans la réalité, les choses prennent une allure moins nette, le bien et le mal se mêlent, et il est singulièrement difficile de se prononcer.

Les pièces à thèse ont surtout ceci de fâcheux, que les auteurs peuvent et doivent les arranger pour leur faire signifier ce qu'ils veulent. Tous les paradoxes sont permis au théâtre, pourvu qu'on les y mette avec esprit. On a un plaidoyer, on n'a pas la vérité. Si l'on dérange une seule des poutres de l'échafaudage, tout croule. C'est un château de cartes qu'il faut considérer de loin, en évitant de le renverser d'un souffle.

Ainsi, on ne s'imagine pas toutes les précautions que les auteurs ont dû prendre pour faire tenir leur drame debout. D'abord, il s'agissait de donner le père adoptif, M. Darcey, comme l'homme le plus sympathique du monde, honnête, loyal, un héros. Par contre, il fallait présenter le père véritable comme un gredin, tout en lui laissant l'apparence d'un homme du monde ; et M. de Saint-André est devenu un viveur, un profil romantique de misérable dont les bottines vernies foulent toutes les choses saintes. Mais cela ne suffisait pas. Pour creuser l'abîme entre l'enfant et le vrai père, les auteurs ont dû inventer un viol de la mère : M. de Saint-André a violé madame Darcey et a disparu sans même savoir que la malheureuse femme est morte de cet attentat, après avoir donné le jour au petit Georges.

Est-ce tout? les faits se trouvaient-ils dès lors combinés de façon à pouvoir soutenir la thèse? Non, il était nécessaire de fausser encore d'un coup de pouce la réalité. M. Darcey avait élevé Georges. Seulement, il ne fallait pas que Georges connût le mystère de sa naissance. Il devait l'apprendre à vingt-cinq ans, pour être frappé par ce coup de foudre, et en recevoir un tel ébranlement, qu'il se mît immédiatement à la recherche de son père, dans un but étrange que je dirai tout à l'heure.

Alors, afin d'obtenir les situations voulues, les auteurs ont imaginé le premier acte suivant. Georges attend M. Darcey, qui revient d'Amérique. Il l'attend avec d'autant plus d'impatience qu'il doit épouser, dès son retour, une jeune fille qu'il aime, mademoiselle Alice Herbelin. Mais il n'est pas sans inquiétude. On n'a pas de nouvelles du *Saint-Laurent*, qui ramène M. Darcey. Brusquement, une dépêche arrive, annonçant la perte du *Saint-Laurent* sur les côtes de Bretagne. Georges sanglote, et son désespoir est tel qu'il veut se tuer. C'est à ce moment que Borel, un vieil employé de la maison, pour empêcher ce suicide, raconte au jeune homme que M. Darcey n'est pas son père. Naturellement, tout de suite après cet aveu, M. Darcey se présente. Il a été sauvé. Georges se jette d'abord dans ses bras, puis il se montre troublé, et une explication a lieu. A la fin de l'acte, le jeune homme, ajournant son mariage, part à la recherche de son père, pour venger sa mère.

On voit quels événements peu naturels les auteurs ont dû employer pour arriver à justifier leur donnée première. Je passe encore sur la singulière dépêche qui détermine le désespoir de Georges; il y a là une histoire de capitaine remplacé pendant la traversée qui est enfantine. Ce qui est plus grave, c'est la situation fausse de ce jeune homme, dont la première idée est de se faire sauter la cervelle, parce que son père est mort. Je doute que les auteurs aient à citer un fait réel pour appuyer leur fable. Je ne dis point que la perte d'un être cher ne puisse pas tuer, après des journées de larmes. Mais, là, brusquement, prendre un pistolet, c'est bien peu vraisemblable. Evidemment, les auteurs n'ont pas eu d'autre but que d'amener la confidence de Borel, à l'aide de ce suicide. S'ils ont éprouvé un instant des scrupules, ils se sont ensuite persuadé que le désespoir de Georges allant jusqu'à vouloir mourir, était une excellente note pour leur pièce, en ce sens que ce désespoir montrait l'affection passionnée du jeune homme à l'égard de M. Darcey.

J'insiste maintenant sur la stupéfiante détermination du fils partant à la découverte de son père pour venger sa mère. M. Darcey lui a raconté que la malheureuse femme avait été violée dans une auberge des Pyrénées, près de Luchon. Longtemps il a cherché le misérable pour le tuer. Vingt-cinq ans se sont passés, l'aventure est oubliée, tout porte à croire qu'une nouvelle enquête ne saurait aboutir. N'importe, Georges entend partir sur-le-champ, et il emmène Borel. Les actes suivants vont être consacrés à cette étrange chasse qu'un fils donne à son père.

Je m'arrête et je me demande quels peuvent être, au juste, les sentiments qui animent Georges. Voilà un garçon qui va se marier avec une jeune fille qu'il adore; voilà un fils qui retrouve un père qu'il a cru mort, et il abandonne cette jeune fille et ce père pour se donner la mission la plus lamentable et la moins utile qu'on puisse imaginer. Cela est-il croyable? Remarquez que tout ce petit monde est tranquille et heureux. A quoi bon remuer un passé mort, à quoi bon soulever une lutte effroyable dans tous ces cœurs? Le vrai père est un gredin : eh bien! que ce gredin aille se faire pendre ailleurs ; son fils n'a pas à jouer le rôle de justicier, et s'il joue ce rôle, c'est uniquement pour permettre à MM. Decourcelle et Claretie de faire un drame. Dans la réalité, à moins d'être fou, Georges dirait simplement à M. Darcey : « Mon véritable père, c'est vous. Je ne veux pas savoir si j'en ai un autre. Aimons-nous comme par le passé, et vivons en paix. » Seulement, je le répète, dans ce cas, il n'y avait pas de pièce.

Georges est parti en guerre contre son père. Nous le retrouvons avec Borel, dans l'auberge des Pyrénées, où l'attentat a été commis. Un quart de siècle s'est écoulé, personne naturellement ne peut le renseigner. Le second acte ne contient guère que deux scènes, deux interrogatoires que le jeune homme fait subir, l'un à un paysan, l'autre à un vieux militaire, le père

Lazare, que l'âge et la boisson ont abêti. Il tire enfin de ce dernier un renseignement : l'homme qu'il cherche, son père, lui ressemble. Et c'est avec cette seule indication qu'il reprend ses recherches.

Au troisième acte, Georges, qui va partout, se fait présenter par un ami chez une fille galante, un soir de fête, dans une villa des environs de Luchon. Le hasard le met en présence d'une femme, lasse et désabusée, qui traverse la pièce en maudissant les hommes. Voilà, certes, une figure d'une fraîcheur douteuse. Mais l'important est qu'elle porte un bracelet, sur lequel se trouve le portrait de Saint-André. Enfin Georges tient la bonne piste. Saint-André lui-même arrive. Les auteurs ont aussitôt accumulé les couleurs noires sur son compte : il lance les maximes les plus abominables ; il se montre joueur, libertin, sans foi ni loi ; il donne des leçons de vice à Georges et finit par lui raconter nettement le viol de sa mère, comme un bon tour qu'il a fait dans le temps. C'est vraiment trop commode de bâtir ainsi un mauvais père, juste sur le patron d'infamie que l'on désire.

Le dénoûment, le quatrième acte, se passe encore dans l'auberge. Saint-André et ses amis vont partir pour une chasse à l'ours. Georges, qui est de la bande, pose la thèse sur laquelle repose la pièce, et une discussion s'engage, où l'on dit ses vérités à la voix du sang. Puis, Georges, convaincu par cette discussion, livre son vrai père à son père adoptif, qui se trouve dans une pièce voisine. Un duel a lieu, pendant lequel le jeune homme se tord les bras. M. Darcey rentre, il a tué Saint-André. Alors, Georges se jette dans les bras du survivant, en criant : « Mon père ! mon père ! » et M. Darcey répond : « Mon fils ! oui, mon fils ! » Comme on le dit après la solution de tout problème, c'est ce qu'il fallait démontrer.

Je crois inutile de rentrer dans la discussion de la thèse. Les auteurs ont voulu cela. Mais le premier venu peut vouloir autre chose, la thèse absolument contraire par exemple, et le premier venu n'aura qu'à arranger un autre drame, pour avoir également raison. La question d'art seule demeure, et j'ai le regret de constater que l'argumentation a fait un tort considérable au mérite littéraire de l'œuvre, en torturant les faits et en embarrassant le dialogue de plaidoyers inutiles. Les personnages n'obéissent plus à un caractère, mais à une situation ; ils font ceci et cela, non pas parce que leur nature est de le faire, mais parce que les auteurs veulent qu'ils le fassent. Dès lors, nous avons des pantins au lieu de créatures vivantes.

VI

Je retrouve M. Louis Davyl à l'Odéon, avec une comédie en trois actes : *Monsieur Chéribois*. Avant tout, j'analyserai l'œuvre. Ensuite, je me permettrai de la juger et d'en tirer une leçon, s'il y a lieu.

M. Chéribois est un bourgeois de Joigny qui passe grassement sa vie dans un égoïsme bien entendu. Il n'a autour de lui que des femmes qui le gâtent : madame Chéribois d'abord, puis sa filleule, Henriette, et la vieille bonne de la famille, Marion. Tout le premier acte sert à peindre cet intérieur cossu et tranquille, dans lequel le bon M. Chéribois ne tolère pas le pli d'une rose. Cependant, il attend ce jour-là son fils Paul, qui est en train de faire fortune à Paris, chez un agent de change. Il est même allé le chercher à la gare, et il revient très maussade, parce que Paul n'est pas arrivé. La vérité est que ce malheureux garçon rôde autour de la maison depuis le matin ; il a joué à la Bourse et a perdu cent mille francs ; il explique à sa mère épouvantée qu'il est déshonoré, s'il ne paye pas. Mais lorsque M. Chéribois apprend l'aventure, il refuse tout net les cent mille francs. Tant pis si son fils est un imbécile ! Voilà la tranquille maison bouleversée, et l'égoïste seul y dînera paisiblement le soir.

Au second acte, madame Chéribois tente vainement de sauver son fils. Elle se rend chez le notaire Violette, où déjà Henriette et la vieille Marion sont venues faire assaut de dévouement, en tâchant de réaliser leur petite fortune pour la donner à Paul. Mais toutes les tendresses de la mère se brisent contre la loi ; elle ne peut disposer d'aucun argent sans le consentement de son mari. Alors, elle se lamente, et, M. Chéribois se présentant à son tour, une explication cruelle a lieu entre eux. Il ne cède pas, la situation reste plus tendue.

Enfin, au troisième acte, le dénoûment est amené par une intrigue secondaire. Un neveu de M. Chéribois, Laurent, possède pour toute fortune une vigne que son oncle guette depuis longtemps. Justement, la fille du notaire, Cécile, est aimée de Laurent. Il se décide à vendre sa vigne à son oncle pour le prix de soixante-quinze mille francs, puis à prêter cet argent à Paul. Autre complication : M. Chéribois veut payer ces soixante-quinze mille francs sur une somme de cent mille francs qu'il vient de faire porter chez un banquier par Bidard, le clerc de Mᵉ Violette. Et voilà qu'on lui annonce la fuite de ce banquier. Il se désole. Enfin, quand il apprend que Bidard, prévenu à temps, ne s'est pas dessaisi de la somme, il se laisse attendrir et consent à donner les cent mille francs à son fils.

Je commencerai par la critique. Qui ne comprend que ce dénoûment est fâcheux? Pendant les deux premiers actes, M. Louis Davyl s'est tenu dans une étude très simple et très juste d'un petit coin de la vie de province. On ne sent nulle part la convention théâtrale, les recettes connues, la routine des expédients et des ficelles du métier. Rien de plus charmant, de mieux observé et de mieux rendu. Et voilà tout d'un coup que l'auteur paraît avoir peur de cette belle simplicité; il se dit que ça ne peut pas finir comme ça, que ce serait trop nu, qu'il faut absolument corser le troisième acte. Alors, il ramasse cette vieille histoire des cent mille francs qu'on croit perdus et qu'on retrouve dans la poche d'un clerc fantaisiste. Il force le coffre-fort de son égoïste par un tour de passe-passe, au lieu de chercher à amener le dénoûment par une évolution du caractère du personnage.

Le pis est que M. Louis Davyl a fait la scène qu'il fallait faire, et qu'il l'a même très bien faite. Quand M. Chéribois rentre chez lui à la nuit tombante, il ne trouve plus personne, ni sa femme, ni sa nièce, ni la vieille bonne. Il n'y a pas même de lampe allumée. Le nid où il se fait dorloter depuis un demi-siècle est désert et froid, lentement empli d'une ombre inquiétante. Alors, il est pris de peur, il tremble qu'on ne l'abandonne, il grelotte à la pensée qu'il n'aura plus là trois femmes pour prévenir ses moindres désirs. Et il se lance à travers les pièces, il appelle, il crie. C'est lui, dès lors, qui est à la merci de son entourage. J'aurais voulu qu'à ce moment il fût vaincu par le seul fait de son abandon, que son caractère d'égoïste lui arrachât ce cri : « Tenez ! voilà les cent mille francs, rendez-moi ma tranquillité et mon bien-être. »

Remarquez que M. Chéribois obéissait ainsi jusqu'au bout à sa nature. Après avoir résisté par égoïsme, il consentait par égoïsme. Son vice le punissait, sans que l'auteur eût à le transformer. D'autre part, il faut songer que M. Chéribois n'est pas un avare ; il se nourrit merveilleusement et tient à digérer dans de bons fauteuils. S'il refuse de donner les cent mille francs, c'est qu'il songe sans doute à toutes les satisfactions personnelles qu'il peut se procurer avec une pareille somme. Rien d'étonnant dès lors à ce qu'il les donne, dès que son refus menace de gâter son existence entière. Je le répète, le dénoûment naturel était là, et pas ailleurs.

Tout le reste, les cent mille francs promenés dans la poche de Bidard, le bel expédient de Lucile, décidant Laurent à vendre sa vigne, n'est réellement là que pour tenir de la place. Ce sont des complications enfantines, imaginées en dehors de toute observation, ajoutées par l'auteur dans le but d'occuper les planches. Je crois le calcul fâcheux. L'effet obtenu aurait grandi, si le troisième acte avait continué la belle et touchante simplicité des deux premiers. M. Louis Davyl a eu le tort de ne pas pousser magistralement son étude jusqu'au bout. Il s'est dit qu'une

« pièce » était nécessaire, lorsque, selon moi, une « étude » suffisait et donnait à l'idée une ampleur superbe. On a tort de se défier du public, de croire qu'il exige de la convention. Ce sont les deux premiers actes qui ont surtout charmé la salle. Jamais M. Louis Davyl n'aura laissé échapper une si belle occasion de laisser une œuvre.

Telle qu'elle est, pourtant, la pièce est une des meilleures que j'aie vues cette année. J'ai été très heureux de son succès, car ce succès me confirme dans les idées que je défends. Voilà donc le naturalisme au théâtre, je veux dire l'analyse d'un milieu et d'un personnage, le tableau d'un coin de la vie quotidienne. Et l'on a pris le plus grand plaisir à cette fidélité des peintures, à cette scrupuleuse minutie de chaque détail. Le premier acte est vraiment charmant de vérité ; on dirait le début d'un roman de Balzac, sans la grande allure. Que m'affirmait-on, que le théâtre ne supportait pas l'étude du milieu ? Allez voir jouer *Monsieur Chéribois*, et, ce qui vous séduira, ce sera précisément cette maison de Joigny, si tiède et si douce, dans laquelle vous croirez entrer.

Pour moi, M. Louis Davyl fera bien de s'en tenir là. Sa voie est trouvée. Quand il s'est lancé dans la littérature dramatique, après une vie déjà remplie, il a déployé une activité fiévreuse, il a voulu tenter toutes les notes à la fois. J'ai vu de lui des pièces bien médiocres, entre autres de grands mélodrames où il pataugeait à la suite de Dumas père et de M. Dennery. J'ai vu un drame populaire, dans lequel, à côté d'excellentes scènes prises dans le milieu ouvrier, il y avait une accumulation de vieux clichés intolérables. De tout son bagage, il ne reste que la

Maîtresse légitime et *Monsieur Chéribois*. La conclusion est facile à tirer. J'espère que l'expérience est désormais faite pour lui ; il doit s'en tenir aux pièces d'observation et d'analyse, il doit ne pas sortir du théâtre naturaliste, s'il veut enfin conquérir et garder une haute situation. On a pu comprendre qu'il se cherchât et qu'il tâtât le public ; on ne comprendrait plus qu'il ne se fixât pas où paraît aller le succès et où se trouve évidemment son tempérament d'auteur dramatique.

VII

La comédie en quatre actes de M. Albert Delpit : *le Fils de Coralie* a obtenu un véritable succès au Gymnase.

En quelques lignes, voici le sujet. Une fille, Coralie, qui a scandalisé Paris par sa débauche, s'est retirée en province, après fortune faite, pour se consacrer tout entière à l'éducation de son fils Daniel. L'enfant a grandi, il est aujourd'hui capitaine, et un capitaine extraordinairement pur, noble, bon, délicat, grand, chaste, intègre, magnanime. Naturellement, il ignore les anciennes farces de sa mère, qui s'est modestement dérobée sous le nom de madame Dubois. C'est alors que le capitaine veut épouser la fille d'une respectable famille de Montauban, Edith Godefroy. Les deux jeunes gens s'adorent, sa prétendue tante donne à Daniel une somme de neuf cent mille francs, une fortune dont on lui aurait confié la gestion ; tout irait pour le mieux, si un ancien viveur, M. de Montjoye, ne reconnaissait pas d'abord Coralie, et si ensuite le notaire Bonchamps ne mettait pas à néant le roman naïf de madame Dubois, en lui posant les questions nécessaires à la rédaction du contrat. Elle se trouble, et la grande scène attendue, la scène d'explication entre elle et son fils, se produit alors. Au dernier acte, le mariage ne se ferait naturellement pas, si Edith ne déclarait publiquement, dans un étrange coup de tête, qu'elle est la maîtresse de Daniel. M. Godefroy, vaincu par ce moyen un peu raide de comédie, se décide à les unir, à la condition que Coralie se retirera dans un couvent.

Avant tout, examinons la question de moralité. Je crois savoir que M. Delpit est à cheval sur la morale. Sa prétention, me dit-on, est d'écrire des œuvres dont les femmes ne rougissent pas, et dont l'influence salutaire doit améliorer l'espèce humaine, par des moyens tendres et nobles.

Or, j'avoue avoir cherché la vraie moralité du *Fils de Coralie*, sans être encore parvenu à la découvrir. Est-ce à dire que les filles ne doivent pas avoir de fils, ou bien qu'elles doivent éviter d'en faire des capitaines immaculés, si elles en ont ? Non, car Daniel est en somme parfaitement heureux à la fin, et il serait fils d'une sainte, qu'il n'aurait pas à remercier davantage la Providence. L'auteur ne dit même pas aux dames légères de Paris : « Voyez combien vos désordres retomberont sur la tête de vos fils ; vous serez un jour punies dans leur bonheur brisé. » Au demeurant, Coralie est pardonnée ; elle s'enterre bien au couvent, mais quelle fin heureuse pour une vieille catin, lasse de la vie, s'endormant au milieu des tendresses câlines des bonnes sœurs ! car je me plais à ajouter un cinquième acte, à voir Coralie mourir dans le sein de l'Église et laisser sa fortune pour les frais du culte. C'est la mort enviée de toutes les pécheresses, l'argent du Diable retourne au bon Dieu. Et remarquez que celle-ci a, en outre, la joie de savoir son fils bien établi.

Donc, la moralité est ici fort obscure. La seule conclusion qu'on puisse tirer, me paraît être celle-ci, adressée aux filles trop lancées : « Tâchez d'avoir un fils capitaine et pur pour qu'il vous refasse une virginité sur le tard, » moyen un peu compliqué, qui n'est pas à la portée de toutes ces dames.

Mais soyons sérieux, laissons la morale absente, et arrivons à la question littéraire. C'est la seule qui doive nous intéresser. J'ai simplement voulu montrer que les écrivains moraux sont généralement ceux dont les œuvres ne prouvent rien et ne mènent à rien. On tombe avec eux dans l'amphigouri des grands sentiments opposés aux grandes hontes, dans un pathos de noblesse d'une extravagance rare, lorsqu'on le met en face des réalités pratiques de la vie.

Les deux premiers actes sont consacrés à l'exposition Rien de saillant, mais des scènes d'une grande netteté et bien conduites. Je ne fais des réserves que pour la langue ; c'est trop écrit, avec des enflures de phrases, tout un dialogue qui n'est point vécu. Maintenant, je passe au troisième acte, le seul remarquable. Il mérite vraiment la discussion.

Nulle part je n'ai encore lu les raisons qui, selon moi, ont fait le grand et légitime succès de cet acte. Presque tous les critiques se sont exclamés sur la coupe même de l'acte, sur la facture des scènes, sur le pur côté théâtral, en un mot. Il semble, d'après eux, que M. Delpit ait réussi, parce qu'il a coulé son œuvre dans un moule connu. Eh bien! je crois être certain, pour ma part, que M. Delpit doit son succès à la quantité de vérité qu'il a osé mettre sur les planches ; cette quantité n'est pas grande, il est vrai, et le public, en applaudissant, a pu très bien ne pas se rendre un compte exact de ce qu'il applaudissait. Mais le fait ne m'en paraît pas moins facile à démontrer.

Voyez la scène du notaire. Rien de plus simple, de plus logique ni de plus fort. Voilà un homme dans l'exercice de sa profession ; il pose les questions qu'il doit poser, et ce sont justement ces questions, si naturelles, qui déterminent la catastrophe. Ici, nous ne sommes plus au théâtre ; il ne s'agit plus de ce qu'on nomme « une ficelle », un expédient visible, consacré, usé, passé à l'état de loi. Nous sommes dans la vie ordinaire, dans ce qui doit être. Aussi l'effet a-t-il été immense. Toute la salle était secouée. La preuve est-elle assez concluante, et me donne-t-elle assez raison? Voilà ce qu'on obtient avec la vérité banale de tous les jours.

Et ce n'est pas tout. Voyez Coralie pendant cette scène et les suivantes. Tout un coin de la vraie fille est risqué ici fort habilement et dans une juste mesure des nécessités scéniques. D'abord, voici la fille avec son roman naïf, son histoire d'une sœur à elle qui aurait laissé neuf cent mille francs à Daniel ; elle ne s'est pas inquiétée des lois qu'elle ignore, elle s'est contentée d'un de ces mensonges qu'elle a faits cent fois à ses amants et dont ceux-ci se sont toujours montrés satisfaits. Aussi se trouble-t-elle tout de suite, lorsque le notaire la met en face des réalités. C'est un château de cartes qui s'écroule, et elle en reste suffoquée, éperdue, sans force pour mentir de nouveau, pleurant comme une enfant. L'observation est excellente; une fois encore, nous sommes dans la vie. J'en dirai de même pour certaines parties de la grande scène entre Coralie et son fils, tout en faisant pourtant des réserves, car l'auteur ici verse singulièrement dans la déclamation et dans les gros effets inutiles. J'aurais voulu plus de discrétion dramatique, certain que le coup porté sur le public aurait encore grandi. Rien de meilleur que l'embarras de Coralie, lorsque Daniel lui demande le nom de son père ; très juste également la conclusion de la scène, le pardon du fils acceptant sa mère, quelle qu'elle soit. Seulement, c'est là que je voudrais moins de rhétorique. Daniel fait des phrases sur la rédemption, sur l'honneur, sur la famille. A quoi bon ces phrases, dont on rirait dans la réalité ? Pourquoi ne pas parler simplement et dire tout juste ce que Daniel dirait, s'il était seul à seule avec sa mère, dans une chambre ? Toujours l'idée qu'on est au théâtre et qu'il faut donner un coup de pouce à la vérité, si l'on veut obtenir l'émotion, lorsqu'il est démontré au contraire que la plus forte émotion naît de la vérité la plus franche et la plus simple.

Tel est donc, pour moi, le grand mérite de ce troisième acte. Daniel reste en bois, sauf deux ou trois cris, car Daniel est un être abstrait, fait sur un type ridicule de perfection. Mais Coralie se montre bien vivante, et cela suffit pour donner à l'acte un souffle de vie. Je le répéterai : l'acte a réussi parce que, d'un bout à l'autre, il échappe aux ficelles ordinaires, et qu'il obéit simplement à des ressorts logiques et humains, pris dans le caractère même des personnages. Je n'insisterai pas sur le quatrième acte, bien qu'il contienne peut-être la pensée morale et philosophique de l'auteur. En tout cas, je vois là une concession aux nécessités scéniques qui diminue l'œuvre et lui enlève toute largeur.

Maintenant, M. Delpit me permettra-t-il de lui donner quelques conseils, comme mon métier de critique m'y oblige? Je vois partout qu'on l'acclame et qu'on le grise, en le poussant dans une voie qui me paraît fâcheuse. Ainsi, je nommerai M. Sarcey, dont l'autorité est réelle en matière dramatique, et qui, selon moi, fait beaucoup de victimes par les enseignements de son feuilleton. Ecoutez ce qu'il écrit à propos du *Fils de Coralie :* « La belle chose que le théâtre! Personne à ce moment ne pensait plus à l'indignité de la mère, à l'impossibilité du sujet. Personne ne songeait plus à chicaner son émotion. On avait en face une mère et un fils dans une situation terrible, et les répliques jaillissaient à coups pressés comme des éclats de foudre. Tout le reste avait disparu. » Cela revient à dire en bon français : « Moquez-vous de la vraisemblance, moquez-vous du bon sens, mettez simplement des pantins l'un devant l'autre, dans des situations préparées, et comptez sur l'émotion du public pour être absous : tel est le théâtre qui est une belle chose. » D'ailleurs, je le sais, M. Sarcey ne se fait pas une autre idée du théâtre, il le juge au point de vue de la consommation courante du public. Eh bien! que M. Delpit s'avise d'écouter M. Sarcey, de croire que tous les défauts disparaissent, lorsqu'on a fait rire ou pleurer une salle, et il verra le beau résultat à sa cinquième ou sixième pièce!

Non, il n'est pas vrai que tout disparaisse dans l'émotion purement nerveuse du public. A ce compte, les mélodrames les plus gros et les plus bêtes seraient des chefs-d'œuvre inattaquables, car ils ont bouleversé de gaieté et de douleur des générations entières. Non, le théâtre n'est pas une belle chose, parce qu'on peut y duper chaque soir quinze cents personnes, en leur faisant avaler des choses très médiocres dans un éclat de rire ou dans un flot de larmes. C'est au contraire pour cette raison que le théâtre est inférieur. Il n'est pas honorable d'ébranler la raison des spectateurs par des situations violentes, au point de les rendre imbéciles, et cela n'est permis qu'aux pièces sans littérature. Où M. Sarcey a-t-il vu que la situation faisait tout oublier? dans le répertoire des boulevards, dans nos pièces romantiques qui mêlent l'habileté de Scribe à la fantasmagorie de Victor Hugo. Mais qu'il cite un chef-d'œuvre qui soit un chef-d'œuvre en dehors de l'observation humaine et de la beauté littéraire du dialogue. Il faut toujours voir le chef-d'œuvre ; rien ne me paraît désastreux pour la critique comme cet engourdissement dans le train-train quotidien de nos théâtres, qui ne met rien au delà du succès immédiat d'une pièce et qui rapporte tout à la consommation courante du public. Sans doute, les chefs-d'œuvre sont rares ; mais c'est pour le chef-d'œuvre que nous travaillons tous. Peu importent les fabricants, ils ne méritent pas qu'on discute sur leur plus ou leur moins de médiocrité.

Je dirai donc à M. Delpit de ne pas trop se fier aux situations, à l'émotion qu'il peut déterminer en heurtant des marionnettes, placées dans de certaines conditions. Ce métier ne réussit même plus aux vieux routiers du mélodrame. S'il n'avait mis dans sa comédie que des invraisemblances et des conventions, comme M. Sarcey paraît le croire, sa comédie tomberait aujourd'hui devant l'indifférence publique. Ce n'est pas grâce aux situations que le *Fils de Coralie* a réussi, car nous avons vu d'autres situations aussi puissantes et plus neuves ne pas toucher les spectateurs ; c'est grâce à la somme de vérité que l'auteur a osé apporter dans les situations, comme j'ai tâché de le prouver. M. Sarcey ne dit pas un mot de cela. Il ajoute même que, lorsqu'une salle pleure, il n'y a plus à discuter ; alors qu'on nous ramène à *Lazare le Pâtre,* dont on vient de faire quelque part une reprise si piteuse. Le preuve que rien ne disparaît, même dans le succès, c'est que le capitaine Daniel reste un personnage en bois pour tout le monde, c'est que le quatrième acte empêchera toujours le *Fils de Coralie* d'être une œuvre de premier ordre. Le public, que l'on croit pris tout entier quand on l'a vu rire ou pleurer, a de terribles revanches ; il juge son émotion et il se révolte, si l'on s'est moqué de lui. Telle est l'explication du dédain que nos petits-fils montreront pour certaines œuvres acclamées aujourd'hui dans nos théâtres.

M. Delpit vient de révéler un tempérament d'homme de théâtre. Maintenant, il faut qu'il produise. Deux routes s'ouvrent devant lui : l'œuvre de convention et l'œuvre de vérité, l'analyse humaine et la fabrication dramatique. Dans dix ans, on le jugera.

LA PANTOMIME

Il vient de se faire, au théâtre des Variétés, une tentative très intéressante, et dont le succès a d'ailleurs été complet. Je veux parler de l'introduction de la pantomime dans la farce. Frappé du triomphe que les Hanlon-Lees, ces mimes merveilleux, obtenaient aux Folies-Bergère, le directeur des Variétés a eu l'idée heureuse de commander une pièce, une farce, dans laquelle les auteurs leur ménageraient une large part d'action. Il s'agissait donc de leur fournir un thème, de les placer dans un cadre dialogué, où ils pussent se mouvoir avec aisance. Le projet était des plus ingénieux et des plus tentants. C'était produire les Hanlon devant le grand public et élargir leur drame muet d'un drame parlé, qui ménagerait l'attention des spectateurs.

Nous ne sommes pas en Angleterre, où l'on supporte parfaitement une pantomime en cinq actes durant toute une soirée. Notre génie national n'est point dans cette imagination atroce d'une grêle de gifles et de coups de pied tombant pendant quatre heures, au milieu d'un silence de mort. L'observation cruelle, l'analyse féroce de ces grimaciers qui mettent à nu d'un geste ou d'un clin d'œil toute la bête humaine, nous échappent, lorsqu'elles ne nous fâchent pas. Aussi faut-il, chez nous, que la pantomime ne soit que l'accessoire, et qu'il y ait des points de repos, pour permettre aux spectateurs de respirer. De là l'utilité du cadre imposé à MM. Blum et Toché, les auteurs du *Voyage en Suisse*. Ils ont été chargés de présenter les Hanlon au grand public parisien, en motivant leurs entrées en scène et en embourgeoisant le plus possible la fantaisie sombre de leurs exercices.

Le gros reproche que j'adresserai aux auteurs, c'est d'avoir trop embourgeoisé cette fantaisie. Leur scénario n'est guère qu'un vaudeville, et un vaudeville d'une originalité douteuse. Cet ex-pharmacien qui se marie et que des farceurs poursuivent pendant son voyage de noces, pour l'empêcher de consommer le mariage, n'apporte qu'une donnée bien connue. Encore ne chicanerait-on pas sur l'idée première, qui était un point de départ de farce amusante ; mais il aurait fallu, dans les développements, dans les épisodes, une invention cocasse, une drôlerie poussée à l'extrême, qui aurait élargi le sujet, en le haussant à la satire enragée. Mon sentiment tout net est que le train de la pièce est trop banal, trop froid, et que, dès que les Hanlon paraissent, avec leur envolement de farceurs lyriques, ils y détonnent.

Souvent, lorsqu'on sort d'une féerie, on regrette que toutes ces splendeurs soient dépensées sur des scénarios si médiocres, on se dit qu'il faudrait un grand poète pour parler la langue de ce peuple de fées, de princesses et de rois. Eh bien! ma sensation a été la même devant le *Voyage en Suisse*. J'ai regretté qu'un observateur de génie, qu'un grand moraliste n'ait pas écrit pour les Hanlon la pièce profondément humaine, la satire violente et au rire terrible que ces artistes si profonds mériteraient d'interpréter. Leur puissance de rendu, leurs trouvailles d'analystes impitoyables, font éclater les plaisanteries faciles du vaudeville. Il leur faudrait, pour être chez eux, du Molière ou du Shakespeare. Alors seulement ils donneraient tout ce qu'ils sentent.

J'insiste, parce que, malgré leur très vif succès, on ne m'a pas paru les goûter à leur haut mérite. Ils sont de beaucoup supérieurs au canevas qu'on leur a fourni. Lorsqu'ils étaient livrés à eux-mêmes, aux Folies-Bergère, ils trouvaient des scènes d'une autre profondeur et qui vous faisaient passer à fleur de peau le petit frisson froid de la vérité. En un mot, leur pantomime a un au delà troublant, cet au delà de Molière qui met de la peur dans le rire du public. Rien n'est plus formidable, à mon avis, que la gaieté des Hanlon, s'ébattant au milieu des membres cassés et des poitrines trouées, triomphant dans l'apothéose du vice et du crime, devant la morale ahurie. Au fond, c'est la négation de tout, c'est le néant humain.

Je ne parlerai donc pas de la pièce, qui est l'œuvre de deux auteurs spirituels. Eux-mêmes se sont effacés. Mon seul but, en analysant les principales scènes des Hanlon, est de montrer de quelle observation cruelle, de quelle rage d'analyse, ces mimes de génie tirent le rire. Il leur fallait d'autant plus de souplesse que la situation, pour eux, reste la même depuis le commencement jusqu'à la fin de la pièce. Ils n'ont pas trouvé là un drame avec ses péripéties ; leur action se borne à être des farceurs, qui interviennent toujours dans les mêmes conditions. Défaut grave du scénario, monotonie qu'ils ne sont parvenus à dissimuler que par des prodiges de nuances. Ils ont mis partout des dessous, lorsqu'il n'y en avait pas. Leurs merveilles d'exécution ont sauvé la pauvreté du thème.

Voyez leur première entrée en scène. Ils arrivent sur l'impériale d'une vieille diligence qui, tout d'un coup, verse au fond du théâtre. La dégringolade est effroyable, au milieu des vitres cassées, des cris et des jurons. Pour sûr, il y a des poitrines ouvertes, des têtes aplaties ; et le public éclate d'un fou rire. Aimable public ! et comme les Hanlon savent bien ce qu'il faut à notre gaieté ! D'ailleurs, par un prodige d'adresse, ils se retrouvent tous devant la rampe, rangés en une ligne correcte, sur leur derrière. L'adresse, l'escamotage des conséquences de l'accident, redouble ici la gaieté des spectateurs. Dans les accidents réels, on rit d'abord, puis on s'apitoie ; les Hanlon ont parfaitement compris qu'il ne fallait pas laisser à l'apitoiement le temps de se produire. De là le gros effet comique.

J'avoue, au second acte, n'aimer que médiocrement le truc du spleeping-car. Règle générale, toutes les fois qu'on fait du bruit à l'avance autour d'un truc qui doit passionner Paris, il est presque certain que le truc ratera. Le public arrive monté, croyant à une illusion absolue, et lorsqu'il voit les ficelles, comme dans le cas de ce spleeping-car, l'illusion ne se produit plus du tout, parce qu'on l'a rendu exigeant. La vérité est que la manœuvre du truc, dont on a tant parlé, est beaucoup trop lente. L'explosion a lieu, le wagon s'entr'ouvre, les deux moitiés se relèvent à droite et à gauche, tandis que les personnages, qui devraient être lancés en l'air, gagnent tranquillement des arbres, sur lesquels ils se perchent; le tout à grand renfort de cordages, comme dans les joujoux d'enfant. Je sais bien qu'on ne peut nous offrir un véritable accident. Mais, en cette matière, toutes les fois que l'illusion est impossible, le truc doit être abandonné. Les Hanlon ne trouvent donc dans cet acte qu'à exercer leur adresse et leur audace de gymnastes. C'est très gros comme gaieté. Rien par dessous.

Je préfère de beaucoup le troisième acte. L'entrée en scène est encore des plus étonnantes. Les Hanlon tombent du plafond, au beau milieu d'une table d'hôte, à l'heure du déjeuner. Vous voyez l'effarement des voyageurs. Ici, il y a un de ces coups de folie qui traversent les pantomimes, ces coups de folie épidémiques dont on rit si fort, avec de sourdes inquiétudes pour sa propre raison. Les Hanlon prennent les plats, les bouteilles, et se mettent à jongler avec une furie croissante, si endiablée, que peu à peu les convives, entraînés, enragés, les imitent, de façon que la scène se termine dans une démence générale. N'est-ce pas le souffle qui passe parfois sur les foules et les détraque? L'humanité finit souvent par jongler ainsi avec les soupières et les saladiers. On est pris par le fou rire, on ne sait si l'on ne se réveillera pas dans un cabanon de Bicêtre. Ce sont là les gaietés des Hanlon.

Et que dire de la scène du gendarme, qui vient ensuite? Un gendarme se présente pour arrêter les coupables. Dès lors, c'est le gendarme qui va être bafoué. Il est l'autorité, on le bernera, on passera entre ses jambes pour le faire tomber, on lui causera des peurs atroces en s'élançant brusquement d'une malle, on l'enfermera dans cette malle, on le rendra si piteux, si ridicule, si bêtement comique, que la foule enthousiaste applaudira à chacune de ses mésaventures. C'est la scène qui a même produit le plus d'effet. Personne n'a songé qu'on insultait notre armée. Pourtant, rien de plus révolutionnaire. Cela flatte le criminel qu'il y a au fond des plus honnêtes d'entre nous. Cela nous gratte dans notre besoin de revanche contre l'autorité, dans notre admiration pour l'adresse, pour le coquin adroit qui triomphe de l'honnête homme trop lourd, que ses bottes embarrassent.

Je signalerai, dans le genre fin, la scène de l'ivresse, que le public a trouvée trop longue, parce que les délicatesses de cette analyse savante lui ont échappé. Elle est pourtant tout à fait supérieure, comme observation et comme exécution. Les grands comédiens ne rendent pas d'une façon plus détaillée, et nous pouvons prendre là une leçon d'analyse, nous autres romanciers. Rien n'est plus juste ni plus complet que ces tâtonnements de deux ivrognes engourdis par le vin, qui, voulant avoir de la lumière, perdent successivement les allumettes, la bougie, le chandelier, sans jamais retrouver qu'un des objets à la fois. C'est toute une psychologie de l'ivresse.

En somme, je le répète, le succès a été très vif. On a beaucoup applaudi les Hanlon. Je ne fais pas ici une étude complète de ces grands artistes, car il faudrait dégager leur originalité, bien montrer ce qu'ils ont apporté de personnel, en dehors de leurs sauts de gymnastes et de leurs jeux de mimes. Ce qu'ils mettent dans tout, c'est une perfection d'exécution incroyable. Leurs scènes sont réglées à la seconde. Ils passent comme des tourbillons, avec des claquements de soufflets qui semblent les tic-tac mêmes du mécanisme de leurs exercices. Ils ont la finesse et la force. C'est là ce qui les caractérise. Sous le masque enfariné de Pierrot, ils détaillent l'idée avec des jeux de physionomie d'un esprit délicieux; puis, brusquement, un coup du vent semble passer, et les voilà lancés dans une férocité saxonne qui nous surprend un peu. Ils bondissent, ils s'assomment, ils sont à la fois aux quatre coins de la scène ; et ce sont des bouteilles volées avec une habileté qui est la poésie du larcin, des gifles qui s'égarent, des innocents qu'on bâtonne et des coupables qui vident les verres des braves gens, une négation absolue de toute justice, une absolution du crime par l'adresse. Telle est leur originalité, un mélange de cruauté et de gaieté, avec une fleur de fantaisie poétique.

Je le dis encore, je ne sais rien de plus triste sous le rire. Cela rappelle les grandes caricatures anglaises. L'homme se débat et sanglote, dans les gambades et les grimaces de ces mimes. Je songeais avec quel cri de colère on accueillerait une œuvre de nous, romanciers naturalistes, si nous poussions si loin l'analyse de la grimace humaine, la satire de l'homme aux prises avec ses passions. Imaginez un moment la scène du gendarme dans un de nos livres, admettez que nous traînions ce pauvre gendarme dans le ridicule, en mettant sous la charge une pareille négation de l'autorité : on nous traiterait de communard, on nous demanderait compte des otages. Certes, dans nos férocités d'analyse, nous n'allons pas si loin que les Hanlon, et nous sommes déjà fortement injuriés. Cela vient de ce que la vérité peut se montrer et qu'elle ne peut se dire. Puis, la caricature couvre tout. On lui permet le par-dessous et l'au delà. Et c'est tant mieux, puisqu'elle nous régale. Faisons tous des pantomimes.

LE VAUDEVILLE

Je ne me charge pas de raconter les *Dominos Roses*, la nouvelle pièce en trois actes que MM. Delacour et Hennequin ont fait jouer au Vaudeville. C'est une de ces pièces compliquées, d'une ingéniosité d'ébénisterie sans pareille, un de ces petits meubles chinois, aux cents tiroirs se casant les uns dans les autres, qu'il faut replacer avec une exactitude scrupuleuse, si l'on veut ne rien casser.

Les auteurs ont appelé leur œuvre comédie. Voilà un bien grand mot pour une pièce de cette facture. J'aurais préféré vaudeville. Une comédie ne va pas, selon moi, sans une étude plus ou moins poussée des caractères, sans une peinture quelconque d'un milieu réel. Or, les auteurs ne sont en somme que d'aimables gens, bien décidés à récréer le public, en faisant tourner devant lui le quadrille de leurs marionnettes. Leur art consiste à machiner leur joujou, de façon que les personnages obéissent à chaque tour de la manivelle et viennent occuper sur les planches l'endroit précis qui leur est assigné. C'est du théâtre mécanique, des bonshommes, joliment campés, dont les pas sont réglés comme par un maître de ballets. Ils vont à gauche, ils vont à droite, ils s'entrecroisent, se mêlent et se dégagent, pour le plus grand plaisir des yeux du public. Et, je le répète, cela demande des mains exercées. On parle souvent du métier au théâtre. Eh bien! les *Dominos Roses* sont un produit immédiat du métier, sans aucune faute. De la mémoire, de l'adresse, et rien de plus. Mais on voit que le métier n'est décidément pas à dédaigner, puisqu'il peut suffire au succès.

On parlait du *Procès Veauradieux*, des mêmes auteurs, pendant la représentation. Les deux pièces, en effet, ont beaucoup de ressemblance, sortent tout au moins du même moule. Rien de plus naturel, d'ailleurs. MM. Delacour et Hennequin ont pensé, avec raison, que les spectateurs applaudiraient plus volontiers ce qu'ils avaient déjà applaudi. Les nouveautés troublent le public dans sa quiétude, lui causent une secousse cérébrale désagréable. L'éternel quiproquo des maris qui embrassent les bonnes, en croyant embrasser leurs femmes, ne suffit-il pas à la gaieté d'une soirée? Rien de plus digestif que ce jeu du quiproquo. Il est à la portée de tout le monde, il soulève toujours le même éclat de rire, comme ces calembours de province qui sont, pendant un quart de siècle, la joie d'un salon. Et l'on s'en va, la tête libre, sans fatigue intellectuelle, en se souvenant des petits jeux de société de sa jeunesse.

J'ai bien suivi les impressions du public, au courant des trois actes. D'abord, j'ai constaté un peu de froideur. On voyait les auteurs venir avec leurs gros sabots, et l'on échangeait des regards comme pour se dire qu'on savait bien la suite. Même, derrière moi, un monsieur très ferré sans doute sur le répertoire de nos vaudevilles, citait les pièces où la même idée se trouvait déjà; et il y en avait une longue liste, je vous assure. Mais l'intrigue se nouait, le charme opérait peu à peu. Je m'imaginais apercevoir les auteurs derrière une coulisse, tendant leur piège avec la tranquillité d'hommes qui connaissent la bonne glu. Tous les vieux mots portaient. A mesure que les spectateurs se retrouvaient davantage en pays de connaissance, ils devenaient bons enfants, s'amusaient aux endroits où ils s'amusent depuis leur âge le plus tendre. Certes, ils étaient de plus en plus certains du dénouement, tous vous auraient dit comment tourneraient les choses, il n'y avait pas dans leur émotion le moindre doute sur la félicité finale des personnages; mais cela les ravissait d'assister une fois de plus au dévidage adroit de cet écheveau dramatique si bien embrouillé.

Les auteurs allaient-ils prendre le fil à gauche ou à droite? Et cette seule alternative suffisait à leur bonheur. Puis, il y avait encore le hasard des nœuds; innocentes catastrophes, aussi vite réparées que survenues, qui accidentaient la route parcourue tant de fois. Dès le second acte, la salle ravie se croyait encore au *Procès Veauradieux*, et applaudissait à tout rompre. Grand succès.

II

Il s'agit dans *Bébé*, la pièce de MM. de Najac et Hennequin, d'un de ces grands enfants que les mères gardent jusqu'au mariage, autour de leurs jupes, et auxquels elles ne peuvent jamais se décider à donner la clef des champs. Tel est le bébé, un bébé de vingt-deux ans, et qui a déjà de la barbe au menton. Gaston est adoré par sa mère, la baronne d'Aigreville, qui le cajole, le dodeline et lui parle encore en zézayant, comme s'il portait toujours des robes et un bourrelet.

Quant au sujet philosophique, — il y a un sujet philosophique, — il repose sur cette idée qu'un jeune homme, avant de se marier et de faire un bon mari, doit parcourir trois périodes, la période des femmes de chambre, celle des cocottes et celle des femmes mariées. C'est le cousin Kernanigous qui dit cela, et le cousin s'y connaît, lui qui, chaque année, quitte sa ferme modèle de Bretagne pour venir faire ses farces à Paris.

Naturellement, Gaston, que sa mère croit encore un ange de pureté, a déjà fait de nombreux accrocs à sa robe d'innocence. La baronne lui a meublé un entresol, dans la même maison qu'elle, pour qu'il puisse étudier son droit tranquillement ; mais Gaston, en compagnie de son ami Arthur, n'utilise guère son entresol que pour recevoir des dames. Ajoutez que le baron est une absolue ganache ; ce digne homme passe sa vie à lire les journaux, chez lui et à son cercle, ce qui fatalement a influé d'une façon déplorable sur son intelligence. Il ne s'occupe de son fils que pour lui adresser la morale la plus drôle du monde. Ainsi, lorsque les farces de Bébé se découvrent, et que celui-ci s'excuse en rappelant à son père les folies que lui-même a dû faire dans sa jeunesse, le baron répond gravement : « Monsieur, en ce temps-là, je n'étais pas encore votre père. » Le mot a fait beaucoup rire.

Donc, Gaston parcourt les trois phases. La première est représentée par la femme de chambre de sa mère, Toinette; la seconde, par une dame galante, Aurélie; et la troisième par sa cousine, madame de Kernanigous elle-même. Des trois, c'est Toinette que je préfère. Elle est adorable, cette enfant, qui s'écrie, lorsque Gaston veut l'abandonner : « Ah ! monsieur, vous n'aurez pas le cœur de quitter la femme de chambre de votre mère! » Elle adore son maître, lui recoud ses boutons, pleure au dénouement, quand on le marie. Les auteurs, en rendant la femme de chambre si aimable, auraient-ils eu des intentions démocratiques ?

Tout le sujet est là, mais les auteurs connaissent trop leur métier pour ne pas avoir compliqué ce sujet à l'aide des quiproquos les plus inextricables. M. Hennequin persévère naturellement dans un genre qui lui a valu trois grands succès : les *Trois Chapeaux*, le *Procès Veauradieux* et les *Dominos Roses*. Sa part de collaboration est certainement dans les singulières complications de l'intrigue. Je renonce à raconter ces complications, mais je puis les indiquer. Aurélie la cocotte, est en même temps la maîtresse de Gaston et celle du cousin Kernanigous; elle est encore la femme légitime d'un répétiteur de droit, Pétillon, dont je parlerai tout à l'heure. Alors, se produit la débandade obligée. C'est d'abord madame de Kernanigous qu'on prend pour Aurélie; puis, c'est Aurélie qu'on prend pour madame de Kernanigous; la brune et la blonde se mêlent, le public lui-même finit par ne plus savoir au juste ce qu'il doit croire. A un moment, il y a jusqu'à quatre personnes cachées derrière des portes. Et l'on rit.

On rit, parce que tous les personnages courent sur la scène. Cette débandade qui entre, sort, se cache, reparaît, fait claquer les portes, étourdit les spectateurs et les charme. Cela, d'ailleurs, pourrait continuer éternellement. S'il n'y a pas de raison pour que cela commence, il y en a encore moins pour que cela finisse. Enfin, les auteurs veulent bien aboutir à un mariage entre Gaston et une nièce de Kernanigous. L'honneur de la cousine est sauf. La baronne et le baron sont convaincus que leur fils n'est plus un bébé, et ils consentent à le traiter en homme.

Ce genre de pièces à quiproquos est toujours d'un effet sûr. Seulement, je trouve qu'il fatigue vite. Un acte suffirait. Au troisième acte de *Bébé*, je commençais à être ahuri. Rien d'énervant à la longue comme de voir tous les personnages se précipiter les uns derrière les autres; on voudrait qu'ils se tinssent enfin tranquilles, pour les entendre causer comme tout le monde. S'ils n'ont rien à dire, pourquoi ne se contentent-ils pas de jouer une pantomime? cela serait aussi réjouissant. En somme, je le répète, le genre est gros et absolument inférieur. Le succès vient de ce que le public croit entrer de moitié dans la pièce.

Mais ce qui donne à *Bébé* une certaine valeur, c'est une pointe littéraire, où l'on sent la collaboration de

M. de Najac. Il y a, dans les deux premiers actes, quelques scènes fort jolies, d'un comique très fin. Ces scènes sont fournies par la baronne et par Pétillon, le répétiteur de droit.

La baronne a voulu donner un répétiteur à son fils, pour le hâter dans ses examens. Il faut dire que Gaston est un véritable cancre. Or, Pétillon a une façon de professer qui est un poème de tolérance; il laisse ses élèves, Gaston et Arthur, causer de leurs maîtresses et de leurs parties fines, entre deux commentaires du Code; il se mêle lui-même à la conversation, avec le rire sournois et gourmand d'un cuistre voluptueux qui n'est pas assez riche pour contenter ses passions. Une des scènes les plus drôles est celle-ci : le baron surprend ces messieurs tapant sur le piano, dansant avec des dames; et Pétillon sauve les garnements, en expliquant que sa méthode consiste à apprendre le Code en musique. Il va jusqu'à chanter plusieurs articles. C'est là une bonne extravagance. La salle entière a été prise d'un fou rire.

III

MM. de Najac et Hennequin ont voulu donner au Gymnase un pendant à *Bébé*, et ils ont écrit la *Petite Correspondance*.

Je ne crois pas nécessaire d'entrer dans une analyse de cette pièce. Quel singulier genre ! Prendre des bouts de fil, les emmêler, mais d'une façon adroite, de manière qu'ils paraissent noués ensemble, en un paquet inextricable ; puis, tirer un seul bout, celui qu'on a ménagé, et rembobiner le tout d'un trait, sans la moindre difficulté. La littérature est absente, on s'intéresse à cela comme à un jeu de patience ; et quand on s'en va, on éprouve un vide, une déception, avec cette pensée vague que ce n'était pas la peine de se passionner, puisqu'on était certain à l'avance que cela finirait comme cela avait commencé. Au théâtre, lorsqu'on n'emporte aucun fait nouveau, aucune observation à creuser, on garde contre la pièce une sourde rancune, de même qu'on s'en veut lorsqu'on a lu un livre vide ou qu'on s'est arrêté à causer dix minutes avec un bavard imbécile, qui vous a noyé d'un déluge de mots.

Je songeais au succès de *Bébé*, en voyant la *Petite Correspondance*, et je me disais qu'en somme ce succès était mérité. A coup sûr, ce qui a charmé si longtemps le public, ce n'est pas l'imbroglio de la pièce, ce sont deux ou trois scènes d'observation amusante qu'elle contenait. Et ce qui prouve qu'une série de quiproquos ne suffit pas au succès, même lorsqu'ils sont travaillés par des mains expérimentées, c'est que la *Petite Correspondance* a été accueillie froidement. Question de sujet, et surtout question de types et de situations, je le répète. Dans *Bébé*, on a trouvé drôle cette histoire de grand garçon dégourdi, que sa mère traite toujours en enfant, lorsqu'il se lance dans toutes les fredaines, et qu'il a la femme de chambre pour maîtresse. Bien que cela rappelât *Edgard et sa bonne*, l'aventure a paru piquante, prise sur le vrai, dans le courant de la vie quotidienne. Peut-être le public ne fait-il pas ces réflexions-là ; mais, à son insu, il subit les courants qui s'établissent, il ne supporte plus que difficilement les inventions de pure fantaisie, et se plaît davantage aux choses prises sur la réalité.

Je parlais des types. La fortune de *Bébé* a été faite par le répétiteur Pétillon. Ce maître, si tolérant pour ses élèves, le nez tourné à la friandise, et se régalant le premier des fredaines de la jeunesse, était certes une caricature, mais une caricature sous laquelle on sentait la vie. Il vivait, ce cuistre sournoisement voluptueux, brûlé de tous les appétits, sous son cuir de pédant qui court le cachet. Et quelle bonne folie que la scène où il sauve les deux chenapans auxquels il donne des répétitions de droit, en racontant à une vieille ganache de père qu'il a mis le Code en couplets! Cela est extravagant; seulement, derrière l'extravagance, on sent l'observation, on se rappelle des pauvres diables de cet acabit qui gagnent leurs cachets, en baisant les bottes des petits gredins qu'ils sont chargés d'instruire.

Faut-il voir une leçon donnée aux auteurs dans l'accueil relativement froid fait par le public à la *Petite Correspondance*? Je n'ose l'affirmer. Et pourtant MM. de Najac et Hennequin, qui sont très expérimentés, ne peuvent manquer de faire le raisonnement suivant : « Pourquoi le grand succès de *Bébé*, et pourquoi la demi-chute de la *Petite Correspondance?* Evidemment, c'est que les imbroglios ne satisfont plus entièrement le public, car jamais nous n'en avons noué un de plus entortillé ni de plus heureusement dénoué. Il est donc temps d'abandonner cette formule commode et de chercher des situations vraies et des types réels, comme dans *Bébé*. Notre intérêt l'exige : soyons vivants, si nous voulons toucher de beaux droits d'auteur. »

Ce raisonnement serait excellent, et je voudrais

l'entendre faire par tous les auteurs ; d'autant plus qu'il est logique et exact. Questionnez les plus habiles, ils vous diront que le goût du public tourne au naturalisme, d'une façon continue et de plus en plus accentuée. C'est le mouvement de l'époque. Il s'accomplit de lui-même, par la force même des choses. Avant dix ans, l'évolution sera complète. Et vous verrez les dramaturges et les vaudevillistes, réputés pour leur habileté, se ruer alors vers la peinture des scènes réelles, car ils n'ont au fond qu'une doctrine : satisfaire le public en toutes sortes, lui donner ce qu'il demande, de manière à battre monnaie le plus largement possible.

IV

Une circonstance m'a empêché d'assister à la première représentation de *Niniche*, le vaudeville en trois actes que MM. Hennequin et Millaud ont fait jouer aux Variétés. Je n'ai pu voir que la quatrième, et j'ai été vraiment surpris de la gaieté débordante du public. Quel excellent public que ce public parisien ! Comme il est bon enfant, comme il rit volontiers ! La moindre plaisanterie, eût-elle trente années d'âge, le chatouille ainsi qu'au premier jour, lorsqu'elle est dite par la comédienne ou le comédien favori. On prétend que les artistes tremblent, lorsqu'ils paraissent à Paris pour la première fois. Ils ont bien tort J'ai connu, en province, un théâtre où le public était autrement exigeant et maussade. On y sifflait avec une brutalité révoltante. J'estime qu'il faut trois fois plus d'efforts pour dérider un spectateur de province que pour faire rire aux éclats un spectateur de Paris.

J'ai été d'autant plus étonné de la gaieté de la salle, que l'on avait jugé *Niniche* très sévèrement devant moi, le lendemain de la première représentation. C'était un four, disait-on. Voilà un four qui prenait tous les airs d'un grand succès. J'avais particulièrement à côté de moi des dames, d'honnêtes bourgeoises à coup sûr, qui faisaient scandale, tant elles s'amusaient. Les moindres mots, d'ailleurs, soulevaient une tempête de joie, du parterre au cintre. Et cela ne cessait point, les trois actes ne se sont pas refroidis un instant. Je me doute bien que les interprètes sont pour beaucoup dans cette gaieté. D'autre part, peut-être suis-je tombé sur une représentation exceptionnelle, sur un soir où toute la salle avait bien dîné; il y a de ces rencontres, de ces jours d'électricité commune, que connaissent les artistes, et qu'ils constatent en disant : « La salle est très chaude aujourd'hui. » Mais le fait ne m'en a pas moins préoccupé vivement.

Ai-je ri moi-même? Mon Dieu, je crois que oui. J'avais beau me dire que tout cela était très bête, que la pièce avait été faite cent fois ; j'avais beau trouver les actes vides, l'esprit grossier, le dénouement prévu à l'avance : ce grand et bon rire de la salle me gagnait. En vérité, les spectateurs sans malice s'amusaient trop pour qu'on ne s'égayât pas de leur propre gaieté. Au fond, j'étais très triste. Si vraiment il suffit d'une si pauvre farce pour procurer une heureuse soirée aux braves bourgeois parisiens, nous avons tous très grand tort de nous empêtrer dans des questions littéraires. A quoi bon le talent, à quoi bon l'effort, si cela satisfait pleinement le public? Je déclare que jamais je n'ai vu des gens mis dans un pareil état de joie par les chefs-d'œuvre de notre théâtre. Devant un chef-d'œuvre, le public se méfie toujours un peu ; il a peur que le chef-d'œuvre ne se moque de lui. Mais, devant une *Niniche*, il se roule, il est comme ces enfants qui rencontrent un trou d'eau sale et qui s'y vautrent avec délices, en se sentant chez eux.

Oh ! le rire, quelle bonne chose et quelle chose bête ! Toute la sottise est là et tout l'esprit. Contestez les mérites de *Niniche*, on vous répondra que le public s'amuse, et vous n'aurez rien à répondre, car les théâtres ne sont faits en somme que pour amuser le public. En voyant cette salle rire à ventre déboutonné d'inepties dont on serait révolté, si on les lisait chez soi, on se sent ébranlé dans ses convictions les plus chères, on se demande si le talent n'est pas inutile, s'il y a à espérer qu'une œuvre forte touche jamais autant les spectateurs dans leurs instincts secrets qu'une parade de foire. Le théâtre serait donc cela ? Les effluves d'une foule mise en tas, l'aveuglement du gaz, l'air surchauffé d'une salle trop étroite, l'odeur de poussière, toutes les sollicitations et toutes les demi-hallucinations d'une journée d'activité terminée dans un fauteuil dont les bras vous étouffent et vous brûlent, ce serait donc là cette atmosphère du théâtre qui déforme tout et empêche le triomphe du vrai sur les planches ?

J'ai eu ainsi la sensation très nette de l'infériorité de la littérature dramatique. En vérité, l'œuvre écrite est plus large, plus haute, plus dégagée de la sottise des foules que l'œuvre jouée. Au théâtre, le succès est trop souvent indépendant de l'œuvre. Une rencontre suffit, une interprétation heureuse, une plaisanterie qui est dans l'air, une bêtise tournée d'une certaine façon qui répond à la bêtise du moment. Si le rire ou les larmes prennent, — je ne fais pas de différence, car les larmes sont une autre forme de la bonhomie du public, — voilà la pièce lancée, il n'y a plus de raison pour qu'elle s'arrête. Depuis deux ans bientôt, je querelle mes confrères pour leur prouver qu'ils font du théâtre une chose trop sotte. Mon Dieu! est-ce qu'ils auraient raison, est-ce que ce serait réellement si sot que cela?

Maintenant, il me faut juger *Niniche*. Grande affaire. J'avoue que je ne sais par quel bout commencer. Il y a, en critique dramatique, toute une école qui, dans un cas pareil, se tire d'embarras le plus galamment du monde. La recette consiste à ne pas parler de la pièce, à enfiler de jolies phrases sur ceci et sur cela, jusqu'à ce que le feuilleton soit plein. Puis, on signe Je crois que Théophile Gautier a été l'inventeur de l'article à côté. Il maniait la langue avec l'aisance et l'adresse que l'on sait, il était toujours sûr de charmer son public. Aussi la pièce ne l'inquiétait-elle jamais. Il avait des formules toutes faites, il admirait tout, les petits vaudevilles et les grandes comédies, enveloppant le théâtre entier dans son large dédain. Gautier a laissé des élèves.

Le malheur est que je ne puis entendre la critique ainsi. J'aime bien à me rendre compte. J'estime que les choses ont des raisons d'être. Mais où mon anxiété commence, c'est lorsqu'il faut distinguer les nuances du médiocre. Ce serait une erreur de croire qu'il n'existe qu'un médiocre. Les genres au contraire en sont très nombreux, les espèces pullulent à l'infini. Je me souviens toujours de mon professeur de quatrième, qui nous disait : « Je classe encore assez vite les dix premières copies dans une composition; ce qui m'exténue, c'est de vouloir être juste et d'assigner des places aux trente dernières. » Eh bien! ma situation est pareille à celle de ce professeur, je ne sais le plus souvent comment classer certaines pièces, de façon à satisfaire absolument ma conscience.

Vouloir être juste, c'est tout le rôle du critique. La passion de la justice est la seule excuse que l'on puisse donner à cette singulière démangeaison qui nous prend de juger les œuvres de nos confrères. Mon professeur avouait parfois que, désespérant d'établir une différence appréciable du mauvais au pire dans les toutes dernières copies, il les plaçait au petit bonheur, en tas. Voilà ce qu'il faudrait éviter. Où diable placer *Niniche?* car *Niniche* m'a fait rire, et elle a droit à une place. Est-ce que *Niniche* vaut mieux que telle ou telle pièce, dont les titres m'échappent? Grave question. Je creuserais cette étude pendant des journées sans pouvoir peut-être trouver des arguments décisifs. Pourtant, je veux être équitable. Les critiques qui font profession de toujours partager l'avis du public et qui trouvent bon ce qui l'amuse, croient en être quittes avec *Niniche*, en la traitant de vaudeville amusant. C'est là un jugement trop commode. *Niniche* est un symbole, la pièce idiote qui a un succès comme jamais un chef-d'œuvre n'en aura, et qui gratte la foule à la bonne côte, la côte joyeuse, selon le joli mot de nos pères. Les belles filles tombent en pâmoison, lorsqu'on avance les mains vers leur taille. Pourquoi le public se pâme-t-il, quand on lui joue *Niniche?* J'exige un commentaire.

L'intrigue est la première venue. Un diplomate

polonais, le comte Corniski a épousé la belle Niniche, une « hétaïre » parisienne, sans avoir le moindre soupçon de sa vie passée. Il la ramène en France, où il est chargé d'une mission. Mais la comtesse est reconnue à Trouville par le jeune Anatole de Beaupersil. Elle apprend, grâce à lui, qu'on va vendre ses meubles, et elle se désole, à la crainte d'un scandale, car elle a laissé dans une armoire des lettres compromettantes, que lui a adressées autrefois le prince Ladislas, le propre fils du roi de Pologne. Justement la mission du comte Corniski est de s'emparer de ces lettres. Dès lors, commence une chasse, les lettres circulent, passent dans les mains du mari, qui finit par les rendre sans les avoir lues. J'ai négligé un baigneur de Trouville, le beau Grégoire, qui baigne ces dames par goût, et qui redevient le plus correct des gandins, lorsqu'il a quitté son costume. Il y a aussi une veuve Sillery, une vieille dame passionnée, sans compter deux pantalons, dont les rôles sont très développés, et qui produisent un effet énorme : le premier, un pantalon bleu, poursuivi par un mari jaloux, passe de jambes en jambes ; le second, un pantalon nankin, se déchire jusqu'à la ceinture, ce qui cause chez les dames une hilarité folle. Peut-être bien que le succès de la pièce est là.

Décidément, je renonce à classer *Niniche*. Hélas ! je le crains, la justice n'est pas de ce monde. J'ai la vague sensation que *Niniche* a sa place entre les *Dominos Roses* et *Madame l'Archiduc*; mais est-ce entre les deux, est-ce avant, est-ce après? c'est ce que je n'ose affirmer. Il faudrait peser les œuvres, consulter les nuances, se livrer à une étude de comparaison qui demanderait des délicatesses infinies. Et voilà l'embarras où se trouvent les critiques consciencieux, lorsqu'ils veulent tenir compte des fameux arrêts du public. Le public rit, l'œuvre en vaut sans doute la peine, examinons-la ; et, lorsqu'on veut l'examiner, on ne sait par quel bout la prendre, on se donne un mal infini pour la classer, sans y parvenir. Un succès comme celui de *Niniche* ne peut donner à un honnête homme qu'un désir, celui d'être sifflé. Cela soulagerait, vraiment.

V

Justement, l'autre soir, en écoutant à l'Ambigu *Robert Macaire*, je songeais à la farce moderne, telle que des auteurs de talent et d'esprit pourraient l'écrire. Comparez à nos plats vaudevilles, ce rire de la satire sociale qui sonnerait si vaillamment. Je sais bien qu'il faudrait accorder aux auteurs une grande liberté, leur ouvrir surtout le monde politique où se joue la véritable comédie des temps modernes. Pour moi, la veine nouvelle est là, et pas ailleurs.

Robert Macaire, que la personnalité de Frédéric Lemaître avait animée d'un large souffle, nous paraît aujourd'hui, il faut bien le dire, d'une grande innocence. Les mots drôles abondent, et il en est quelques-uns qui sont même profonds. Mais ce qu'il y a encore de meilleur, ce sont les dessous que nous mettons nous-mêmes dans l'œuvre. Rien n'est au fond plus terrible que cette figure de Robert Macaire, blaguant tout ce qu'on respecte, la vie humaine, la famille et la propriété, la force armée et la religion ; seulement, elle se promène dans une telle farce, elle parle d'un style si plat et elle évite si soigneusement de conclure, que le public ne saurait la prendre au sérieux, ce qui la sauve du mépris et de la colère. J'ai fait une fois de plus cette remarque : le mauvais style excuse tout ; il est permis de mettre des monstruosités à la scène, pourvu qu'on les y mette sans talent. Imaginez la lutte épique de Robert Macaire contre les gendarmes écrite par un véritable écrivain, tirée des puérilités grossières de la charge, et aussitôt la censure intervient, et tout de suite le public se fâche.

Ainsi donc, ce qui nous plaît, dans *Robert Macaire*, c'est ce que nous y mettons. Sous les calembours, sous les scènes de parade, sous le décousu du dialogue et l'enfantillage de l'intrigue, nous voulons voir une satire amère contre la société exploitée par deux fripons, qui, non contents de la voler, la bafouent et la salissent. Nous poussons les situations jusqu'à leurs conséquences logiques, nous élargissons le cadre. Souvent, il n'y a qu'un mot vraiment fort ; mais ce mot nous suffit pour ajouter tout ce que les auteurs n'ont pas dit. Ce qui m'a frappé, c'est que peu de scènes sont faites ; le talent a manqué sans doute, les scènes ne sont qu'indiquées, et faiblement. Ainsi, je prends une scène faite, la scène d'amour romantique entre Robert Macaire et Eloa, cette scène qui parodie si drôlement le lyrisme de 1830. Elle est remarquable et produit encore aujourd'hui un effet énorme, parce qu'elle reste dans une gamme d'esprit très fin et de bonne observation. Prenez, au contraire, la plupart des autres scènes, toutes celles par exemple qui ont lieu entre Robert Macaire et les gendarmes ; pas une ne satisfait pleinement, parce que pas une n'est réalisée avec l'ampleur nécessaire, avec la maîtrise qui met de la réalité sous les exagérations les plus folles. Tout cela ne tient pas, les faits ne font illusion à personne et les personnages sont des pantins. Dès lors, la satire tombe dans le vaudeville.

Il est vrai que le *Robert Macaire* pensé et écrit, tel que je le rêve, serait sans doute impossible sur la scène. Nous ne sommes pas habitués au rire cruel. Il ferait beau voir un coquin mettant fortement le monde en coupe réglée. La farce moderne ne m'en paraît pas moins devoir être dans cette peinture de la sottise des uns et de la coquinerie des autres, poussée à la grandeur bouffonne. Songez à un Robert Macaire actuel qui s'agiterait dans notre monde politique et qui monterait au pouvoir, en jouant de tous les ridicules et de toutes les ambitions de l'époque. Le beau sujet, et quelle farce un homme de talent écrirait là, s'il était libre!

LA FÉERIE ET L'OPERETTE

I

De grands succès ont rendu l'exploitation de la féerie très tentante pour les directeurs. On gagne deux ou trois cent mille francs avec une pièce de ce genre, quand elle réussit. Il faut ajouter, comme les frais de mise en scène sont considérables, qu'un directeur est ruiné du coup, s'il a deux féeries tuées sous lui. C'est un jeu à se trouver sur la paille ou à avoir voiture dans l'année. Le pis est que, la question littéraire mise à part, une féerie qui aura deux cents représentations ressemble absolument à une féerie qui en aura seulement vingt. Pour mettre la main sur la bonne, il faut avoir un flair particulier, il faut sentir de loin les pièces de cent sous, rien de plus. Le hasard remplace l'intelligence. Le décorateur et le costumier aident le hasard.

La féerie, telle qu'elle est comprise aujourd'hui, n'est plus qu'un spectacle pour les yeux. Il y a quelques cinquante ans, lors de la vogue du *Pied de Mouton* et des *Pilules du Diable,* une féerie ressemblait à un grand vaudeville mêlé de couplets, dans lequel les trucs jouaient la partie comique. Au lieu de palais ruisselant d'or et de pierreries, au lieu d'apothéoses balançant des femmes à demi nues dans des clartés de paradis, on voyait des hommes se changer en seringues gigantesques, des canards rôtis s'envoler sous la fourchette d'un affamé, des branches d'arbre donner des soufflets aux passants.

Mais ce genre de plaisanteries s'est démodé, l'ancienne féerie a semblé vieillotte et trop naïve. Alors, sans songer un instant à renouveler le genre par le dialogue, le mérite littéraire du texte, on a, au contraire, diminué de plus en plus le dialogue, réduit la pièce à être uniquement un prétexte aux splendeurs de la mise en scène. Rien de plus banal qu'un sujet de féerie. Il existe un plan accepté par tous les auteurs : deux amoureux dont l'amour est contrarié, qui ont pour eux un bon génie et contre eux un mauvais génie, et qu'on marie quand même au dénoûment, après les voyages les plus extravagants dans tous les pays imaginables. Ces voyages, en somme, sont la grande affaire, car ils permettent au décorateur de nous promener au fond de forêts enchantées, dans les grottes nacrées de la mer, à travers les royaumes inconnus et merveilleux des oiseaux, des poissons ou des reptiles. Quand les acteurs disent quelque chose, c'est uniquement pour donner le temps aux machinistes de poser un vaste décor, derrière la toile de fond.

J'avoue, pourtant, n'avoir pas la force de me fâcher. S'il est bien entendu que toute prétention de littérature dramatique est absente, il y a là un véritable émerveillement. Les acteurs ne sont plus que des personnages muets et riches, perdus au milieu d'une prodigieuse vision. Au fond de sa stalle, on peut se croire endormi, rêvant d'or et de lumière; et même les mots bêtes qu'on entend, malgré soi, par moments, sont comme les trous d'ombre obligés qui gâtent les plus heureux sommeils. Les ballets sont charmants, car les danseuses n'ont rien à dire. Il y a toujours bien deux ou trois actrices jolies, montrant le plus possible de leur peau blanche. On a chaud, on digère, on regarde, sans avoir la peine de penser, bercé par une musique aimable. Et, après tout, quand on va se coucher, on a passé une agréable soirée.

Certes, au théâtre, il faut laisser un vaste cadre à l'adorable école buissonnière de l'imagination. La féerie est le cadre tout trouvé de cette débauche exquise. Je veux dire quelle serait la féerie que je souhaite. Le plus grand de nos poètes lyriques en aurait écrit les vers; le plus illustre de nos musiciens en composerait la musique. Je confierais les décors aux peintres qui font la gloire de notre école, et j'appellerais les premiers d'entre nos sculpteurs pour indiquer des groupes et veiller à la perfection de la plastique. Ce n'est pas tout, il faudrait, pour jouer ce chef-d'œuvre, des femmes belles, des hommes forts, les acteurs célèbres dans le drame et dans la comédie. Ainsi, l'art humain tout entier, la poésie, la musique, la peinture, la sculpture, le génie dramatique, et encore la beauté et la force, se joindraient, s'emploieraient à une unique merveille, à un spectacle qui prendrait la foule par tous les sens et lui donnerait le plaisir aigu d'une jouissance décuplée.

Ah! qu'il serait temps de balayer les parades qui salissent les scènes de nos plus beaux théâtres, de jeter au ruisseau les livrets stupides, dont l'esprit consiste dans des calembours rances et dans des coups de pied au derrière, les partitions vulgaires qui chantent toutes les mêmes turlututus de foire, les trucs vieillis, les décors trop somptueux qui ruissellent d'un or imbécile et bourgeois! On rendrait nos théâtres aux grands poètes, aux grands musiciens, à toutes les imaginations larges. Dans notre enquête moderne, après nos dissections de la journée, les féeries seraient, le soir, le rêve éveillé de toutes les grandeurs et de toutes les beautés humaines.

II

J'avoue donc ma tendresse pour la féerie. C'est, je le répète, le seul cadre où j'admets, au théâtre, le dédain du vrai. On est là en pleine convention, en pleine fantaisie, et le charme est d'y mentir, d'y échapper à toutes les réalités de ce bas monde.

Et quel joli domaine, cette contrée du rêve peuplée de génies bienfaisants et de fées méchantes! Les princesses et les bergers, les servantes et les rois y vivent dans une familiarité attendrie, s'aimant, s'épousant les uns les autres. Quand une montagne, un gouffre, un univers fait obstacle aux amours des héros, la montagne est engloutie, le gouffre se comble, l'univers s'envole en fumée, et les héros son heureux. Il n'y a plus de péripéties sans issue, de dénouements impossibles, car les talismans facilitent les combinaisons des fables les plus extravagantes. Jamais les auteurs ne se trouvent acculés par la vraisemblance et la logique ; ils peuvent aller dans tous les sens, aussi loin qu'ils veulent, certains de ne se heurter contre aucune muraille. Un coup de baguette, et la muraille s'entr'ouvre.

On peut dire que la féerie est la formule par excellence du théâtre conventionnel, tel qu'on l'entend en France depuis que les vaudevillistes et les dramaturges de la première moitié du siècle ont mis à la mode les pièces d'intrigue. En somme, ils posaient en principe l'invraisemblance, quitte à employer toute leur ingéniosité pour faire accepter ensuite, comme une image de la vie, ce qui n'en était qu'une caricature. Ils se gênaient dans le drame et dans la comédie, tandis qu'ils ne se gênaient plus dans la féerie : là était la seule différence.

Je voudrais préciser cette idée. L'allure scénique d'une féerie est puérile, d'une naïveté cherchée, allant carrément au merveilleux ; et c'est par là que la pièce enchante les petits et les grands enfants. Plus l'invraisemblance est grande, plus le ravissement est certain. On s'y arrête comme devant ces théâtres de marionnettes, qui retiennent aux Champs-Élysées les rêveurs qui passent. Il semble que ces personnages fantasques et cette action folle soient des symboles, derrière lesquels on entend l'humanité s'agiter avec des rires et des larmes. Les joujoux, je parle des joujoux à bon marché, les chevaux, les moutons, les poupées, toutes ces bêtes en carton, grossièrement peinturlurées et si extraordinaires de formes, ont aussi cette invraisemblance lamentable ou grotesque qui ouvre l'au delà de la vie. En les regardant, on échappe à la terre, on entre dans le monde de l'impossible. J'adore ces joujoux comme j'adore les féeries.

La comédie et le drame, au contraire, sont tenus à être vraisemblables. Une nécessité les attache aux pavés des rues. Ils mentent, mais il faut qu'ils mentent avec des ménagements infinis, sous peine de nous blesser. Le triomphe de nos auteurs a été de déguiser le plus possible leurs mensonges, grâce à toute une convention savamment réglée; de là, le code du théâtre. Ils nous ont peu à peu habitués au personnel comique ou dramatique, qui n'est autre qu'un personnel de féerie, sans paillette, sans truc, effacé et rapetissé. Pour moi, entre un roi de féerie et un prince des vaudevilles de Scribe, je ne fais qu'une différence : tous les deux sont mensongers, seulement le premier me ravit, tandis que le second m'irrite. Et il en est ainsi pour tous les personnages : ils ne sont pas plus humains dans un genre que dans l'autre; ils s'agitent également en pleine convention. Je ne parle pas de l'intrigue elle-même ; je trouve, pour ma part, bien plus raisonnables les combinaisons scéniques de *Rothomago*, par exemple, que celles d'une foule de pièces dites sérieuses, dont il est inutile de citer les titres.

J'en veux arriver à cette conclusion, que le charme de la féerie est pour moi dans la franchise de la convention, tandis que je suis, par contre, fâché de l'hypocrisie de cette convention, dans la comédie et le drame. Vous voulez nous sortir de notre existence de chaque jour, vous avancez comme argument que le public va chercher au théâtre des mensonges consolants, vous soutenez la thèse de l'idéal dans l'art, eh bien ! donnez-nous des féeries. Cela est franc, au moins. Nous savons que nous allons rêver tout éveillés. Et, d'ailleurs, une féerie n'est pas même un mensonge, elle est un conte auquel personne ne peut se tromper. Rien de bâtard en elle, elle est toute fantaisie. L'auteur y confesse qu'il entend rester dans l'impossible.

Passez à un drame ou à une comédie, et vous sentez immédiatement la convention devenir blessante. L'auteur triche. Il marche, dès lors, sur le terrain du réel ; mais comme il ne veut pas accepter ce terrain loyalement, il se met à argumenter, il déclare que le réel absolu n'est pas possible au théâtre, et il invente des ficelles, il tronque les faits et les gens, il cuisine cet abominable mélange du vrai et du faux qui devrait donner des nausées à toutes les personnes honnêtes. Le malheur est donc que nos auteurs, en quittant les féeries, en gardent la formule, qu'ils transportent sans grands changements dans les études de la vie réelle ; ils se contentent de remplacer les talismans par les papiers perdus et retrouvés, les personnages qui écoutent aux portes, les caractères et les tempéraments qui se démentent d'une minute à l'autre, grâce à une simple tirade. Un coup de sifflet, et il y a un changement à vue dans le personnage comme dans le décor.

Si réellement la vérité était impossible au théâtre, si les critiques avaient raison d'admettre en principe qu'il faut mentir, je répéterais sans cesse : « Donnez-nous des féeries, et rien que des féeries ! » La formule y est entière, sans aucun jésuitisme. Voilà le théâtre idéal tel que je le comprends, faisant parler les bêtes, promenant les spectateurs dans les quatre éléments, mettant en scène les héros du *Petit Poucet* et de la *Belle au bois dormant*. Si vous touchez la terre, j'exige aussitôt de vous des personnages en chair et en os, qui accomplissent des actions raisonnables. Il faut choisir : ou la féerie ou la vie réelle.

Je songeais à ces choses, en voyant l'autre soir *Rothomago*, que le Châtelet vient de reprendre avec un grand luxe de costumes et de décors. Certes, cette féerie, au point de vue littéraire, ne vaut guère mieux que les autres ; mais elle est gaie et elle a le mérite d'être un bon prétexte aux splendeurs de la mise en scène.

Rien de plus démocratique, d'ordinaire, que le sujet de ces pièces. Ainsi, *Rothomago* repose sur le double amour d'un jeune prince pour une bergère et d'une jeune princesse pour un paysan. Naturellement, le prince et la princesse qu'on veut marier ensemble finissent par épouser chacun l'objet de sa flamme. Et remarquez que prince et princesse sont adorables, qu'ils feraient un couple charmant. N'importe, ils ne s'aiment pas, la force des talismans les empêche de se voir sans doute, et leurs cœurs s'en vont malgré tout courir la pretentaine au village. Tout cela est fou, et c'est pourtant ce qu'il y a de plus raisonnable dans l'œuvre, car je ne raconte pas les promenades dans les airs sur un dragon, ni les histoires de pirates qui viennent enlever les villageoises dans les blés.

III

J'ai vu, au théâtre de la Gaieté : *le Chat botté*, une féerie de MM. Blum et Tréfeu.

Quels adorables contes que ces contes de Perrault! Ils ont une saveur de naïveté exquise. On a fait plus ingénieux, plus littéraire; mais on n'a pas retrouvé cet accent si fin de bonhomie et de malice. Cela nous vient directement de notre vieille France; je ne parle point des sujets, car des savants se sont amusés à les retrouver un peu dans toutes les mythologies; je parle du ton gaillard et franc, de la simplicité de la fable. Le conteur a dit tout carrément ce qu'il avait à dire, et l'humanité vit sous chaque ligne.

Je sais bien que, de nos jours, on a trouvé Perrault immoral. Nous avons, comme personne ne l'ignore, une moralité très chatouilleuse. Où nos pères riaient, nous rougissons. Le mot nous effraie surtout, car nous savons encore nous accommoder avec la chose. Nous mettons des feuilles de vigne aux antiques, et nos filles baissent le nez en passant, ce qui prouve qu'elles sont très avancées pour leur âge. Cela est d'une hypocrisie raffinée, dont la pointe ajoute un ragoût aux plaisirs défendus. On ne sait plus regarder la vie en face, avec un franc et limpide regard.

Donc, les contes de Perrault sont devenus immoraux; je veux dire qu'on en discute les conclusions au point de vue de la leçon morale. On voudrait que le bon Dieu, la Providence et le reste fussent dans l'affaire. Voici, par exemple, le *Chat botté*, ce merveilleux chat qui se met au service du marquis de Carabas et qui le marie à la plus belle des princesses, grâce à l'agilité de ses pattes et à la fertilité de ses ruses. C'est un maître trompeur; il ment avec un aplomb parfait, il dupe les petits et les grands. Son unique qualité est d'être fidèle à la fortune de son marquis. Imaginez un valet de l'ancienne comédie, un de ces coquins qui ont tous les tours dans leur sac et qui ne triomphent que par des inventions du diable.

Voilà notre morale indignée. Admirable sujet pour faire un sermon contre le mensonge ! S'il y a une fortune mal acquise, c'est à coup sûr celle du marquis de Carabas. Il se nourrit de vol, il épouse la fille d'un roi, par une série de stratagèmes qui, de nos jours, mèneraient tout droit un gendre sur les bancs de la police correctionnelle. Et l'on ose mettre de pareilles histoires entre les mains des enfants ? On veut donc qu'ils deviennent des escrocs? Ils ne sauraient prendre là que le goût des chemins tortueux. La conclusion du conte est, en somme, que pour réussir l'habileté vaut mieux que l'honnêteté.

O siècle pudique et moral, où les bourgeois ont peur des œuvres écrites comme les femmes laides ont peur des miroirs ! Au théâtre, on exige que la vertu soit récompensée. Dans le roman, on veut deux nobles âmes contre une âme basse, de même que dans certaines confitures de fruits amers il faut deux livres de sucre contre une livre de fruits. Cela est tout nouveau, c'est une fièvre d'hypocrisie à l'état aigu. Et les symptômes sont nombreux, les choses les plus naturelles deviennent indécentes, lorsqu'on a une préoccupation continue de l'indécence. Rien de pareil dans la belle santé sanguine des siècles passés. Sans remonter à Rabelais, lisez La Fontaine et Molière, tout le seizième siècle et tout le dix-septième, vous ne trouverez nulle part ce prurit de morale, qui semble être la démangeaison de nos vices. On riait haut, on parlait de tout, même devant les dames; personne ne croyait qu'il fût nécessaire de surveiller à chaque heure sa propre honnêteté et celle du voisin. On était de braves gens, cela allait de soi. Pour le reste, on aimait la vie et on ne boudait pas contre ce qui vivait.

Est-ce parce que les contes de Perrault sont jugés d'une morale trop élastique que les auteurs du *Chat botté* n'ont pas suivi ce conte à la lettre? Cela est possible. Pour que le conte fût exemplaire aujourd'hui, il faudrait y introduire un honnête prétendant à la main de la jeune princesse, un ingénieur, de mœurs parfaites et ayant conquis tous ses grades dans les concours et les examens; au dénouement, ce serait lui qui, par son mérite, deviendrait le gendre du roi, après avoir confondu ce filou de Chat botté et son marquis d'occasion. Cela ferait pâmer nos demoiselles. Je plaisante, et une colère me prend, à la pensée de ce « comme il faut » littéraire, qui aurait noyé pour un siècle notre littérature, si des esprits entêtés n'avaient résisté. Pauvre chat botté, qui aimera encore ta grâce féline, ta sournoiserie pleine de sauts brusques, ton art de vivre, gros et gras, sur la paresse et sur la sottise humaines? Tu es la vie, et c'est pour cela, heureusement, que tu es éternel.

IV

Si la féerie doit trouver grâce pour la largeur poétique qu'elle pourrait atteindre, l'opérette est une ennemie publique qu'il faut étrangler derrière le trou du souffleur, comme une bête malfaisante.

Elle est, à cette heure, la formule la plus populaire de la sottise française. Son succès est celui des refrains idiots qui couraient autrefois les rues et qui assourdissaient toutes les oreilles, sans qu'on pût savoir d'où ils venaient. Depuis qu'elle règne, ces refrains du passé ont disparu ; elle les remplace, elle fournit des airs aux orgues de Barbarie, elle rend plus intolérables les pianos des femmes honnêtes et des femmes déshonnêtes. Son empire désastreux est devenu tel, que les gens de quelque goût devront finir par s'entendre et par conspirer, pour son extermination.

L'opérette a commencé par être un vaudeville avec couplets. Elle a pris ensuite l'importance d'un petit opéra-bouffe. C'était encore son enfance modeste; elle gaminait, elle se faisait tolérer en prenant peu de place. D'ailleurs, elle ne tirait pas à conséquence, se permettant les farces les plus grosses, désarmant la critique par la folie de ses allures. Mais, peu à peu, elle a grandi, s'est étalée chaque jour davantage, de grenouille est devenue bœuf; et le pis est qu'elle s'est ainsi élargie, sans cesser d'être une parade grossière, d'un grotesque à outrance qui fait songer aux cabanons de Bicêtre.

D'un acte l'opérette s'est enflée jusqu'à cinq actes. Le public, au lieu de s'en tenir à un éclat de rire d'une demi-heure, s'est habitué à ce spasme de démence bête qui dure toute une soirée. Dès lors, en se voyant maîtresse, elle a tout risqué, menant les spectateurs dans son boudoir borgne, prenant d'un entrechat, sur les plus grandes scènes, la place du drame agonisant. Elle a dansé son cancan, en montrant tout ; elle a rendu célèbres des actrices dont le seul talent consistait dans un jeu de gorge et de hanches. Tout le vice de Paris s'est vautré chez elle, et l'on peut nommer les femmes auxquelles une façon de souligner les couplets grivois a donné hôtel et voiture.

Cela ne suffisait point encore. L'opérette a rêvé l'apothéose. M. Offenbach, pendant sa direction à la Gaîté, a exhumé ses anciennes opérettes des Bouffes, entre autres son *Orphée aux enfers*, joué autrefois dans un décor étroit et avec une mise en scène relativement pauvre ; il les a exhumées et transformées en pièces à spectacle, inventant des tableaux nouveaux, grandissant les décors, habillant ses acteurs d'étoffes superbes, donnant pour cadre à la bêtise du dialogue et aux mirlitonnades de la musique tout l'Olympe siégeant dans sa gloire. D'un bond, l'opérette voulait monter à la largeur des grandes féeries lyriques. Elle ne saurait aller plus haut Son incongruité, ses rires niais, ses cabrioles obscènes, sa prose et ses vers écrits pour des portiers en goguette, se sont étalés un instant au milieu d'une splendeur de gala, comme une ordure tombée dans un rayonnement d'astre.

Même elle était montée trop haut, car elle a failli se casser les reins. M. Offenbach n'est plus directeur, et il est à croire qu'aucun théâtre ne risquera à l'avenir deux ou trois cent mille francs pour montrer une petite chanteuse, toute nue, sifflotant une chanson de pie polissonne, sous flamboiement de feux électriques. N'importe, l'opérette a touché le ciel, la leçon est terrible et complète.

Je ne veux pas détailler les méfaits de l'opérette. En

somme, je ne la hais pas en moraliste, je la hais en artiste indigné. Pour moi, son grand crime est de tenir trop de place, de détourner l'attention du public des œuvres graves, d'être un plaisir facile et abêtissant, auquel la foule cède et dont elle sort le goût faussé.

L'ancien vaudeville était préférable. Il gardait au moins une platitude bonne enfant. D'autre part, si l'on entre dans le relatif du métier, il est certain qu'il était moins rare de rencontrer un vaudeville bien fait qu'il ne l'est aujourd'hui de tomber sur une opérette supportable. La cause en est simple. Les auteurs, quand ils avaient une idée drôle, se contentaient de la traiter en un acte, et le plus souvent l'acte était bon, l'intérêt se soutenait jusqu'au bout. Maintenant, il faut que la même idée fournisse trois actes, quelquefois cinq. Alors, fatalement, les auteurs allongent les scènes, délayent le sujet, introduisent des épisodes étrangers ; et l'action se trouve ralentie. C'est ce qui explique pourquoi, généralement, le premier acte des opérettes est amusant, le second plus pâle, le dernier tout à fait vide. Quand même, il faut tenir la soirée entière, pour ne partager la recette avec personne. Et le mot ordinaire des coulisses est que la musique fait tout passer.

M. Offenbach est le grand coupable. Sa musique vive, alerte, douée d'un charme véritable, a fait la fortune de l'opérette. Sans lui, elle n'aurait jamais eu un si absolu triomphe. Il faut ajouter qu'il a été singulièrement secondé par MM. Meilhac et Halévy, dont les livrets resteront comme des modèles. Ils ont créé le genre, avec un grossissement forcé du grotesque, mais en gardant un esprit très parisien et une finesse charmante dans les détails. On peut dire de leurs opérettes qu'elles sont d'amusantes caricatures, qui se haussent parfois jusqu'à la comédie. Quant à leurs imitateurs, que je ne veux pas nommer, ce sont eux qui ont traîné l'opérette à l'égout. Et quels étranges succès, faits d'on ne sait quoi, qui s'allument et qui brûlent comme des traînées de poudre! On peut le définir : la rencontre de la médiocrité facile d'un auteur avec la médiocrité complaisante d'un public. Les mots qui entrent dans toutes les intelligences, les airs qui s'ajustent à toutes les voix, tels sont les éléments dont se composent les engouements populaires.

On nous fait espérer la mort prochaine de l'opérette. C'est, en effet, une affaire de temps, selon les hasards de la mode. Hélas! quand on en sera débarrassé, je crains qu'il ne pousse sur son fumier quelque autre champignon monstrueux, car il faut que la bêtise sorte quand même, comme les boutons de la gale; mais je doute vraiment que nous puissions être affligés d'une démangeaison plus désagréable.

V

Quelle marâtre que la vogue ! Comme elle dévore en quelques années ses enfants gâtés! Le cas de M. Offenbach est fait pour inspirer les réflexions les plus philosophiques.

Songez donc! M. Offenbach a été roi. Il n'y a pas dix ans, il régnait sur les théâtres; les directeurs à genoux, lui offraient des primes sur des plats d'argent; la chronique, chaque matin, lui tressait des couronnes. On ne pouvait ouvrir un journal sans tomber sur des indiscrétions relatives aux œuvres qu'il préparait, à ce qu'il avait mangé à son déjeuner et à ce qu'il mangerait le soir à son dîner. Et j'avoue que cet engouement me semblait explicable, car M. Offenbach avait créé un genre ; il menait avec ses flonflons toute la danse d'une époque qui aimait à danser. Il a été et il restera une date dans l'histoire de notre société.

Il y a dix ans ! et, bon Dieu ! comme les temps sont changés ! Il faut se souvenir que ce fut lui qui conduisit le cancan de l'Exposition universelle de 1867. Dans tous les théâtres, on jouait de sa musique. Les princes et les rois venaient en partie fine à son bastringue. Plus d'une Altesse, que ses turlututus grisaient, fit cascader la vertu de ses chanteuses. Son archet donnait le branle à ce monde galant, qui l'appelait « maître ». Maître n'était pas assez, il passait au rang de dieu. Comme le Savoyard qui fait sauter du pied ses pantins enfilés dans un bout de corde, il a dû avoir de belles jouissances d'amour-propre, lui qui faisait sauter, nez contre nez, ventre contre ventre, des princes et des filles.

Et voilà qu'aujourd'hui le dieu est par terre. Nous avons encore une Exposition universelle ; mais d'autres amuseurs ont pris le pavé. Toute une poussée nouvelle de maîtres aimables se sont emparés des théâtres, si bien que l'ancêtre, le dieu de la sauterie, a dû rester dans sa niche, solitaire, rêvant amèrement à l'ingratitude humaine. A la Renaissance, le *Petit Duc ;* aux Folies-Dramatiques, les *Cloches de Corneville ;* aux Variétés, *Niniche ;* aux Bouffes, clôture ; et c'est certainement cette clôture qui a été le coup le plus rude pour M. Offenbach. Les Bouffes fermant pendant une Exposition universelle, les Bouffes qui ont été le berceau de M. Offenbach! n'est-ce pas l'aveu brutal que son répertoire, si considérable, n'attire plus le public et ne fait plus d'argent?

La chute est si douloureuse que certains journaux ont eu pitié. Dans ces deux derniers mois, j'ai lu à plusieurs reprises des notes désolées. On s'étonnait avec indignation que M. Offenbach fût ainsi jeté de côté comme une chemise sale. On rappelait les services qu'il a rendus à la joie publique, on conjurait les directeurs de reprendre au moins une de ses pièces, à titre de consolation. Les directeurs faisaient la sourde oreille. Enfin, il s'en est trouvé un, M. Weinschenck, qui a bien voulu se dévouer. Il vient de remonter à la Gaîté *Orphée aux Enfers*. J'ignore si l'affaire est bonne; mais M. Weinschenck aura tout au moins fait une bonne action. Le principe des turlututus est sauvé, il ne sera pas dit qu'il y aura eu une Exposition universelle sans la musique de M. Offenbach.

Certes, je n'aime point à frapper les gens à terre. J'avoue même que je suis pris d'attendrissement et d'intérêt pour M. Offenbach, maintenant que la vogue l'abandonne. Autrefois, il m'irritait; les succès menteurs m'ont toujours mis hors de moi. Voilà donc la justice qui arrive pour lui, et c'est une terrible chose pour un artiste que cette justice, lorsqu'il est encore vivant et qu'il assiste à sa déchéance. Le public est un enfant gâté qui brise ses jouets, quand ils ont cessé de l'amuser. On est devenu vieux, on a fait le rêve d'une longue gloire, aveuglé sur sa propre valeur par les fumées de l'encens le plus grossier, et un jour tout croule, la gloire est un tas de boue, on se voit enterré avant d'être mort. Je ne connais pas de vieillesse plus abominable.

Puisque je suis tourné à la morale, je tirerai une conclusion de cette aventure. Le succès est méprisable, j'entends ce succès de vogue qui met les refrains d'un homme dans la bouche de tout un peuple. Être seul, travailler seul, il n'y a pas de meilleure hygiène pour un producteur. On crée alors des œuvres voulues, des œuvres où l'on se met tout entier ; dans les premiers temps, ces œuvres peuvent avoir une saveur amère pour le public, mais il s'y fait, il finit par les goûter. Alors, c'est une admiration solide, une tendresse qui grandit à chaque génération. Il arrive que les œuvres, si applaudies dans l'éclat fragile de leur nouveauté, ne durent que quelques printemps, tandis que les œuvres rudes, dédaignées à leur apparition, ont pour elles l'immortalité. Je crois inutile de donner des exemples.

Je dirai aux jeunes gens, à ceux qui débutent, de tolérer avec patience les succès volés dont l'injustice les écrase. Que de garçons, sentant en eux le grondement d'une personnalité, restent des heures, pâles et découragés, en face du triomphe de quelque auteur médiocre ! Ils se sentent supérieurs, et ils ne peuvent arriver à la publicité, toutes les voies étant bouchées par l'engouement du public. Eh bien ! qu'ils travaillent et qu'ils attendent ! Il faut travailler, travailler beaucoup, tout est là ; quant au succès, il vient toujours trop vite, car il est un mauvais conseiller, un lit doré où l'on cède aux lâchetés.

Jamais on ne se porte mieux intellectuellement que lorsqu'on lutte. On se surveille, on se tient ferme, on demande à son talent le plus grand effort possible, sachant que personne n'aura pour vous une complaisance. C'est dans ces périodes de combat, quand on vous nie et qu'on veut affirmer son existence, c'est alors qu'on produit les œuvres les plus fortes et plus intenses. Si la vogue vient, c'est un grand danger; elle amollit et ôte l'âpreté de la touche.

Il n'y a donc pas, pour un artiste, une plus belle vie que vingt ou trente années de lutte, se terminant par un triomphe, quand la vieillesse est venue. On a conquis le public peu à peu, on s'en va dans sa gloire, certain de la solidité du monument que l'on laisse. Autour de soi, on a vu tomber les réputations de carton, les succès officiels. C'est une grande consolation que de se dire, dans toutes les misères, que la vogue est passagère et qu'en somme, quelles que soient les légèretés et les injustices du public, une heure vient où seules les grandes œuvres restent debout. Malheur à ceux qui réussissent trop, telle est la morale du cas de M. Offenbach!

LES REPRISES

I

C'est avec une profonde stupeur que j'ai écouté *Chatterton*, le drame en trois actes d'Alfred de Vigny, dont la Comédie-Française a eu l'étrange idée de tenter une reprise. La pièce date de 1835, et les quarante-deux années qui nous séparent de la première représentation semblent la reculer au fond des âges.

Dans quel singulier état psychologique était donc la génération d'alors, pour applaudir une pareille œuvre? Nous ne comprenons plus, nous restons béants devant ce poème des âmes incomprises et du suicide final. Chatterton, on ne sait trop pourquoi, traqué par ses créanciers peut-être, mais cédant aussi à la passion de la solitude, s'est réfugié chez un riche manufacturier, John Bell, qui lui loue une chambre.

Ce John Bel, un brutal, tyrannise sa femme, l'honnête et résignée Ketty. Et toute la situation dramatique se trouve dans l'amour discret et pur du poète et de la jeune femme, amour dont l'aveu ne leur échappe qu'à l'heure suprême, lorsque Chatterton, écrasé par la société, voulant se reposer dans la mort, vient d'avaler un flacon d'opium.

Pour comprendre cette étonnante figure de Chatterton, il faut avant tout reconstruire l'idée parfaite du poète, telle que la génération de 1830 l'imaginait. Le poète était un pontife et la poésie un sacerdoce. Il officiait au-dessus de l'humanité, qui avait le devoir de l'adorer à genoux. C'était un messie traversant les foules, avec une étoile au front, remplissant une fonction sacrée, dont tout l'or de la terre n'aurait pu le payer. Ajoutez que le poète devait être un personnage fatal, un fils de René, de Manfred et de tous les grands mélancoliques, portant un orage dans sa tête pâle, expiant la passion humaine par une blessure toujours ouverte à son flanc. Il était beau et providentiel, il montait son calvaire au milieu des huées, pur comme un ange et sombre comme un bandit. Un cabotin sublime, en un mot.

L'idéal du genre a été le Chatterton, d'Alfred de Vigny. Quand on voudra connaître la caricature superbe du poète de 1830, il faudra étudier ce personnage navrant et comique. Il n'est pas un des panaches du temps que Chatterton ne se plante sur la tête. Il les a tous, il semble avoir fait la gageure d'épuiser le ridicule et l'odieux. Il chante la solitude, il maudit la société, il traîne à dix-huit ans un cœur las et désabusé, il a des bottes molles, il se tord les bras à l'idée de faire des vers pour les vendre, il passe la nuit à gesticuler et à embrasser le portrait de son père en cheveux blancs, il se tue enfin par monomanie, uniquement pour attraper la société. Chatterton est un polisson, voilà mon avis tout net.

Qu'on fasse des bonshommes en carton, et qu'ils soient drôles, passe encore ! cela ne tire pas à conséquence. Mais qu'on vienne troubler et empoisonner les volontés jeunes avec ce fantoche funèbre, avec ce pantin aussi faux que dangereux, voilà ce qui soulève en moi toute ma virilité ! Le poète est un travailleur comme un autre. Dans le combat de la vie, s'il triomphe, tant mieux ! s'il tombe, c'est sa faute ! La société ne doit pas plus d'aide et de pitié au poète qu'elle n'en doit au boulanger et au forgeron. Il n'y a pas de pontife, il n'y a que des hommes, et l'énergie fait aussi bien partie du talent que le don des vers. Le génie est toujours fort.

Comment ! on vient nous parler de mort, au seuil de ce siècle ! Nous revivons, nous entrons dans un âge d'activité colossale, nous sommes tous pris d'un besoin furieux d'action, et il y a là un pleurard, un polisson qui se tue et qui tue par là même la femme dont il a troublé la cervelle. Mais c'est un double meurtre, c'est une lâcheté et une infamie ! Que dirait-on d'un soldat qui, en face de l'ennemi, se déchargerait son fusil dans la tête ? La nouvelle génération littéraire n'a qu'à pousser dédaigneusement du pied le cadavre de Chatterton, pour passer et aller à l'avenir.

D'ailleurs, c'était là une pose, pas davantage. La vanité était grande, en 1830 ; et, naturellement, les poètes se taillaient eux-mêmes le rôle qu'il leur plaisait de jouer. La mode était au dégoût de la vie, au mépris de l'argent, aux invectives contre la société ; mais, en somme, les poètes — et je parle des plus grands — faisaient très bon ménage avec tout cela. Malgré leur désespérance et leur amour de la mort, ces messieurs ont presque tous vécu très vieux ; en outre, leur mépris de l'argent n'est pas allé jusqu'à leur faire refuser les sommes énormes qu'ils ont gagnées, et ils se sont très bien accommodés de la société, qui les a comblés d'honneurs et d'argent. Tous blagueurs!

J'ai entendu défendre Chatterton d'une façon bien hypocrite. Oui sans doute, dit-on, le personnage est démodé, mais quel temps regrettable il rappelle! En ce temps-là, on croyait à l'âme, on était plein d'élan, on aspirait en haut, on élargissait l'horizon de la foi et de la poésie. Quelle plaisanterie énorme! La vérité est que le mouvement de 1830 a été superbe comme mise en scène. Si l'on gratte les personnages factices, on reste stupéfait en arrivant aux hommes vrais. Ils ne valaient pas plus que nous, soyez-en sûrs ; même beaucoup valaient moins. Il y a eu bien de la vilenie derrière cette pompe. Qu'on ne nous force pas à des comparaisons, car nous répondrions avec sévérité. Nous autres, nous croyons à la vérité, nous sommes pleins de courage et de force, nous aspirons à la science, nous élargissons l'enquête humaine, sur laquelle seront basées les lois de demain. Eux autres, ils nient le présent, que nous affirmons. De quel côté sont la virilité et l'espoir? Et qu'on attende : aux œuvres, on mesurera les ouvriers!

Certes, le romantisme est bien mort. Je n'en veux pour preuve que l'attitude stupéfiée des spectateurs, l'autre soir, à la Comédie-Française. Pendant les deux premiers actes surtout, on se regardait, on se tâtait. Chatterton faisait l'effet d'un habitant de la lune tombé parmi nous. Que voulait donc ce monsieur, qui se désespérait, sans qu'on sût pourquoi, et qui se fâchait de tirer de son travail un gain légitime ? Le quaker paraissait tout aussi surprenant. Étrange, ce quaker qui lâche, sans crier gare, des maximes à se faire immédiatement sauter la cervelle ! Pourquoi diable se promène-t-il là dedans ! Quant à John Bell, le tyran, le mari implacable, il est certainement le seul personnage sympathique de la pièce. Au moins celui-là travaille, et il apparaît comme un sage au milieu de tous les fous qui l'entourent.

On s'extasie beaucoup sur la figure de Ketty Bell. C'est une des créations les plus pures, dit-on, qui soient dans notre théâtre. Je le veux bien. Mais ce personnage est un personnage négatif ; j'entends que la pureté, la résignation, la tendresse discrète de Ketty sont obtenues par un effacement continu. Jusqu'au dernier acte, elle n'a pas une scène en relief. C'est une déclamation à vide sans arrêt. Elle n'agit pas, elle se raidit dans une attitude. Le personnage, dans ces conditions, devient une simple silhouette et ne demandait pas un grand effort de talent.

Le drame, d'ailleurs, est la négation du théâtre, tel qu'on l'entend aujourd'hui. Il ne contient pas une seule situation. C'est une élégie en quatre tableaux. Les deux premiers actes sont complètement vides. On a, dans la salle, l'impression de la nudité de l'œuvre, maintenant qu'elle n'est plus échauffée par les phrases démodées qui passionnaient autrefois. Le premier tableau du troisième acte, long monologue de Chatterton dans sa mansarde, est peut-être ce qui a le plus vieilli. Rien d'incroyable comme ce poète, déclamant au lieu de travailler, et déclamant les choses les plus inacceptables du monde. Enfin, le tableau du dénouement est le seul qui reste dramatique. Un garçon qui s'empoisonne, une femme qui meurt de la mort de l'homme qu'elle aime, cela remuera toujours une salle.

L'avouerai-je? ma préoccupation, ma seule et grande préoccupation, pendant la soirée, a été le fameux escalier. Et je suis sorti avec la conviction que cet escalier est le personnage important du drame. Remarquez quel en est le succès. Au premier acte, quand Chatterton apparaît en haut de l'escalier et qu'il le descend, son entrée fait beaucoup plus d'effet que s'il poussait simplement une porte sur la scène. Au second acte, quand les enfants de Ketty Bell montent des fruits au pauvre poète, c'est une joie dans la salle de voir les petites jambes des deux adorables gamins se hisser sur chaque marche; encore l'escalier. Enfin, au quatrième acte, le rôle de l'escalier devient tout à fait décisif. C'est au pied de l'escalier que l'aveu de Chatterton et de Ketty a lieu, et c'est par dessus la rampe qu'ils échangent un baiser. L'agonie de Chatterton empoisonné est d'autant plus effrayante qu'il gravit l'escalier, en se traînant. Ensuite Ketty monte presque sur les genoux, elle entr'ouvre la porte du jeune homme, le voit mourir, et se renverse en arrière, glissant le long de la rampe, venant tourner et s'abattre à l'avant-scène. L'escalier, toujours l'escalier.

Admettez un instant que l'escalier n'existe pas, faites jouer tout cela à plat, et demandez-vous ce que deviendra l'effet. L'effet diminuera de moitié, la pièce perdra le peu de vie qui lui reste. Voyez-vous Ketty Bell ouvrant une porte au fond et reculant? Ce serait fort maigre. Voilà donc l'accessoire élevé au rôle de personnage principal. Et je pensais au cerisier vrai qui porte de vraies cerises, dans l'*Ami Fritz*. L'a-t-on assez foudroyé, ce cerisier! La Comédie-Française s'était déshonorée en le plantant sur ses planches. La profanation était dans le temple. Mais il me semble, à moi, que la profanation y était depuis quarante-deux ans, car l'escalier sort tout à fait de la tradition.

Je dirai même que cet escalier n'est pas excusable, au point de vue des théories théâtrales. Il n'est nécessité par rien dans la pièce, il n'est là que pour le pittoresque. Pas une phrase du drame ne parle de lui, aucune indication de l'auteur ne le rappelle. Au contraire, dans l'*Ami Fritz*, le cerisier a son rôle marqué; il donne un épisode charmant. On raconte que l'escalier est une invention, une trouvaille de madame Dorval. Cette grande artiste, qui avait certainement le sens dramatique très développé, avait dû très bien sentir la pauvreté scénique de *Chatterton;* elle ne savait comment dramatiser cette élégie monotone. Alors, sans doute, elle eut une inspiration, elle imagina l'escalier; et j'ajoute qu'un esprit rompu aux effets scéniques pouvait seul inventer un accessoire dont le succès a été si prodigieux. A mon point de vue, c'est l'escalier qui joue le rôle le plus réel et le plus vivant dans le drame.

Certes, le drame est très purement écrit. Mais cela ne me désarme pas. Cette langue correcte est aussi factice que les personnages. On n'y sent pas un instant la vibration d'un sentiment vrai. Il y a deux ou trois cris qui sont beaux ; le reste n'est que de la rhétorique, et de la rhétorique dangereuse et ennuyeuse. Le public a formidablement bâillé.

Je remercie cependant la Comédie-Française d'avoir remonté *Chatterton*. J'estime qu'on rend un grand service à notre génération littéraire, en lui montrant le vide des succès romantiques d'autrefois. Que tous les drames vieillis de 1840 défilent tour à tour, et que les jeunes écrivains sachent de quels mensonges ils sont faits. Voilà les guenilles d'il y a quarante ans, tâchez de ne plus recommencer un pareil carnaval, et n'ayez qu'une passion, la vérité. Celle-là ne vous ménagera aucun mécompte ; on ne rira, on ne bâillera jamais devant elle, parce qu'elle est toujours la vérité, celle qui existe.

II

Le théâtre de la Porte-Saint-Martin, auquel appartient la propriété du répertoire de Casimir Delavigne, paraît user de cette propriété avec la plus grande prudence. Il attend l'été, les lourdes chaleurs, qui vident toutes les salles, pour hasarder un drame en vers, bien convaincu que les recettes sont compromises à l'avance et que la prose elle-même devient d'une digestion impossible. Casimir Delavigne est simplement là pour boucher un trou, entre une pièce à spectacle, comme le *Tour du monde en 80 jours*, et un mélodrame populaire, comme les *Deux orphelines*.

Et telle est, au bout de trente ans, la gloire d'un poète acclamé, d'un académicien, d'une personnalité littéraire, considérable en son temps, qui a contrebalancé autrefois les succès de Victor Hugo! Il y a là matière à de sages réflexions. On se demande où l'on jouera dans trente ans les pièces applaudies cette année sur nos grandes scènes, signées de noms retentissants, déclarées de purs chefs-d'œuvre par la bourgeoisie qui tient à suivre la mode. Évidemment, on les jouera l'été, sur des planches encanaillées par les féeries et les pièces militaires; et les banquettes elles-mêmes bâilleront.

J'estime qu'on est bien sévère pour Casimir Delavigne. Autour de moi, pendant la représentation de *Louis XI,* j'ai entendu des ricanements, des plaisanteries, toute une « blague » préméditée Vraiment, des critiques, qui ont discuté sérieusement et sans se fâcher les *Danicheff* et l'*Étrangère,* des écrivains qui trouvent du génie à M. Dumas fils et qui lui accordent en outre de l'esprit, sont singulièrement mal venus de traiter avec cette légèreté une œuvre de grand mérite, dont certaines parties sont fort belles en somme. Il n'y a pas aujourd'hui un seul de nos auteurs dramatiques qui pourrait composer un acte aussi large que le quatrième acte de *Louis XI.*

Certes, la tragédie classique est morte, le drame romantique est mort. Qu'ils reposent en paix, ce n'est pas moi qui demanderai leur résurrection! Casimir Delavigne a, dans notre histoire littéraire, une situation d'autant plus fâcheuse, qu'il a voulu rester en équilibre entre les deux formules, demeurer le petit-neveu de Racine et devenir le filleul de Shakespeare. Le génie ne s'accommode jamais de ces arrangements; il est extrême et entier. Tout concilier, croire qu'on atteindra la perfection en prenant à chaque école ses meilleurs préceptes, conduit droit au simple talent, et même au très petit talent. Un tempérament d'écrivain original ne choisit pas ; il crée, il marche à l'intensité la plus grande possible des notes personnelles qu'il apporte. Mais si Casimir Delavigne nous apparaît aujourd'hui ce qu'il est réellement, un arrangeur habile, un esprit souple et intelligent, il n'en est pas moins d'une étude intéressante et il n'en reste pas moins très supérieur aux arrangeurs de notre époque.

Et voyez l'aventure, ce qui fait sourire maintenant dans ses œuvres, ce sont justement la rhétorique classique et la rhétorique romantique, tout le clinquant littéraire des modes d'autrefois. Les vers, par moment, sont abominablement plats, alourdis de périphrases, d'une banalité de mauvaise prose; là est l'apport classique. Quant à l'apport romantique, il est aussi fâcheux, il consiste dans la stupéfiante façon de présenter l'histoire et dans l'étalage grotesque des guenilles du moyen âge. Rien ne me paraît comique comme les romantiques impénitents d'aujourd'hui, qui ricanent à une reprise de *Louis XI*. Eh! bonnes gens, ce sont justement les panaches et les mensonges en pourpoint abricot de 1830, qui ont vieilli et qui gâtent l'œuvre à cette heure!

Je ne parle pas des anachronismes qui font de *Louis XI* le plus singulier cours d'histoire qu'on puisse imaginer ; il est entendu que l'anachronisme est une licence nécessaire, sans laquelle toute composition dramatique se trouverait entravée. Mais je parle de la grande vérité humaine, de la vérité des caractères. Le Louis XI de Casimir Delavigne, assassin, fou, lugubre, est une figure ridicule, si on le compare au véritable Louis XI, que la critique historique moderne a su enfin dégager des brouillards sanglants de la légende. Il est vu à la manière romantique, une manière noire, avec des clairs de lune par derrière, éclairant des gibets, avec des donjons et des tourelles, des ferrailles et des poignards, tout un tra la la de grand opéra. La vérité se trouve à chaque scène sacrifiée à l'effet, les personnages ne sont plus que des pantins qui montent sur des échasses pour paraître des colosses. C'est ainsi que Casimir Delavigne a transformé en un héros de ballade le grand roi si énergique et si habile qui travailla un des premiers à la France actuelle.

Nous sommes ici dans la question grave, dans le mouvement fatal de science qui doit peu à peu influer sur notre théâtre et le renouveler. Pendant que le romantisme combattait pour la liberté des lettres et substituait fâcheusement une rhétorique à une rhétorique, il ne s'apercevait pas que, parallèlement à lui, les sciences critiques marchaient et devaient un jour le dépasser et le vaincre, comme il venait de vaincre l'esprit classique. Il a conquis la liberté de tout écrire, rien de moins, rien de plus; il a été une insurrection nécessaire. On peut indiquer ainsi les trois phases : règne classique, épuisement de la langue, immobilité des formules, mort lente des lettres ; règne romantique, révolution dans les mots, déclaration des droits illimités de l'écrivain, bataille des opinions et fondation d'une nouvelle Église ; règne naturaliste, plus d'Église d'aucune sorte, création d'une méthode, enquête universelle à la seule clarté de la vérité.

Ce qui rend aujourd'hui certaines œuvres romantiques presque comiques, ce qui fait que la jeune génération les trouve si vieilles et ne peut les lire sans un sourire, c'est que la critique a marché, que l'histoire vraie commence à se dégager des documents, que nous nous sommes mis à étudier l'homme et à en connaître les ressorts. Interrogez les jeunes gens de vingt-cinq ans, demandez-leur ce qu'ils pensent des plus grands poètes romantiques, ils vous répondront que la lecture leur en est devenue impossible et qu'ils sont obligés de se rejeter sur Stendhal et Balzac ; car ce qu'ils cherchent, avant tout, c'est la science exacte de l'homme. Cela est un symptôme décisif. Evidemment, pour tout esprit juste, le mouvement naturaliste s'acccentue, le besoin de méthode s'est propagé des sciences à la littérature ; on ne peut plus mentir, sous peine de n'être pas écouté.

J'insiste, on ne doit pas chercher ailleurs les causes de la mort du drame. L'esprit moderne, façonné à la vérité, ne tolère plus au théâtre, même à son insu, les contes à dormir debout qui amusaient nos pères. Certes, le drame historique peut renaître, mais il faudra qu'il soit vrai, qu'il ressuscite l'histoire et ne la mette pas en complainte pour les petits et les grands enfants. Dès qu'un auteur dramatique se dégage des draperies de convention et pousse un cri de vérité humaine, un frémissement passionne la salle. Le trait restera éternel, on l'applaudira toujours, en dehors des modes littéraires.

La représentation de *Louis XI* à la Porte-Saint-Martin a été caractéristique. Rien n'est long et pénible comme les trois premiers actes. Casimir Delavigne les a employés à peindre un Louis XI légendaire, une figure sombre dans laquelle la cruauté domine, malgré les touches familières et comiques. Je ne parle pas de la fable romanesque, de ce Nemours dont le père a été assassiné sur l'ordre de Louis XI, et qui revient à la cour comme ambassadeur de Charles le Téméraire, avec des pensées de vengeance. Cette fable, compliquée des tendresses de Nemours et de Marie de Comines, n'a d'autre intérêt que de ménager une belle scène au quatrième acte. Les personnages entrent, disent ce qu'ils ont à dire, puis s'en vont. On ne peut guère détacher que la scène où Louis XI vient assister aux danses des paysans et la scène dans laquelle Nemours, accomplissant sa mission, jette aux pieds du roi son gant, que le dauphin relève.

Mais, je l'ai dit, le quatrième acte garde encore aujourd'hui une belle largeur. Louis XI se traînant aux genoux de François de Paule, le suppliant de prolonger son existence par un miracle, puis confessant ses crimes ; et ensuite Nemours apparaissant un poignard à la main, tenant le roi grelottant de peur, lui laissant la vie comme vengeance : ce sont là des situations superbes et profondes qui ont de l'au delà. Même les vers prennent plus de concision et de force, s'élèvent, sinon à la poésie, du moins à la correction et à la netteté. Il faut citer encore la mort de Louis XI, au cinquième acte, l'épisode emprunté à Shakespeare du roi agonisant qui voit le dauphin, la couronne sur la tête, jouer déjà son rôle royal.

III

Je parlerai de deux reprises, celles de la *Tour de Nesle* et du *Chandelier*, qui me paraissent soulever d'intéressantes réflexions, au point de vue de la philosophie théâtrale.

L'Ambigu, éprouvé par une longue suite de désastres, a eu l'excellente idée de rouvrir ses portes en jouant la *Tour de Nesle*, dont le succès est toujours certain. La fortune de ce drame est d'être une pièce typique, contenant la formule la plus complète d'une forme dramatique particulière. En littérature, aussi bien au théâtre que dans le roman, l'œuvre qui reste est l'œuvre intense que l'écrivain a poussé le plus loin possible dans un sens donné. Elle demeure un patron, la manifestation absolue d'un certain art à une certaine époque.

Que l'on songe au mélodrame de 1830, et aussitôt l'idée de la *Tour de Nesle* vient à l'esprit. Elle est encore à cette heure le modèle indiscuté d'une forme dramatique qui s'est imposée pendant de longues années ; et même aujourd'hui que cette forme est usée, la pièce conserve presque toute sa puissance sur la foule. Telle est, je le répète, la fortune des œuvres typiques.

La formule que représente la *Tour de Nesle* est une des plus caractéristiques dans notre histoire littéraire. On pourrait dire qu'elle exprime le romantisme intransigeant et radical. Je ne connais pas de réaction plus violente contre notre théâtre classique, immobilisé dans l'analyse des sentiments et des passions. Le théâtre de Victor Hugo laisse encore des coins aux développements analytiques des personnages. Mais le théâtre de MM. Dumas et Gaillardet coupe carrément toutes ces choses inutiles et s'en tient d'une façon stricte aux faits, à l'intrigue nouée de la façon la plus puissante, sans avoir le moindre égard à la vraisemblance et aux documents humains.

En somme, cette formule peut se réduire à ceci : poser en principe que seul le mouvement existe ; faire ensuite des personnages de simples pièces d'échec, impersonnelles et taillées sur un patron convenu, dont l'auteur usera à son gré ; combiner alors l'armée de ces personnages de bois de façon à tirer de la bataille le plus grand effet possible ; et aller carrément à cette besogne, ne pas faire la petite bouche devant les mensonges monstrueux, agir seulement en vue du résultat final, qui est d'étourdir le public par une série de coups de théâtre, sans lui laisser le temps de protester.

On connaît le résultat. Il est réellement foudroyant. Le public suit la terrible partie avec une émotion qui augmente à chaque tableau. Ce spectacle tout physique le prend aux nerfs et au sang, le secoue comme sous les décharges successives d'une machine électrique. Une fois engagé dans l'engrenage de cet art purement mécanique, s'il a livré le bout du doigt au prologue, il faut qu'il laisse le corps entier au dernier acte. La langue étrange que parlent les personnages, les situations stupéfiantes de fausseté et de drôlerie, rien n'importe plus. On assiste à la pièce, comme on lit un de ces romans-feuilletons dont les péripéties vous empoignent et vous brisent, à ce point qu'on ne peut s'en arracher, même lorsqu'on en sent toute l'imbécillité.

Mais qu'arrive-t-il quand on a terminé la lecture d'une telle œuvre ? On jette le roman, dégoûté et furieux contre soi-même. Quoi ! on a pu perdre son temps dans cette fièvre de curiosité malsaine ! On s'essuie la face comme un joueur qui s'échappe d'un tripot. Et, au théâtre, la sensation est la même. Interrogez le public qui sort, par exemple, d'une représentation de la *Tour de Nesle*. Sans doute, la soirée a été remplie, et tout ce monde s'est passionné. Mais, au fond de chacun, il y a un grand vide, de la lassitude et de la répugnance. Les plus grossiers sentent un malaise, comme après une partie de cartes trop prolongée. Rien n'a parlé à l'intelligence, aucun document nouveau n'a été fourni sur la nature et sur l'humanité.

J'ai appelé cet art un art mécanique. Je ne saurais le définir plus exactement. Tout y est ramené à la confection d'une machine, dont les pièces s'emboîtent d'une façon mathématique. Le chef-d'œuvre du genre sera le drame où les personnages, réduits à l'état de rouages, n'auront plus en eux aucune humanité et garderont le seul mouvement qui conviendra à la poussée de l'ensemble. Ils ne parleront plus, ils lanceront uniquement le mot nécessaire. Ils seront là, non pour vivre, mais pour résumer des situations. On les aplatira, on les allongera, on fera d'eux du zinc ou de la chair à pâté, selon les besoins. Et les gens du métier s'extasient. Quelle facture! quelle entente du théâtre! quel génie!

Vraiment, il faudrait s'entendre. Cet enthousiasme pour un art très inférieur en somme me paraît malsain. Certes, je ne songe pas à nier la puissance toute physique du mélodrame romantique. Mais vouloir faire de cette formule la formule de notre théâtre national, dire d'une façon absolue : « Le théâtre est là, » c'est pousser un peu loin l'amour de la mécanique dramatique. Non, certes, le théâtre n'est pas là : il est où sont Eschyle, Shakespeare, Corneille et

Molière, dans les larges et vivantes peintures de l'humanité. On ne veut pas comprendre que nous pataugeons aujourd'hui dans la boue des intrigues compliquées. Notre théâtre se relèvera le jour où l'analyse reprendra sa large place, où le personnage, au lieu d'être écrasé et de disparaître sous les faits, dominera l'action et la mènera.

Quel critique dramatique oserait dire à un débutant : « Lisez la *Tour de Nesle* », lorsqu'il peut lui dire : « Lisez *Tartufe*, lisez *Hamlet*. » Ce qui m'irrite, c'est cette passion du succès brutal et immédiat, c'est cette odieuse cuisine qui cache jusqu'à la vue des chefs-d'œuvre. On fait du théâtre une simple affaire de poncifs, lorsque les littératures des peuples sont là pour témoigner qu'il n'y a pas d'absolu dans l'art dramatique et que le talent peut tout y inventer. Chaque fois qu'on voudra vous enfermer dans un code en déclarant : « Ceci est du théâtre, ceci n'est pas du théâtre, » répondez carrément : « Le théâtre n'existe pas, il y a des théâtres, et je cherche le mien. »

Mais je trouve surtout, dans la *Tour de Nesle*, de bien curieuses remarques à faire au sujet de la moralité de la pièce. Vous savez quel rôle on fait jouer aujourd'hui à la moralité. Il faut qu'un drame soit moral, sans quoi il est foudroyé par les critiques vertueux. Or, il y a, dans la *Tour de Nesle*, le plus incroyable entassement d'infamies qu'on puisse rêver. Cela atteint presque à l'horreur des tragédies grecques. Je ne parle pas de ce passe-temps que prend une reine de France, à noyer tous les matins ses amants d'une nuit. Simple peccadille, lorsque l'on songe que la reine en question a fait assassiner son père et s'oublie dans les bras de ses fils. Eh bien ! toutes ces abominations sont parfaitement tolérées par le public. C'est à peine si les critiques réactionnaires osent réclamer, pour le principe.

Habileté suprême du génie, disent les enthousiastes. Il fallait MM. Dumas et Gaillardet pour déguiser ainsi l'ordure. Vraiment ! J'imagine, moi, que le bois dont ils ont fabriqué leurs bonshommes, les a singulièrement servis en cette affaire. Comment voulez-vous qu'on se fâche contre des pantins ? Il est trop visible que ce ne sont pas là des êtres vivants, mais de purs mannequins allant et venant au gré des combinaisons scéniques. Le mouvement n'est pas la vie. Puis, toute cette histoire reste dans la légende. Au fond, il s'agit d'un conte pareil à celui du *Petit Poucet*, et personne ne s'est jamais avisé de trouver l'ogre immoral. Marguerite de Bourgogne, se vautrant dans le meurtre et la débauche, fait simplement son métier de monstre en carton. Elle peut épouvanter une minute l'imagination des spectateurs ; mais, dès qu'elle est rentrée dans la coulisse, elle n'est plus, elle n'a même pas la réalité d'une fiction logiquement déduite.

Voilà ce qui explique pourquoi les horreurs des drames romantiques ne blessent personne : c'est qu'on ne sent pas l'humanité engagée dans l'affaire, tellement les coquins et les coquines y sont hors de toute réalité. Si MM. Dumas et Gaillardet avaient mis debout une Marguerite de Bourgogne en chair et en os, au lieu de cette étrange reine de France qui court si drôlement le guilledou, vous entendriez les protestations indignées de la salle. J'ose même dire que plus ils ont chargé cette figure de crimes, et plus ils l'ont rendue acceptable. Au delà d'une certaine limite, lorsqu'il entre dans la fable, le mal est un plaisir dont la foule se régale. Mettez une bourgeoise qui trompe son mari un peu crûment, le public se fâchera, parce qu'il sentira que cela est vrai.

Un hasard a voulu que la Comédie-Française eût repris le *Chandelier*, juste une semaine avant la reprise de la *Tour de Nesle*. Eh bien ! l'adorable comédie d'Alfred de Musset a été froidement écoutée. Cela est un fait, et la critique, pour l'expliquer, a dû s'en prendre à la nouvelle distribution. On a trouvé Clavaroche insupportable de brutalité et de fatuité soldatesques. Fortunio a paru sournois et vicieux. Quant à Jacqueline, elle est sûrement une gredine de la pire espèce ; elle se donne sans amour, elle se prête à un jeu cruel et finit par changer d'amant comme on change de chemise. Quels personnages ! quelles mœurs !

Ah ! vraiment, c'est à faire saigner le cœur des honnêtes écrivains, ce public froid et scandalisé, qui affecte de ne pas comprendre ! Quoi de plus profondément humain que cette histoire, dont on trouverait les éléments dans notre vieille et franche littérature ! Une femme qui trompe son mari, qui abrite ses amours derrière la tendresse tremblante d'un petit clerc, et qui est vaincue à la fin par tant de jeunesse, de dévouement et de désespoir : n'est-ce pas le drame de la passion elle-même, avec une fraîcheur de printemps exquise? Musset n'a jamais été plus railleur ni plus tendre ; il a touché là le fond des cœurs. Son œuvre a le frisson de la vie, le charme d'une analyse de poète. Chaque scène ouvre un monde. On ne sort pas du théâtre l'âme et la tête vides, car on emporte un coin d'humanité avec soi, sur lequel on peut rêver indéfiniment.

Mais je n'ai point à louer le *Chandelier*. Je désire seulement poser côte à côte Marguerite de Bourgogne et Jacqueline. Auprès de la reine parricide et incestueuse, mettez la bourgeoise qui trompe simplement son mari, et demandez-vous pourquoi la seconde révolte une salle, tandis que la première fait le régal du public. C'est que Jacqueline n'est pas en carton, c'est qu'elle est la femme tout entière. On la sent vivre dans ses froides coquetteries, dans la façon dont elle joue de son mari, surtout dans cet éclat de passion qui l'anime et la transfigure au dénouement. Elle vit : dès lors, elle est indécente. Voilà ce que je voulais démontrer.

Que la *Tour de Nesle* reste dans notre musée dramatique, comme l'expression curieuse de l'art d'une époque, je l'accorde volontiers. Mais que l'on dise aux jeunes auteurs : « Faites-nous des *Tour de Nesle*, » c'est ce que je me permets de trouver très fâcheux. Certes, il n'est pas un écrivain qui ne préférerait avoir fait le *Chandelier*. Cette comédie peut manquer complètement de mécanique dramatique, elle n'en a pas moins l'éternelle jeunesse ; elle vivra toujours, aussi fraîche, lorsque la *Tour de Nesle* sera, depuis longtemps, mangée par la poussière des cartons. A quoi sert donc la fameuse mécanique, que l'on prétend si faussement indispensable, puisqu'elle ne peut pas faire vivre une pièce et qu'une pièce peut vivre sans elle ? Le théâtre est libre.

IV

On tolère toujours une reprise; si certaines scènes ont vieilli, si l'on est blessé par de monstrueuses invraisemblances, si l'on s'ennuie, on en est quitte pour dire : « Dame ! la pièce date de trente ans, il faut tenir compte des époques et accepter les modes du temps passé. » On en arrive, en faisant ainsi la part des engouements d'autrefois, à supporter des choses qu'on refuserait violemment aujourd'hui. Pour une pièce nouvelle, on se montre impitoyable; elle intéresse ou elle n'intéresse pas; personne ne lui fait crédit, et l'indifférence se produit tout de suite autour d'elle, si elle ne passionne pas le public.

Voilà pourquoi le théâtre de la Porte-Saint-Martin, dont les traditions sont d'exploiter le drame historique, se trouve réduit à vivre de reprises. Les quelques drames historiques qu'il a essayé de donner ont échoué. Les auteurs eux-mêmes me paraissent pris de peur; ils sentent que le goût du public n'est plus là, ils n'ont aucune envie de perdre leur temps et de risquer encore une chute. Alors, pour ne pas mentir à son enseigne, pour vivre d'ailleurs et boucher des trous qu'il ne sait comment combler, le théâtre est bien forcé de fouiller les vieux cartons et de tirer quelques recettes des grands succès d'autrefois. Les chefs-d'œuvre du genre reparaissent ainsi périodiquement. On n'a pas inventé une formule neuve de drame, on vivote comme on peut avec les vieux habits et les vieux galons du répertoire romantique. Telle est la situation exacte, et je crois que personne ne peut me démentir.

Seulement, on ne semble pas s'apercevoir d'une

chose, c'est qu'on achève de tuer le genre historique, tel que Dumas et ses collaborateurs l'ont créé, en faisant de la sorte servir leurs drames à boucher des trous. Ces drames passent à l'état d'œuvres classiques, d'œuvres mortes, puisqu'elles restent des types dont on ne peut plus tirer des copies. Les reprises, d'ailleurs, ne sauraient être éternelles. Après les *Trois Mousquetaires*, la *Reine Margot*; après la *Reine Margot*, le *Chevalier de Maison-Rouge*. Je consens à ce que toute la série y passe, mais ensuite on ne recommencera sans doute pas. Il faut que notre génération produise. Quand on aura usé toutes les anciennes pièces, quand on aura compris que le cadre en est démodé et que décidément le public n'en veut plus, l'heure arrivera enfin où tout le monde sentira la nécessité d'une nouvelle forme de drame. C'est cette heure-là qui ne saurait tarder à sonner, selon moi.

Je ne dis pas autre chose depuis longtemps. J'estime que la défense d'une idée juste suffit à la bonne volonté d'un homme. On me prête je ne sais quelles théories révolutionnaires en art, qui, en tous cas, seraient des théories purement personnelles. Depuis que je vais assidûment dans les théâtres, je constate qu'il y règne un grand malaise, que les directeurs, les auteurs, le public lui-même sont inquiets et ne savent ce qu'ils veulent; je me persuade de plus en plus que, les anciennes formules ayant fait leur temps, il serait bon de trouver un nouveau drame au plus vite. C'est ce que je répète chaque jour, rien de plus. Maintenant, personnellement, je vois l'avenir dans l'école naturaliste; selon moi, pour de nombreuses raisons, le mouvement scientifique du siècle doit fatalement gagner les planches. Mais c'est là une opinion particulière que je défends à mes risques et périls. Le théâtre réclame une évolution littéraire, voilà une vérité indiscutable. Maintenant, que cette évolution se produise dans n'importe quel sens, si elle se produit puissamment, elle me passionnera.

La *Reine Margot*, que le théâtre de la Porte Saint-Martin vient de reprendre, ne me fera pas regretter, je l'avoue, le genre dit historique. Le sens de ces grandes machines me manque décidément. Certes, je suis très sensible à l'ampleur du cadre, je trouve excellente cette coupure du drame en douze ou treize tableaux; cela permet de multiplier les décors, de promener l'action partout, de donner de la vie et de la mobilité à l'œuvre. Mais quel étrange emploi d'un cadre aussi vaste! Il semble que les auteurs n'aient profité de l'élargissement du cadre que pour y élargir des mensonges. Un grand opéra serre à coup sûr la vérité de plus près.

Que voulez-vous? l'illusion ne se produit pas pour moi, et dès lors je ne puis goûter aucun plaisir. Il m'est impossible d'empêcher ma raison de fonctionner. Dans les endroits les plus pathétiques, ce sont des réflexions, des révoltes du bon sens, qui me gâtent absolument les meilleures scènes. Pourquoi tel personnage fait-il cela? pourquoi tel autre dit-il ceci? c'est ridicule, c'est puéril, et le reste. Je passe les soirées, dans mon fauteuil, à couver de grosses colères, lorsque naturellement je ne demanderais pas mieux que de m'amuser en digne bourgeois. Une scène vraie arrive-t-elle, je suis pris tout entier, et je sens bien que la salle est prise comme moi. La vérité est donc la grande force au théâtre, la seule force qui impose l'illusion complète, qui donne à l'art dramatique l'intensité du réel. Et je ne demande pas autre chose, je demande à ce qu'on me prenne tout entier, sans laisser à ma raison le loisir de critiquer en moi mon émotion, à mesure qu'elle voudrait naître. Toute la théorie du théâtre est là.

La *Reine Margot* est d'un art absolument inférieur. J'y vois une exhibition, un carnaval historique, pas davantage ; cela pourrait très bien se jouer dans une baraque de foire, si la baraque avait les dimensions convenables. Mais, ceci posé, il est évident que l'œuvre a été fabriquée par des mains habiles, qu'elle contient même quelques scènes puissantes, où l'on reconnaît la griffe d'Alexandre Dumas, cet inépuisable conteur d'une invention si extraordinaire. Je vais tâcher d'indiquer ce qui me plaît et ce qui me déplaît.

J'ai beaucoup entendu vanter l'exposition, la rencontre de Coconnas et de La Mole, le soir même de la Saint-Barthélemy, leur combat, la fuite de La Mole jusque dans la chambre de la reine Marguerite, enfin le roi Charles IX tirant un coup d'arquebuse par une des fenêtres du Louvre. C'est une course, un piétinement, une bousculade à travers trois tableaux. Beaucoup de bruit, des cortéges, des coups de fusil, du mouvement à coup sûr, mais de la vie, pas le moins du monde! Il ne faut pas confondre la vie avec le mouvement. Je suis certain qu'un simple tableau, largement conçu, poserait beaucoup mieux la Saint-Barthélemy que ce tourbillon de gens qui se précipitent, sans que nous ayons le temps de faire connaissance avec eux. Il y a simplement là un intérêt de bruit, une enfilade de scènes destinées à agir sur le gros public. C'est l'art des tréteaux, avec les ressources de la mise en scène moderne.

Je ne parle pas de la vérité. Une des choses qui m'ont le plus stupéfié, ç'a été de voir une troupe de gardes, les gardes de la duchesse de Nevers, passer par la chambre à coucher de la reine de Navarre. La duchesse traverse la chambre, il est vrai ; mais est-il acceptable que les gardes la traversent aussi? Je me demande encore ce que ces gardes font là. Une chose bien étrange aussi, c'est la façon dont le roi tire sur le peuple. Il dirige d'abord son arme sur Henri de Navarre, puis reculant pour ne pas céder à une pensée criminelle, il s'écrie : « Il faut pourtant que je tue quelqu'un! » Et il tire par la fenêtre. Remarquez que le Charles IX du drame est un personnage sympathique; les auteurs ne lui ont donné que cet accès de férocité, pour utiliser la légende : c'est un placage visible, d'un effet qui consterne. Le pis est qu'on charge si fortement l'arquebuse, afin d'émouvoir la salle sans doute, que le roi a l'air de tirer un coup de canon.

La partie la plus puissante du drame est l'empoisonnement de Charles IX, à l'aide d'un livre de chasse, dont Catherine de Médicis a trempé les pages dans une solution d'arsenic et qu'elle destinait à Henri de Navarre. La fatalité vengeresse veut que la mère tue ainsi son propre fils. Ajoutez que le duc d'Alençon, le frère du roi, surprenant celui-ci en train de s'empoisonner, en mouillant son doigt afin de tourner les pages, le laisse tranquillement continuer, jugeant l'occasion bonne pour monter sur le trône. Une famille intéressante, vraiment! A ce propos, je faisais une réflexion. Pourquoi, au théâtre, permet-on tous les crimes dans les familles royales? Le théâtre classique nous montre les rois grecs s'égorgeant entre eux avec la plus belle facilité du monde. Les drames romantiques abusent aussi des rois chenapans. Dans les drames bourgeois, au contraire, les trop gros crimes indignent la salle. Sans doute, il faut porter couronne pour être un gredin à son aise.

Je ne parle toujours pas de vérité. Rien n'est plus comique, au fond, que ce roi empoisonné qui se promène encore dans une demi-douzaine de tableaux, avec des accès de coliques de temps à autre. Il finit par savoir qu'il a de l'arsenic dans le corps, et René, un savant médecin, lui ayant dit qu'il n'y avait rien à faire, il ne fait rien pour lutter contre la mort. Cela est inacceptable, l'arsenic est un poison que l'on combat parfaitement. J'ai été obsédé par cette idée pendant toute la deuxième partie du drame : « Mais pourquoi Charles IX n'est-il pas dans son lit? » C'est un souci vulgaire, une préoccupation bourgeoise, je le sais ; mais je ne puis rien contre les habitudes de mon esprit. Lisez donc *Madame Bovary*, voyez comment on meurt par l'arsenic, vous me direz ensuite si Charles IX n'est pas très drôle. Non seulement aucun des symptômes n'est observé, mais encore il est impossible que le roi ne se mette pas entre les mains des médecins, en leur disant de tenter quand même la guérison.

Les personnages de Coconnas et de La Mole, qui ont fait autrefois le succès du drame, sont des silhouettes enluminées de tons vifs pour les spectateurs peu lettrés. D'ailleurs, la partie purement romanesque tient fort peu de place, et l'on regrette l'histoire, cette

Marguerite si belle, que tout son siècle a adorée. Comme elle est réduite là-dedans à un rôle de poupée vulgaire ! Elle, la savante, la spirituelle, l'amoureuse, c'est à peine si elle est un rouage dans cette machine dramatique. Tout se rapetisse et s'aplatit. On dirait un théâtre mécanique. Le plus grand défaut de ces vastes pièces populaires, découpées dans des romans, c'est de réduire ainsi les personnages les plus importants à des emplois d'utilités ; il ne reste guère que de la figuration ; toute la chair de l'œuvre s'en va pour ne laisser voir que la carcasse. D'autre part, on ne comprend plus que difficilement, on doit sans cesse suppléer à ce que les héros n'ont pas le temps de nous dire.

Le succès de la *Reine Margot* a été très vif autrefois, et il est possible que la reprise soit fructueuse. Sans doute, pour goûter une œuvre pareille il faut une naïveté d'impressions que je n'ai plus. Si je pouvais retrouver mes seize ans, mes durs commencements de jeune homme, et reprendre une place en haut, à une des galeries, je serais sans doute moins sévère. Mais trop d'études ont passé sur moi, trop d'analyse et trop d'observation, pour que je puisse me plaire à une œuvre qui m'ennuie par sa puérilité et qui me fâche par ses mensonges. Je suis même d'avis que, si le peuple s'amuse à un pareil spectacle, on devrait l'en sevrer, car il ne peut qu'y fausser son jugement et y désapprendre notre histoire nationale.

V

La reprise du *Bâtard*, à la Porte-Saint-Martin, vient de remettre pour un instant en lumière la figure d'Alfred Touroude. Il paraissait bien oublié ; la mort, en une seule année, l'avait pris tout entier, et il a fallu le chômage des grosses chaleurs, l'embarras des critiques qui ne savent comment emplir leurs articles, pour ressusciter cet auteur dramatique déjà couché dans le néant.

La mort d'Alfred Touroude a été un deuil pour ses amis. Mais l'art n'avait déjà plus à pleurer en lui, malgré sa jeunesse, un talent dans la fleur de ses promesses. Il est peu d'exemples d'une carrière si courte et si bornée. Acclamé à ses débuts, il avait prouvé son impuissance, dès sa troisième ou quatrième pièce. Il décourageait ceux qui espéraient en son tempérament, il montrait de plus en plus l'impossibilité radicale où il était de mettre debout une œuvre littéraire. Chaque nouveau pas était une chute. Quand il est mort, à moins d'un de ces prodiges de souplesse dont sa nature brutale ne semblait guère capable, on n'osait plus attendre de lui une de ces œuvres complètes et décisives qui classent un homme.

Et veut-on savoir où était sa plaie, à mon sens ? Il ne savait pas écrire, il fabriquait ses pièces comme un menuisier fabrique une table, à coups de scie et de marteau. Son dialogue était stupéfiant de phrases incorrectes, de tournures ampoulées et ridicules. Et il n'y avait pas que le style qui montrât le plus grand dédain de l'art, la contexture des pièces elle-même indiquait un esprit dépourvu de littérature, incapable d'un arrangement équilibré de poète. Il faisait en un mot du théâtre pour faire du théâtre, comme certains critiques veulent qu'on en fasse, sans se soucier d'autre chose que de la mécanique théâtrale.

Quel exemple plein d'enseignements, si les critiques en question voulaient bien être logiques ! Je leur ai entendu dire que Touroude avait le don, c'est-à-dire qu'il apportait ce métier du théâtre, sans lequel, selon eux, on ne saurait écrire une bonne pièce. Un joli don, en vérité, si ce don conduit aux derniers drames de Touroude ! On voit par lui à quoi sert de naître auteur dramatique, lorsqu'on ne naît pas en même temps écrivain et poète. Il serait grand temps de proclamer une vérité : c'est qu'en littérature, au théâtre comme dans le roman, il faut d'abord aimer les lettres. L'écrivain passe le premier; l'homme de métier ne vient qu'au second rang.

Je retombe ici dans l'éternelle querelle. Notre critique contemporaine a fait du théâtre un terrain fermé où elle admet les seuls fabricants, en consignant à la porte les hommes de style. Le théâtre est ainsi devenu un domaine à part, dans lequel la littérature est simplement tolérée. D'abord, sachez fabriquer une machine dramatique selon le goût du jour; ensuite, écrivez en français si vous pouvez, mais cela n'est pas absolument nécessaire. Même cela gêne, car il est passé en axiome qu'un écrivain de race est un gêneur sur les planches ; les directeurs se sauvent, les acteurs sont paralysés, jusqu'au pompier de service qui sourit avec mépris !

Il n'y a qu'en France, à coup sûr, qu'on se fait une si étrange idée du théâtre. Et encore cette idée date-t-elle uniquement de ce siècle. Notre critique a rabaissé la question au point de vue des besoins de la foule. Il faut des spectacles, et l'on a imaginé une formule expéditive pour fabriquer des spectacles qui puissent plaire au plus grand nombre. De cette manière, notre critique s'occupe seulement de la fabrication courante, des pièces qui alimentent, au jour le jour, nos scènes populaires, de cette masse énorme d'œuvres de camelotte destinées à vivre quelques soirées et à disparaître pour toujours. La nécessité du métier est née de là. Le pis est que la critique veut ramener au métier les écrivains d'esprit libre qui cherchent ailleurs et veulent devant eux le champ vaste des compositions originales.

Cherchez dans notre histoire littéraire, vous ne trouverez pas ce mot de métier avant Scribe. C'est lui qui a inventé l'article Paris au théâtre, les vaudevilles bâclés à la douzaine d'après un patron connu. Est-ce que Molière savait « le métier »? On l'accuse aujourd'hui de ne jamais avoir trouvé un bon dénouement. Est-ce que Corneille se doutait de la façon compliquée dont on doit charpenter une œuvre dramatique? Le pauvre grand homme disait simplement et fortement ce qu'il avait à dire, ses tragédies étaient de purs développements littéraires.

Il y a plus, tout ce qui vit au théâtre, tout ce qui reste, c'est le morceau de style, c'est la littérature. Notre théâtre classique, Molière, Corneille, Racine, est un cours de grammaire et de rhétorique. Certes, personne ne s'avise de célébrer l'habileté de la charpente, tandis que tout le monde se récrie sur les beautés du style. Un exemple plus frappant encore est celui du *Mariage de Figaro*. Là, Beaumarchais a été habile, compliqué, savant dans la façon de nouer et de dénouer sa pièce. Mais qui songe aujourd'hui à lui faire un honneur de sa science? L'adresse du métier est devenue le petit côté de la pièce, les passages célèbres sont les tirades de Figaro, l'au delà littéraire et philosophique de l'œuvre.

Et l'on pourrait continuer cette revue. J'ai souvent demandé aux critiques de bonne foi de m'indiquer une pièce que le seul métier du théâtre ait fait vivre. Quant à moi, je leur en citerai une douzaine, auxquelles l'art d'écrire a soufflé une éternelle vie. Ne prenons que les adorables proverbes de Musset. La fantaisie y tient lieu de science, les scènes s'en vont à la débandade dans le pays du bleu, la poésie s'y moque des règles. N'est-ce pas là pourtant du théâtre exquis, autrement sérieux au fond que le théâtre bien charpenté? Quel est l'auteur qui n'aimerait pas mieux avoir écrit *On ne badine pas avec l'amour*, que telle ou telle pièce, inutile à nommer, bâtie solidement selon les règles du théâtre contemporain?

J'ai toujours été très étonné qu'un public lettré ne se contentât pas au théâtre d'une belle langue, d'une composition littéraire développée par un poète ou par un penseur. Au dix-septième siècle, on discutait les vers d'une tragédie, la philosophie et la rhétorique de l'œuvre, sans demander à l'auteur s'il avait, oui ou non, le don du théâtre.

Est-il donc si difficile de passer une soirée dans un fauteuil, à écouter de la belle prose, savamment écrite, et à regarder une action qui se déroule selon le caprice de l'écrivain? Que cette action aille à gauche ou à droite, qu'importe! Elle peut même cesser tout à fait, l'art reste, qui suffit à passionner. Avec un poète, avec un penseur, on ne saurait s'ennuyer, on le suit partout, certain de pleurer ou de rire.

Mais non, les choses ont changé. On ne s'asseoit plus que bien rarement dans un fauteuil pour goûter un plaisir littéraire. En dehors du style, en dehors des peintures humaines, on demande les secousses d'une intrigue. On s'est habitué à la récréation d'un spectacle mouvementé, la routine est venue, les pièces qui sortent du patron adopté paraissent ennuyeuses ou bizarres. Et ce n'est pas seulement le gros public qui a besoin aujourd'hui de ces parades de foire, le public délicat lui-même a été atteint et réclame des œuvres amusantes comme des histoires de revenants ou de voleurs. La littérature ne suffit plus, elle fait bâiller.

Ajoutez à cela notre esprit latin, notre besoin de symétrie, et vous comprendrez comment le théâtre est devenu chez nous un problème d'arithmétique, une manière d'accommoder un fait, de la même façon qu'on résout une règle de trois. Un code a été écrit, les auteurs dramatiques sont devenus des arrangeurs, se moquant de la vérité, de la littérature et du bon sens.

Alfred Touroude est donc, selon moi, une victime du métier. La critique, en déclarant solennellement qu'il avait le don, l'a gonflé d'un orgueil immense. Dès lors, il s'est cru le maître du théâtre, il s'est enfoncé dans les sujets les plus étranges, il s'est imaginé qu'il lui suffisait de charpenter un fait pour composer un chef-d'œuvre. Je me souviens du premier acte de *Jane*. Cela était très saisissant, en effet. Une femme venait d'être violée. La toile se levait, et on la voyait évanouie après l'attentat, revenant lentement à elle, avec l'horreur du souvenir qui s'éveillait. Puis, lorsque son mari entrait, elle lui disait tout, dans une scène très puissante. Mais comme cela était gâté par la langue, comme l'auteur tirait un pauvre parti de la situation, uniquement parce qu'il ne savait pa la développer ! Donnez ce premier acte à un écrivain, et vous verrez quel tableau complet il en fera. Cela deviendra une tragédie éternelle de vérité et de beauté.

La conclusion est aisée. Touroude ne vivra pas, parce qu'il n'a pas été écrivain. Le don du théâtre n'est rien sans le style. Il peut arriver qu'une pièce solidement fabriquée ait un succès ; mais ce succès est une surprise et ne saurait durer, si la pièce manque de mérite littéraire.

VI

On se souvient du succès obtenu autrefois par *Jean la Poste*, le gros mélodrame de M. Dion Boucicault, adapté à la scène française par M. Eugène Nus. L'Ambigu a repris dernièrement ce mélodrame.

Je ne le connaissais pas, j'ai donc pu le juger dans toute la fraîcheur d'une première impression. Eh bien ! mon sentiment, pendant les dix tableaux, a été un sentiment de grande tristesse. Je trouve absolument fâcheux que, sous prétexte de lui plaire, on serve au peuple des œuvres d'un art si inférieur, où la vérité est blessée à chaque scène, où l'on ne saurait sauver au passage dix phrases justes et heureuses.

Je comprends d'ailleurs très bien le succès d'une pareille machine. Rien n'est plus touchant que l'intrigue : cette Nora se laissant accuser de vol pour sauver un proscrit, un noble dont elle est la sœur naturelle, et ce Jean se dévouant pour sa fiancée Nora, prenant le vol à son compte, se faisant condamner à être pendu. Cela remue les plus beaux sentiments : l'amour, l'abnégation, le sacrifice. Ajoutez que le traître Morgan est précipité dans la mer au dénoûment, tandis que Jean peut enfin consommer son mariage en brave et honnête garçon. Et le succès a d'autres raisons encore : deux tableaux sont très vivants, très bien mis en scène; celui de la noce irlandaise, avec ses fleurs et ses couplets alternés, et celui du conseil de guerre, où le public joue un rôle si familier et si bruyant. Enfin, il y a le décor machiné de la fin : Jean s'échappant de son cachot, montant le long de la tour pour rejoindre Nora qui chante sur la plate-forme ; puis la vue de la mer immense, avec la traînée lumineuse de la lune. Voilà, certes, des éléments d'émotion nombreux et puissants. Je suis sans doute trop difficile; car, tout en m'expliquant la grande réussite d'une œuvre semblable, je persiste à en être triste et à souhaiter pour les spectateurs des petites places, qu'on entend évidemment flatter, des œuvres d'une vérité plus virile et d'une qualité littéraire plus élevée.

Pour moi, je lâche le mot, un pareil drame n'est qu'une parade. Les interprètes sont fatalement des queue-rouges qui grimacent des rires ou des larmes. Cela n'est pas même mauvais, cela n'existe pas. Les jours de réjouissances publiques, on dresse des théâtres militaires sur l'esplanade des Invalides, où des soldats représentent des batailles. Eh bien! *Jean-la-Poste*, ou tout autre mélodrame de ce genre, pourrait être ainsi représenté. La pièce gagnerait même à être mimée, car on éviterait ainsi une dépense exagérée de mauvais style. Les acteurs n'auraient qu'à mettre la main sur leur cœur pour confesser leur amour. Je connais des pantomimes qui en disent certainement plus long sur l'homme que l'œuvre de M. Dion-Boucicaut : Pierrot est plus profond que Jean, son héros, et Colombine est plus femme que sa Nora. Ce qui me consterne, dans un drame prétendu populaire, ce sont les peintures de surface, les personnages plantés comme des mannequins, le mensonge continu, étalé, triomphant. Entre un théâtre forain et un grand théâtre des boulevards, il n'y a, à mes yeux, qu'une différence de bonne tenue.

Je causais justement de ces choses, et l'on me répondait que le succès de la Porte-Saint-Martin était dans ces pièces grossièrement enluminées, faites pour les tréteaux. Est-ce bien vrai ? Est-il absolument nécessaire, par exemple, qu'un certain major, dans *Jean-la-Poste*, ait une attitude de pieu coiffé d'un chapeau galonné? Est-il nécessaire que Jean parle comme un poète incompris, en phrases fleuries qui sont le comble du ridicule dans la bouche d'un cocher ? Est-il nécessaire que chaque personnage enfin soit tout bon ou tout mauvais, sans la moindre souplesse? Je ne le crois pas. Notre théâtre populaire est dans l'enfance, voilà la vérité. On raconte au peuple les histoires de fées, les contes à dormir debout, avec lesquels on berce les petits enfants. De là, la simplification des personnages, la vie montrée en rêve, le mensonge consolant érigé en principe. La conception du mélodrame, chez nous, est restée dans l'abstraction pure : il ne s'agit pas de peindre les hommes, il s'agit de mettre en jeu des marionnettes, avec une étiquette dans le dos, de façon à leur faire exécuter des mouvements plus ou moins compliqués. C'est la tragédie tombée de l'analyse psychologique à la simple mécanique des événements.

Il y aurait autre chose à faire, j'imagine. Quoi? C'est le secret du dramaturge qui peut surgir demain et donner une nouvelle vie à notre théâtre. J'ai voulu exprimer un simple sentiment, celui que tout spectateur délicat emporte de l'audition d'un mélodrame. On trouve ce spectacle insuffisant et médiocre, faussant le goût de la foule, l'habituant à une sensiblerie grotesque. Les enfants aiment les pommes vertes, et les pommes vertes leur font du mal. Il doit en être de même pour le mélodrame, qui indigestionne le public, quand il s'en gorge. La somme de bêtise qu'on emporte de certains spectacles est incalculable. Quiconque ment, même dans une bonne intention, est un menteur et cause un préjudice à la vérité et à la justice. C'est pourquoi je préférerais une réalité plate aux grands mots qui traînent dans les tirades des héros. Maintenant, si notre théâtre ne produisait que des œuvres fortes, cela serait peut-être gênant ; il existe un équilibre de sottise, sans lequel les sociétés trébuchent.

FIN

TABLE

LES THÉORIES

Le Naturalisme..	8
Le Don...	26
Les Jeunes...	35
Les deux Morales..	41
La Critique et le Public.................................	49
Des Subventions...	73
Les Décors et les Accessoires...........................	81
Le Costume...	103
Les Comédiens...	128
Polémique..	166

LES EXEMPLES

La Tragédie..	189
Le Drame...	202
Le Drame Historique......................................	239
Le Drame Patriotique.....................................	253
Le Drame Scientifique....................................	279
La Comédie..	284
La Pantomime..	327
Le Vaudeville..	335
La Féerie et l'Opérette..................................	353
Les Reprises...	372

www.ingramcontent.com/pod-product-compliance
Lightning Source LLC
Chambersburg PA
CBHW052137230426
43671CB00009B/1284